Hello Grammar 4.0

시험에 강해지는 영문법

완성

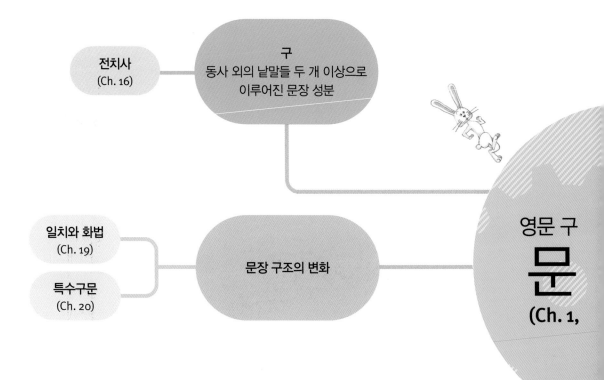

전치사
(Ch. 16)

구
동사 외의 낱말들 두 개 이상으로
이루어진 문장 성분

일치와 화법
(Ch. 19)

특수구문
(Ch. 20)

문장 구조의 변화

영문 구
문
(Ch. 1,

조동사
(Ch. 8)

부정사
(Ch. 5)

본동사

동명사
(Ch. 6)

준동사

분사
(Ch. 7)

절
주어와 동사가 갖추어진
문장 성분

접속사
(Ch. 17)

관계사
(Ch. 15)

조의 기본
장
2, 3)

주어
동사가 나타내는 행동이나
상태의 주체

명사
(Ch. 11)

대명사
(Ch. 12)

동사
주어의 상태나 움직임을
나타내는 말

시제
(Ch. 4)

태
(Ch. 9)

가정법
(Ch. 18)

목적어 / 보어
동사가 나타내는 동작이나 행위의
대상이 되는 말 / 보충하는 말

수식어
문장의 주요 구성 성분을
꾸미거나 설명하는 말

관사
(Ch. 10)

형용사 / 부사
(Ch. 13)

비교
(Ch. 14)

현재	현재	I take a walk every morning. 나는 매일 아침 산책을 한다.
	현재진행	I am making a cake. 나는 케이크를 만들고 있는 중이다.
	현재완료	I have read the book three times. 나는 그 책을 세 번 읽었다.
	현재완료진행	I have been working since last month. 나는 지난달부터 일하고 있는 중이다.
과거	과거	I lost my cell phone. 나는 휴대 전화를 잃어버렸다.
	과거진행	I was singing a song. 나는 노래를 부르고 있는 중이었다.
	과거완료	I had stayed there until my mom returned. 나는 엄마가 돌아오셨을 때까지 그곳에 머물고 있었다.
	과거완료진행	I had been jogging when I met her. 내가 그녀를 만났을 때, 나는 조깅을 하던 중이었다.
미래	미래	I will travel around Sydney. 나는 시드니를 여행할 것이다.
	미래진행	This time tomorrow I will be lying on the beach. 내일 이맘때쯤이면 나는 해변에 누워 있을 것이다.
	미래완료	By July I will have bought a new car. 나는 7월까지는 새 차를 살 것이다.
	미래완료진행	I will have been teaching for 20 years this Thursday. 이번 목요일이면 나는 20년 동안 가르치게 되는 셈이다.

A - B - C형 (원형, 과거형, 과거분사형이 각기 다른 형태인 경우)

원형	과거형	과거분사형
be(am, is / are) ~이다, ~에 있다	was / were	been
bear 낳다	bore	born
begin 시작하다	began	begun
bite 물다	bit	bitten
blow 불다	blew	blown
break 깨다	broke	broken
choose 선택하다	chose	chosen
do 하다	did	done
draw 그리다	drew	drawn
drink 마시다	drank	drunk
drive 운전하다	drove	driven
eat 먹다	ate	eaten
fall 떨어지다	fell	fallen
fly 날다	flew	flown
forget 잊다	forgot	forgotten
freeze 얼리다	froze	frozen

give 주다	gave	given
go 가다	went	gone
grow 기르다, 자라다	grew	grown
hide 숨다	hid	hidden
know 알다	knew	known
lie 눕다, 놓여 있다	lay	lain
ride (탈 것을) 타다	rode	ridden
ring (종을) 울리다	rang	rung
rise 떠오르다	rose	risen
see 보다	saw	seen
shake 흔들다	shook	shaken
show 보여 주다	showed	shown
sing 노래하다	sang	sung
speak 말하다	spoke	spoken
swim 수영하다	swam	swum
take 얻다, 가지고 가다	took	taken
throw 던지다	threw	thrown
wear 입다	wore	worn
write 쓰다	wrote	written

A - B - B형 (과거형과 과거분사형이 같은 형태인 경우)

원형	과거형	과거분사형
bring 가져오다	brought	brought
build 세우다	built	built
buy 사다	bought	bought
catch 잡다	caught	caught
feed 먹이를 주다	fed	fed
feel 느끼다	felt	felt
fight 싸우다	fought	fought
find 찾다	found	found
get 얻다	got	got[gotten]
hang 매달다	hung	hung
have 가지다	had	had
hear 듣다	heard	heard
hold 잡다	held	held
keep 지키다, 유지하다	kept	kept
lead 이끌다	led	led

leave 떠나다	left	left
lend 빌리다	lent	lent
lose 잃다	lost	lost
make 만들다	made	made
mean 의미하다	meant	meant
meet 만나다	met	met
pay 지불하다	paid	paid
say 말하다	said	said
sell 팔다	sold	sold
send 보내다	sent	sent
sit 앉다	sat	sat
sleep 자다	slept	slept
spend (돈 · 시간 등을) 쓰다	spent	spent
strike 때리다	struck	struck
teach 가르치다	taught	taught
tell 말하다	told	told
think 생각하다	thought	thought
understand 이해하다	understood	understood
win 이기다	won	won

A - B - A형 (원형과 과거분사형이 동일한 형태인 경우)

원형	과거형	과거분사형
become ~이 되다	became	become
come 오다	came	come
run 달리다	ran	run

A - A - A형 (원형, 과거형, 과거분사형이 동일한 형태인 경우)

원형	과거형	과거분사형
cost (돈이) 들다	cost	cost
cut 자르다	cut	cut
hit 치다	hit	hit
hurt 다치다	hurt	hurt
let 시키다	let	let
put 놓다	put	put
read [riːd] 읽다	read [red]	read [red]
set 설치하다	set	set
shut 닫다	shut	shut

INTRODUCTION

여러분이 앞으로 살아가면서 영어는 계속 접하게 될 언어입니다.

하지만 영어는 우리말과 다른 언어 규칙을 가지고 있기 때문에, 영어 단어만을 나열한다고 해서 상대방과 영어로 정확한 의사소통을 할 수 있는 것은 아닙니다.

또한 수준 높고 완성도 있는 영어를 구사하기 위해서는 영어의 규칙을 정확하게 알아야 합니다.

이렇게 우리말과 다른 언어 구조를 가진 영어를 짧은 시간에 가장 쉽게 습득할 수 있는 길을 찾아야 합니다.

이것이 먼저 영어의 언어 규칙을 이해하는 학습인, 영문법을 배워야 하는 이유입니다.

새롭게 구성한 「Hello Grammar 4.0 완성」은

기본적인 영문법을 이 책 한 권으로 완성할 수 있도록 핵심 문법만을 골라 체계적으로 정리하였습니다.

문법 사항을 일목요연하게 수록하면서도 이해하기 쉽도록 상세한 설명도 함께 제시했습니다.

또한 딱딱한 예문에서 탈피하여 실생활에 적용할 수 있는 실용적인 예문을 수록하여 문법을 좀 더 쉽게 이해할 수 있도록 하였습니다.

이 책이 친절하고 든든한 영어 학습의 안내서가 되어, 여러분의 영어 실력 향상에 밑거름으로 쓰이기를 바랍니다.

STRUCTURES & FEATURES

Hello Grammar 4.0 완성

이 책은 기본 영문법을 **20개의 Chapter**, **60개의 Unit**으로 나누어 구성함으로써 학생들이 **20일**에 또는 **60일**에 기본 영문법을 완성할 수 있도록 하였습니다. **체계적인 문법 흐름**을 따라 Chapter와 Unit을 구성하였으며, 이 책 한 권만으로 기본 영문법 완성이 가능하도록 **상세한 설명**과 함께 제시하였습니다. 또한, 학교 시험 문제 유형에서부터 NEAT 쓰기 유형까지 **다양한 유형의 문제**를 제시하여 어떤 유형의 문법 문제에도 적응할 수 있도록 하였습니다.

Chapter 소개

Chapter에서 어떤 내용을 학습하는지 확인할 수 있습니다. Chapter에서 학습할 중요 내용을 재미있는 삽화로 제시하였습니다.

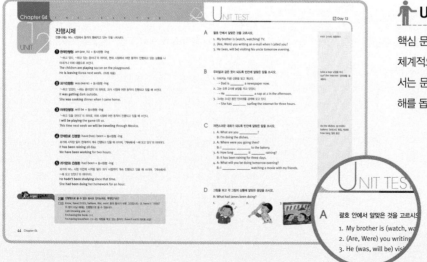

Unit

핵심 문법 사항을 풍부한 예문, 상세한 설명과 함께 체계적으로 정리하였습니다. 〈이것이 궁금해요!〉에서는 문법 사항과 관련된 추가 설명을 제시하여 이해를 돕도록 하였습니다.

▶ Unit Test에서는 해당 Unit에서 배운 문법을 다양한 연습 문제를 통해 익히도록 하였습니다.

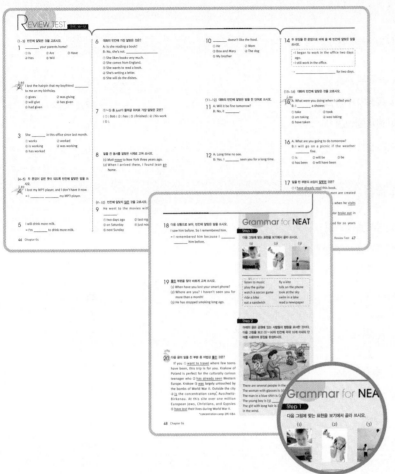

Review Test

Chapter에서 배운 내용을 문제를 풀며 확인할 수 있도록 다양한 유형의 문제를 제시했습니다.

▶ Grammar for NEAT에서는 해당 Chapter의 문법을 적용한 NEAT 쓰기 문제를 제시했습니다. 이 문제를 통해 NEAT에 대한 적응력을 키울 수 있습니다.

정답과 해설

문제를 풀면서 생긴 궁금증을 해결할 수 있도록 자세한 해석과 해설을 제시하였습니다.

CONTENTS

CONTENTS

All our dreams can come true,

if we have the courage to pursue them.

- Walt Disney -

우리가 꿈을 쫓을 용기만 있다면, 우리의 모든 꿈은 이루어질 수 있다.

– 월트 디즈니 –

C·h·a·p·t·e·r 01

문장의 구성과 품사

He ....

He gave ....

He gave some flowers ....

He gave same flowers to her.

01
UNIT

문장의 개념

문장은 기본적으로 주어와 술어동사로 구성된다.

❶ 문장(sentence)

주어와 술어동사를 갖추고 의미를 지닌 것을 문장(sentence)이라고 한다. 문장은 최소 주어와 술어동사를 하나씩만 갖고 있어도 되지만, 다른 여러 가지 성분이나 수식어가 들어가서 길어지기도 한다.

He didn't cry. 〈주어＋술어동사〉

She studies in her room. 〈주어＋술어동사＋수식어구〉

Sora speaks English very well. 〈주어＋술어동사＋목적어＋수식어구〉

❷ 구(phrase)와 절(clause)

두 개 이상의 단어가 모여서 하나의 의미 단위를 이루는 것을 말한다.

(1) 구: 문장 안에서의 역할에 따라 명사구, 형용사구, 부사구로 나뉜다.

I want **to learn English**. 〈명사구〉

The toy **on the floor** is broken. 〈형용사구〉

He sleeps **in his room**. 〈부사구〉

(2) 절: 주어와 술어동사를 가지며, 문장의 일부가 된다.

I believe **that you are honest**. 〈명사절〉
　　　　　　　주어　술어동사

The woman **who lives next door** is a doctor. 〈형용사절〉

I can go out **after Mom comes home**. 〈부사절〉

❸ 주어부와 서술부

문장은 주어 역할을 하는 '주어부', 서술어 역할을 하는 '서술부(술부)'로 나뉜다.

Linda is singing. → '~은, ~는'　→ '~이다, ~하다'
주어부　서술부

Jane is pretty.
주어부　서술부

A good-looking man wanted to meet you this morning.
　　　주어부　　　　　　　　　　서술부

A 주어진 문장에서 주어부와 서술부 사이에 //를 표시하시오.

1. You and I are friends.
2. The shop is open from nine to five.
3. Good readers always look for topics when they read.
4. Getting up early in the morning is quite hard for me.
5. Students from Korea are usually very diligent.

from ~ to ... ~부터 …까지
look for ~을 찾다
topic [tápik] 주제
diligent [dílədʒənt] 부지런한

B 밑줄 친 부분이 문장이면 S, 절이면 C, 구면 P로 쓰시오.

1. <u>It is hot and sunny.</u>
2. <u>In the spring,</u> the flowers begin to bloom.
3. Do you know the fact <u>that Jenny is leaving school?</u>
4. You will pass the exam <u>if you study hard.</u>
5. What was the best thing <u>about your trip?</u>
6. Julia gave me this shirt <u>as my birthday present.</u>

bloom [blu:m] (꽃이) 피다

C 보기와 같이 주어진 문장의 주어를 찾아 한 단어로 쓰시오.

─● 보기 ●─
Everybody in my class likes Kelly.   주어 : Everybody

1. My father often plays basketball with me.
2. A lot of women enjoy shopping.
3. That old dog always eats the cat's food.
4. This beautiful city in Italy was built about a thousand years ago.
5. Mastering a foreign language is really difficult.
6. Many people prefer to live near the city center.

thousand [θáuzənd] 천, 1000
master [mǽstər] 정복하다, 숙달하다
prefer [prifə́:r] 선호하다

문장의 구성 요소

문장을 이루는 구성 요소에는 주어, 동사, 목적어, 보어 등이 있다.

❶ 주어

문장의 주인으로 동작이나 행동을 하는 주체이다. '~은/는/이/가'로 해석하며, 명사, 대명사, 명사 상당어구가 쓰인다.

> 명사 역할을 하는 어구들로 to부정사, 동명사, 명사절이 이에 속한다.

Students should study hard. 〈명사〉

He started to run. 〈대명사〉

To see is to believe. 〈to부정사〉 – 명사 상당어구

Talking with her is great fun. 〈동명사〉 – 명사 상당어구

❷ 동사

술어동사라고도 하며, 주어의 상태나 동작을 나타내는 말로 be동사, 일반동사, 조동사가 여기에 포함된다.

They **were** happy to see her again. 〈be동사〉

James **played** the guitar for us. 〈일반동사〉

Mr. Kim **will teach** math this year. 〈조동사+동사원형〉

❸ 목적어

동사의 대상이 되는 말로 '~을/를/에게'로 해석한다. 명사, 대명사, 명사 상당어구가 쓰이고, 동사에 따라 두 개의 목적어를 필요로 하는 경우도 있다.

I have to finish **my homework.**

You need **to see a doctor.**

He gave **me this flower.**
　　　　　간접목적어　　직접목적어

❹ 보어

동사를 보충하는 말로 명사, 대명사, 명사 상당어구, 형용사, 형용사 상당어구가 쓰인다. 무엇을 보충해 주는가에 따라 주격보어와 목적격보어로 구분된다.

Mother is **angry.** 〈주격보어〉 – 주어 보충

Ron became **a magician.** 〈주격보어〉 – 주어 보충

They consider him **innocent.** 〈목적격보어〉 – 목적어 보충

- 수식어(구): 문장의 4요소를 제외한 나머지 부분을 말한다. 수식어(구)는 문장의 4요소를 꾸며주며, 생략해도 문장은 성립한다.

I heard surprising news this morning.
　　　　명사 news를 수식(형용사)　동사 heard를 수식(부사구)

We enjoyed the movie greatly.
　　　　　　　　동사 enjoyed를 수식(부사)

A 밑줄 친 부분의 문장 성분을 쓰시오.

1. Anna bought a very colorful T-shirt.
2. This pie looks delicious.
3. Can I watch TV?
4. I found Kevin cleaning the room.

colorful [kʌ́lərfəl] 다채로운, 화려한
delicious [dilíʃəs] 맛있는

B 괄호 안에서 알맞은 것을 고르시오.

1. (Read, Reading) this book in a day is very difficult.
2. Do you want (sit, to sit) beside me?
3. Mark made his mother (happy, happily).
4. You should be (careful, carefully) when you cross the street.
5. She is really (beautiful, beautifully).

beside [bisáid] ~의 옆에
cross [krɔːs] 건너다

C 밑줄 친 부분의 역할이 보기와 같으면 ○, 다르면 ×를 하시오.

보기
> Father bought me a computer.

1. I will give my little brother a toy.
2. May I ask you a question?
3. She made Tom laugh.
4. The leaves turned yellow.
5. They called the dog Mimi.

toy [tɔi] 장난감

D 주어진 문장에서 수식어(구)를 모두 찾아 밑줄을 치시오.

1. My sister sings very well.
2. It will rain tomorrow.
3. Dave is an excellent cook.
4. I want to visit the new zoo near the park.

excellent [éksələnt] 아주 훌륭한
cook [kuk] 요리사

품사의 이해

품사는 문장을 이루는 단어들을 의미와 역할에 따라 나눈 것이다.

❶ 명사와 대명사

모든 사물에는 이름이 있는데, 이 이름을 명사라고 한다. 대명사는 '그것, 우리, 그녀' 등과 같이 명사를 대신하는 말이다.

Nancy found an **apple** under the **tree**. **She** was hungry, so **she** ate **it**.
　　명사　　　　　　명사　　　　　　명사　 대명사　　　　　　　　대명사　 대명사

❷ 동사

사물의 동작이나 상태를 나타내는 말로, be동사와 일반동사로 구분한다. 동사 앞에 쓰여 동사를 도와주는 기능을 하는 것도 있는데, 이를 조동사라고 한다.

He **is** from a foreign country. I **will help** him if he **wants**.
　be동사　　　　　　　　　　　　조동사＋동사원형　　　일반동사

❸ 형용사와 부사

형용사는 명사나 대명사를 꾸미는 말이고, 부사는 동사, 형용사, 다른 부사, 문장 전체를 꾸미는 말이다.

He understood this **difficult** question **very quickly**.
　　　　　　　　　　형용사　　　　　　부사

관사는 형용사에 속하는데, 명사 앞에 사용되는 a (an)(부정관사), the(정관사)를 가리키는 말이다.

(1) 부정관사: 지칭되지 않은 막연한 대상 앞에 쓰인다.

There is **a** vase on the table.

An old lady asked me to help her.

(2) 정관사: 앞에서 지칭된 명사나 특정한 대상 앞에 쓰인다.

I saw a watch on the table. I gave **the** watch to him.

❹ 전치사

명사 앞에 놓여서 의미 단위를 만드는 말이다.

I have to study **for** the exam.

You can put your pants **in** the bottom drawer.

❺ 접속사

단어와 단어, 구와 구, 절과 절을 이어주는 말이다.

Peter **and** Sara decided to go **but** I couldn't join them **because** I was so busy.

❻ 감탄사

oh, ah, alas 따위의 감탄을 나타내는 말이다.

Oh, how long that bridge is!

UNIT TEST

A 밑줄 친 단어의 품사를 쓰시오.

1. He lived in a small house in the country.
2. Jim and Alice are walking together in the park.
3. Many people didn't believe I could pass the exam.
4. The black buffalo of South Africa is one of the most dangerous animals in the world.
5. Try to answer these questions quickly.

believe [bilíːv] 믿다
buffalo [bʌ́fəlou] 물소, 들소

B 괄호 안에서 알맞은 것을 고르시오.

1. Once there lived a king. (A, The) king had a beautiful princess.
2. She is very active and makes friends (easy, easily).
3. How about (go, going) out with me for lunch?
4. He was angry (because, because of) she left without a word.
5. The cookies smell so (good, well).

make friends 친구를 사귀다
How about -ing? ~하는 것이 어때?

C 주어진 문장에서 밑줄 친 부분의 뜻을 쓰시오.

1. I want to watch the soccer game.
   I don't usually wear a watch.
2. I parked the car near the old bridge.
   Let's go for a walk in the park.
3. I love to lie down in front of the fire and read a book.
   I told a lie when I said I liked her haircut.

bridge [bridʒ] 다리
in front of ~ 앞에

D 빈칸에 알맞은 말을 보기에서 골라 쓰시오.

> 보기
>
> if   but   because   although

1. Would you mind _____ I open the window?
2. We didn't stay outside _____ it was too cold.
3. She walked home by herself, _____ she knew it was very dangerous.

although [ɔːlðóu] 비록 ~이지만
mind [maind] 싫어하다, 꺼리다
by oneself 혼자
dangerous [déindʒərəs] 위험한

1 주어부를 잘못 표시한 것은?

① <u>You and he</u> are both wrong.

② <u>What</u> are you doing here now?

③ <u>Traveling</u> can be sometimes very tiring.

④ <u>A boy in my neighborhood</u> asked me to go out.

⑤ <u>To finish the homework in a week</u> is impossible.

2 목적어를 찾아 밑줄을 치시오.

Mr. Ford loves classical music and plays a lot of compositions by Mozart.

3 틀린 부분을 찾아 바르게 고쳐 쓰시오.

Say good-bye was not easy for me.

4 밑줄 친 부분의 품사가 나머지와 다른 하나는?

① It's really <u>kind</u> of you to help us.

② Thank you for your <u>kind</u> words.

③ What <u>kind</u> of thing is it?

④ She's a very <u>kind</u> and thoughtful person.

⑤ Will you be <u>kind</u> enough to read this letter to me?

5 밑줄 친 부분의 뜻을 쓰시오.

(1) She must study very <u>hard</u> for the exam.

(2) My grandparents had a very <u>hard</u> life.

{6~7} 빈칸에 들어갈 알맞은 형태를 고르시오.

6 Our new dishwasher is very _____.

① quiet   ② quietly

③ be quiet   ④ to quiet

⑤ quieting

7 The children play _____ on the playground.

① happy   ② happier

③ happily   ④ happiness

⑤ be happy

8 밑줄 친 부분의 문장 성분이 나머지와 다른 하나는?

① I'm writing <u>a letter</u>.

② I want <u>to buy this doll</u>.

③ I don't know <u>how to do it</u>.

④ She became <u>a famous musician</u>.

⑤ Can you explain <u>the rules of the game</u>?

9 밑줄 친 부분의 문장 성분이 보기와 같은 것은?

보기

He wants to make his daughter <u>a doctor</u>.

① I bought her <u>a teddy bear</u>.

② She couldn't remember <u>his name</u>.

③ They called the dog <u>Fluffy</u>.

④ Later he became <u>a musician</u>.

⑤ I will cook you <u>dinner</u>.

10 밑줄 친 부분의 품사가 서로 같은 것은?

① He looks <u>like</u> his father.
  What do you <u>like</u> about him?
② We had to <u>sleep</u> in the car that night.
  You need to go home and get some <u>sleep</u>.
③ I hope I <u>live</u> with my grandchildren.
  We <u>live</u> in St. Louis now.
④ I'm <u>pretty</u> sure they'll accept.
  Your daughter is very <u>pretty</u>.
⑤ He showed me a big <u>smile</u>.
  When you <u>smile</u> at me, I feel everything is OK.

11 빈칸에 알맞은 것은?

Angela called an hour ago to ask _____ her cake was ready.

① as   ② if
③ but   ④ because
⑤ though

12 빈칸에 알맞지 <u>않은</u> 것은?

Can you give me _____?

① a pen
② your books
③ enough money
④ answer the question
⑤ more information on Beijing

13 괄호 안에 주어진 말을 알맞은 형태로 고쳐 쓰시오.

Bad weather prevented me from (go) out.

14 괄호 안에서 알맞은 것을 고르시오.

(1) (Watch, Watching) TV all day is a waste of your time.
(2) You should (be, to be) careful not to catch a cold.

15 밑줄 친 부분의 문장 성분을 쓰시오.

(1) <u>The police officer</u> promised <u>to look into the accident</u>.
(2) I will send <u>you</u> <u>an email</u> right away.
(3) She found <u>the story</u> <u>interesting</u>.
(4) They got more and more <u>excited</u>.
(5) The first thing to do is <u>to read the map</u>.

16 밑줄 친 부분을 생략해도 문장이 성립되는 것은?

① She runs a restaurant <u>in Seoul</u>.
② He <u>had</u> a car accident yesterday.
③ You look <u>uncomfortable</u>.
④ <u>This exercise</u> is not difficult.
⑤ Gloria is wearing <u>a blue dress</u>.

17 밑줄 친 부분의 쓰임이 <u>잘못된</u> 것은?

① He <u>will help</u> you find the key.
② She didn't go out <u>because</u> the snow.
③ I'm interested in <u>improving</u> my English.
④ <u>Finish</u> your homework while I'm cooking.
⑤ Sophia is dressed <u>beautifully</u> for the party tonight.

18 문장 전체의 동사에 해당하는 것을 찾아 밑줄을 친 다음, 문장을 우리말로 해석하시오.

(1) His friend named Janet came to help him.

(2) I didn't know that he was lying.

(3) Remember to turn the light off.

19 어법상 틀린 문장은?

① Peter made me sadly yesterday.

② Give me your name and address.

③ I think she will come to the meeting.

④ Doing your best is the way to success.

⑤ Can you read that sign from this distance?

고난도

20 (A), (B), (C)의 각 네모 안에서 어법에 맞는 표현을 골라 바르게 짝지은 것은?

　　Politeness depends upon the culture that you grow up in. For example, in Latin America, (A) offer / offering food or drink to all visitors is very important. If a visitor refuses to accept the food, it is not considered polite, unless there (B) is / are a health reason. In the United States, on the other hand, it can be appropriate for a guest to say "no" if he or she doesn't want anything. Politeness is based on a desire to treat other people (C) well / good , but countries show politeness in different ways.

　　　　(A)　　　(B)　　(C)

① offer　　 — is　— well

② offer　　 — are — good

③ offering — is　— well

④ offering — are — well

⑤ offering — are — good

Grammar for NEAT

우리말과 같은 뜻이 되도록 괄호 안의 말을 이용하여 빈칸을 채우시오.

(1) 그는 오늘 아침에 늦게 일어났다.

⋯⟩ He _____ this morning. (get up)

(2) 나의 휴대 전화는 작동하지 않았다.

⋯⟩ My cell phone _____. (work)

(3) 나는 첫 기차를 놓쳤다.

⋯⟩ _____ the first train. (miss)

(4) 그녀는 그 버스 대신에 택시를 탈 것이다.

⋯⟩ She _____ instead of the bus.

(take)

(5) Sam은 나쁜 날씨 때문에 밖에 나가지 않았다.

⋯⟩ Sam didn't go out _____.

(because of)

Step 2

다음 그림 (1), (2), (3)은 순서대로 일어난 일이다. 그림 (1)과 (2)에 나타난 상황을 각각 묘사하고, 이에 따른 그림 (3)의 내용을 추론하여 쓰시오.

Betty _____ because her _____. She ran after the school bus but she _____. She _____, but she _____ school _____ a traffic jam.

C · h · a · p · t · e · r

02

문장의 종류

평서문, 의문문

모든 문장은 내용상 평서문, 의문문, 명령문, 감탄문으로 구분할 수 있고, 긍정이냐 부정이냐에 따라 긍정문과 부정문으로 나뉜다.

❶ 평서문

어떤 사실이나 상황을 기술하는 문장으로 「주어+동사」의 어순으로 쓴다.

The country is famous for its natural beauty.
She speaks four languages.

❷ 평서문의 부정문

(1) be동사나 조동사의 경우: be동사(조동사)+not

    He **is not**(=isn't) my boyfriend.

    We **cannot**(=can't) agree with you.

(2) 일반동사의 경우: do(does/did)+not+동사원형

    I **do not**(=don't) **like** vegetables.

    She **does not**(=doesn't) **love** me anymore.

❸ 일반의문문

Yes나 No로 답할 수 있는 의문문을 말한다.

(1) be동사의 의문문: Be동사+주어 ~?

    Are you from France? – Yes, I am. / No, I'm not.

(2) 조동사의 의문문: 조동사+주어+동사원형 ~?

    Can you **come** to my party? – Yes, I can. / No, I can't.

(3) 일반동사의 의문문: Do(Does/Did)+주어+동사원형 ~?

    Does he **know** the truth? – Yes, he does. / No, he doesn't.

❹ 의문사로 시작하는 의문문

what, who, when, where, why, how

의문사로 시작하는 의문문은 Yes나 No로 답하지 않는다.

(1) 의문사가 주어인 경우: 의문사+동사 ~?

    Who made this cake? – Monica did.

(2) 의문사가 주어가 아닌 경우: 의문사+be동사+주어 ~?

                   의문사+조동사(do/does/did)+주어+동사원형 ~?

    What is your name? / **Where does** he **live**?

    How much were the tickets?

❺ 부정의문문

일반의문문에 부정어가 들어 있는 문장으로 대답의 내용이 긍정이면 Yes, 부정이면 No로 답한다.

Isn't he your brother? – Yes, he is. / No, he isn't.
Didn't you **go** to Hanil Middle School? – Yes, I did. / No, I didn't.

A 주어진 문장을 부정문으로 바꾸어 쓰시오.

1. I am good at math.

→ _____

2. He gets up early in the morning.

→ _____

3. You can go there by yourself.

→ _____

be good at ~을 잘하다
get up 일어나다
by oneself 혼자서(= alone)

B 괄호 안에서 알맞은 것을 고르시오.

1. Does she (like, likes) playing baseball?
2. Where (do, are) you live?
3. Why (do, are) you angry with him?
4. Isn't she your sister?
   – (Yes, No). She's my cousin.

baseball [béisbɔːl] 야구
angry [ǽŋgri] 화가 난

C 빈칸에 알맞은 말을 쓰시오.

1. _____ your sister live in London? – Yes, she does.
2. Aren't you hungry? – _____. I need something to eat.
3. What subject _____ _____ _____?
   – He teaches science.
4. _____ _____ they arrive here?
   – They arrived here an hour ago.

subject [sʌ́bdʒikt] 과목
science [sáiəns] 과학
arrive [əráiv] 도착하다

D 주어진 단어를 알맞은 순서로 배열하시오.

1. Korea, how, weather, in, is, the, ?

→ _____

2. did, who, meet, you, yesterday, ?

→ _____

3. children, they, do, have, many, how, ?

→ _____

weather [wéðər] 날씨
children [tʃíldrən] 아이들
(child의 복수형)

부가 / 간접 / 선택의문문

다음과 같이 다양한 기능과 구조를 가진 의문문들이 있다.

❶ 부가의문문

평서문의 뒤에 덧붙인 의문문으로 「동사+주어?」의 형태이다. 자신이 말하는 것에 대해 상대의 동의를 구하거나 확인하고자 할 때 쓴다.

(1) 앞 문장이 긍정문일 때: 부정의 부가의문문을 쓴다.

   ① 주어+be동사(조동사) ~, be동사(조동사)의 부정 단축형+대명사 주어?

     John and Tom are from Australia, **aren't they?**

     Mark can play the flute, **can't he?**

   ② 주어+일반동사 ~, don't(doesn't / didn't)+대명사 주어?

     Sarah already knew about this, **didn't she?**

(2) 앞 문장이 부정문일 때: 긍정의 부가의문문을 쓴다.

   ① 주어+be동사(조동사)의 부정형 ~, be동사(조동사)+대명사 주어?

     Those puppies are not yours, **are they?**

     You can't speak Chinese, **can you?**

   ② 주어+일반동사의 부정형 ~, do(does/did)+대명사 주어?

     You didn't tell him about it, **did you?**

(3) 명령문의 부가의문문: 긍정, 부정에 상관없이 항상 will you?를 쓴다.

   Pass me the salt, **will you?** / Don't open it, **will you?**

(4) Let's ~의 부가의문문: shall we?를 쓴다.

   Let's have a break, **shall we?**

❷ 간접의문문

의문문이 문장의 일부가 된 경우로 「의문사(접속사) +주어+동사」의 어순으로 쓴다.

I don't know **who she is.**

She wanted to know **where I lived.**

My mother wanted to know **if (whether) I was hungry.**

Do you know **who he is?** → 의문사가 없는 의문문의 간접의문문은 if(whether)를 쓴다.

[예외] 주절에 동사 think, believe, guess, imagine, suppose 등이 쓰인 의문문에서는 간접의문문의 의문사가 문장 맨 앞에 온다.

Who do you *think* he is? (O) Do you think who he is? (×)

❸ 선택의문문

의문문에 or가 쓰여 어느 한쪽의 선택을 요구하는 의문문으로 Yes나 No로 답하지 않는다. or 앞 부분은 올려 읽고, 문장 끝은 내려 읽는 것이 보통이다.

Which would you prefer, tea **or** coffee? – Coffee, please.

A 빈칸에 알맞은 부가의문문을 쓰시오.

1. This car is yours, _____ _____?
2. Mike doesn't know about this, _____ _____?
3. You will be here tomorrow, _____ _____?
4. Jake and John are brothers, _____ _____?

tomorrow [təmɔ́:rou] 내일

B 괄호 안에서 알맞은 것을 고르시오.

1. You went to the party, (didn't you, don't you)?
2. Be patient, (are you, will you)?
3. He can play the violin, (doesn't he, can't he)?
4. Let's go skiing, (shall we, will you)?

patient [péiʃənt] 인내심 있는

C 괄호 안의 단어들을 간접의문문의 어순으로 바꾸어 쓰시오.

1. I don't know _____. (where, is, he)
2. Do you know _____? (she, when, be, will, back)
3. He knew _____. (I, how, did, homework, my)
4. I know _____. (you, think, what, makes, so)

be back 돌아오다

D 우리말과 같은 뜻이 되도록 빈칸에 알맞은 말을 쓰시오.

1. 당신은 축구를 좋아하나요, 농구를 좋아하나요?
   → _____ you like football _____ basketball?
2. 당신은 이것이 뭐라고 생각하세요?
   → _____ _____ _____ _____ this is?
3. 그녀가 어디에 사는지 내게 알려 줘.
   → Tell me _____ _____ _____.
4. 나를 혼자 두지 말아 주세요, 그러실 거죠?
   → Don't leave me alone, _____ _____?

Chapter 02 *S E N T E N C E T Y P E S*

명령문, 감탄문

명령문은 동사원형으로, 감탄문은 How나 What으로 시작한다.

❶ 명령문

(1) 긍정 명령문: '~해라'라는 뜻으로 동사원형으로 시작한다.

Be nice to her.

Wait for me here. → 정중한 표현이 된다.

Please turn off your cell phone. = **Turn** off your cell phone, please.

(2) 부정 명령문: '~하지 마라'의 뜻으로 「Don't(Never)+동사원형 ~」의 형태이다.

Don't be late for school.

Never say that again.

(3) 「명령문, and/or ...」의 구문

① 명령문, and ...: ~해라, 그러면 …할 것이다

Start now, and you will catch the bus.

= If you start now, you will catch the bus.

② 명령문, or ...: ~해라, 그렇지 않으면 …할 것이다

Hurry up, or you'll be late for school.

= If you don't hurry up, you'll be late for school.

cf. 「Let's+동사원형 ~」은 '~하자'라는 뜻으로 권유나 제안을 나타낸다.

Let's go swimming together.

Let's not waste time here.

→ Let's ~의 부정형(~하지 말자)

❷ 감탄문

놀람, 기쁨 등의 감정을 나타내는 문장으로 How나 What으로 시작한다.

(1) How+형용사(부사)+주어+동사!

How foolish you are!

How fast he runs!

(2) What+(a(an)+)형용사+명사+주어+동사!

What a good singer she is!

What lovely weather we have!

(3) 감탄문에서 「주어+동사」는 생략할 수 있다.

What a pretty bird (it is)!

How exciting (the game is)!

A 틀린 부분을 찾아 바르게 고쳐 쓰시오.

1. What delicious it is!
2. How lovely weather we have!
3. What pretty a cup it is!
4. How a lucky man he is!

delicious [dilíʃəs] 맛있는
lovely [lʌ́vli] 멋진

B 괄호 안에서 알맞은 것을 고르시오.

1. Get some sleep, (and, or) you'll feel better.
2. Hurry up, (and, or) you'll miss the train.
3. She always lies. (Let's believe, Don't believe) her.
4. (How, What) tall he is!

miss [mis] 놓치다
believe [bilíːv] 믿다

C 괄호 안에 주어진 표현을 이용하여 우리말을 영어로 옮기시오.

1. 저녁에 외식하러 나가자. (go out for dinner)

   → _____

2. 학교에 지각하지 마라. (late for school)

   → _____

3. 제발 조용히 해주세요. (quiet)

   → _____

4. 열심히 공부해라, 그렇지 않으면 시험에 떨어질 것이다. (fail in the exam)

   → Work hard, _____ .

go out 외출하다
quiet [kwáiət] 조용한
fail [feil] (시험에) 떨어지다, 실패하다

D 주어진 문장을 감탄문으로 바꾸어 쓰시오.

1. She is very kind.

   → _____

2. It is a very big house.

   → _____

3. You are very smart.

   → _____

smart [smɑːrt] 영리한

{1~2} 대화의 빈칸에 공통으로 알맞은 것을 고르시오.

1 A: _____ your sister often exercise these days?

B: Yes, she _____.

① Is (is) ② Does (does)
③ Did (did) ④ Has (has)
⑤ Was (was)

2 A: _____ your parents waiting for you now?

B: Yes, they _____.

① Do (do) ② Have (have)
③ Are (are) ④ Does (does)
⑤ Were (were)

{3~4} 빈칸에 알맞은 것을 고르시오.

3 A: _____ does it cost to get from Seoul to Dongdaegu by KTX?

B: About 35,000 won.

① How many ② How much
③ How long ④ How tall
⑤ How often

4 Your room is so dirty. _____ it.

① Let's open ② Don't close
③ Clean please ④ Please clean
⑤ Don't clean

5 빈칸에 들어갈 말이 순서대로 바르게 짝지은 것은?

- _____ a good girl she is!
- Let's take a walk, _____ we?
- Be quiet, _____ the baby will wake up.

① How – shall – or
② What – shall –or
③ What – will – or
④ How – shall – and
⑤ How – will – and

{6~7} 빈칸에 알맞은 것을 고르시오.

6 Do you know _____ she wants to come here?

① or ② if ③ and
④ who ⑤ what

7 A: Where is she going?

B: Sorry, _____.

① I don't know where she going
② I don't know where is she going
③ I don't know where she is going
④ where I don't know she is going
⑤ where I don't know is she going

8 두 문장이 같은 뜻이 되도록 빈칸에 알맞은 말을 쓰시오.

If you eat too much, you'll have a stomachache.

= _____ _____ too much, _____ you'll have a stomachache.

9 밑줄 친 부분의 쓰임이 옳지 <u>않은</u> 것은?

① Let's play soccer, <u>shall we</u>?

② Julia doesn't have a daughter, <u>does she</u>?

③ You worked for the company, <u>didn't you</u>?

④ Help me paint the fence, <u>don't you</u>?

⑤ Mr. and Mrs. Johnson are from Canada, <u>aren't they</u>?

{10~12} 우리말과 같은 뜻이 되도록 괄호 안의 단어를 바르게 배열하시오.

10 파리의 날씨는 어떤가요?

(the, weather, Paris, is, like, in, what, ?)

→ _____

11 나는 그의 생일이 언제인지 안다.

(his, is, know, I, birthday, when, .)

→ _____

12 당신은 무엇이 진실이라고 생각하세요?

(the, truth, is, you, think, what, do, ?)

→ _____

13 대화에 알맞은 부가의문문과 응답을 쓰시오.

A: Emily is good at cooking, _____

_____?

B: Yes, _____ _____.

14 빈칸에 알맞은 말이 나머지와 <u>다른</u> 하나는?

① Where _____ Jane live ten years ago?

② _____ George work hard yesterday?

③ Mike _____ not watch TV last Sunday.

④ What _____ you buy at the store yesterday?

⑤ Why _____ your brother late last time?

15 밑줄 친 부분을 감탄문으로 바르게 나타낸 것은?

A: Ann, I've bought some flowers for you.

B: Wow! <u>They are very beautiful flowers.</u>

① How beautiful are they!

② How beautiful flowers they are!

③ What beautiful flowers are they!

④ What beautiful flowers they are!

⑤ What a beautiful flowers they are!

16 다음 문장을 부정문으로 바꾸어 쓰시오.

(1) He wants to talk with me.

→ _____

(2) Be the first one to come here.

→ _____

17 틀린 부분을 찾아 바르게 고쳐 쓰시오.

(1) Don't let's stop what we are doing.

(2) How it was boring!

18 어법상 틀린 문장은?

① How fast he runs!

② What a small world!

③ Don't be afraid of the dog.

④ She doesn't knows anything about me.

⑤ Which do you prefer, physics or biology?

19 대화의 빈칸에 알맞은 말을 쓰시오.

A: You really like fishing, don't you?

B: _____, _____ _____.

I go fishing every weekend.

고난도

20 다음 글의 밑줄 친 부분 중, 어법상 틀린 것은?

Some people think ostriches* bury their heads in the sand. They believe ostriches are hiding from their enemies. However, the ostrich ① doesn't have any reason to hide from anything. Do you know ② how fast can it run? Up to 40 miles an hour! That's faster than ③ most of its enemies. Ostrich hens* lay their eggs in holes in the ground. One egg is often larger than a softball. ④ When it is cooked, you can use it to make egg salad. You'd have enough to make as many as 20 sandwiches! That's quite a meal, ⑤ isn't it?

*ostrich 타조 *hen 암컷

Grammar for NEAT

Step 1

우리말과 같은 뜻이 되도록 괄호 안의 말을 바르게 배열하시오.

(1) 나는 어제 친구와 함께 부산에 도착했다.

····▷ I _____ yesterday.
(in, with, Busan, arrived, my friend)

(2) 그 경기는 얼마나 흥미로웠던지!

····▷ _____ !
(was, how, exciting, the game)

(3) 나는 너에게 엽서를 보낼 것이다.

····▷ I am _____ .
(to you, send, going, a postcard, to)

Step 2

다음은 미나(Mina)가 가족과 방학 동안 여행하면서 Sally에게 쓴 이메일이다. 주어진 세 가지 정보를 포함하여 글을 쓰시오.

1. The place Mina is traveling: Jeju-do
2. What Mina did today: walk along one of the famous Olle trails
3. What Mina is going to do tomorrow: visit the Teddy Bear Museum

Dear Sally,

Hi! How are you doing? I arrived _____ _____ yesterday. Have you ever been to Jeju-do? For me, this is the first time. Today we _____.
How _____! Tomorrow we _____ _____. How's your vacation going? I'm having fun, but I miss you.

with love,
Mina

C·h·a·p·t·e·r 03

문장의 형식

Jake cuts his hair himself.

James has his hair cut at Bob's hair shop.

1형식, 2형식

주어와 동사만 있으면 되는 문장은 1형식, 여기에 보어가 필요하면 2형식이 된다.

❶ 1형식(S+V)

주어(S)와 동사(V)만으로도 완전한 의미를 이루는 문장이며, 보통 '~는 …하다'라고 해석한다.
1형식 동사는 목적어나 보어 없이 문장을 이룰 수 있기 때문에 완전자동사라고 한다.

Spring came.
<u>주어</u> <u>동사</u>

There is a cup on the table.
<u>동사</u> <u>주어</u>   <u>부사구</u> → 부사구는 문장 성분에 들어가지 않는다.

My brother sleeps in his room.
<u>주어</u>   <u>동사</u>   <u>부사구</u>

I go to school at 8 o'clock in the morning.
주어 동사   부사구 1   부사구 2   부사구 3

❷ 2형식(S+V+C)

'~는 …이다/…이 되다'의 의미로, 주어와 동사 외에 보어(C)를 필요로 하는 문장이다. 이때 보어는
주어를 보충하는 말이므로 주격보어라고 하며, 보어가 필요한 2형식 동사를 불완전자동사라고 한다.

Elizabeth is an actress. 〈Elizabeth=an actress〉
<u>주어</u>   <u>동사</u> <u>주격보어</u>

The music grew louder and louder.
<u>주어</u>   <u>동사</u>   <u>주격보어</u>

(1) 2형식 동사는 대개 be동사(~이다)나, 변화를 나타내는 동사 get, become, turn, grow
(~이(하게) 되다) 등이다.

They **became** tired.

She **turned** pale when she heard the news.

(2) 주의해야 할 2형식 동사: look, smell, feel, sound, taste+형용사 보어

That **sounds** *interesting*.

This cookie **tastes** *great*!

 이것이 궁금해요!

> **Q** 자동사란 무엇인가요?
>
> **A** 자동사란 목적어를 취하지 않는 동사를 말하며 보통 '*vi.*'로 표시합니다. 보어가 필요하지 않으면
> 완전자동사(1형식 동사), 보어가 필요하면 불완전자동사(2형식 동사)가 됩니다.
> The sun rises in the east.
> <u>동사(완전자동사)</u> <u>부사구</u>
> She became very happy to see her son.
> <u>동사(불완전자동사)</u> <u>보어</u>   <u>부사구</u>

A 주어진 문장이 몇 형식인지 쓰시오.

1. All people die some day.
2. Where are you going?
3. Jenny is young and smart.
4. He will come home soon.
5. The sky turned black suddenly.

some day 언젠가
smart [smɑːrt] 똑똑한
suddenly [sʌ́dnli] 갑자기

B 밑줄 친 부분이 보어이면 C, 부사구이면 A로 쓰시오.

1. They were <u>brave soldiers</u>.
2. His face became <u>red</u> with anger.
3. Love flows <u>from the heart</u>.
4. Mike came <u>with big news</u>.

brave [breiv] 용감한
soldier [sóuldʒər] 군인
anger [ǽŋgər] 분노
flow [flou] 흘러나오다
heart [hɑːrt] 마음

C 틀린 부분을 찾아 바르게 고쳐 쓰시오.

1. He looked very angrily.
2. They will arrive Seoul tomorrow.
3. When will you come my house?
4. Your idea sounds excitingly.

arrive [əráiv] 도착하다

D 빈칸에 알맞지 않은 것을 고르시오.

1. After playing football, we felt _____.
   ① tired   ② hungry   ③ excitedly
2. It will _____ dark soon.
   ① get   ② come   ③ grow
3. I'll _____ a good teacher when I grow up.
   ① do   ② be   ③ become
4. Jane lives _____ now.
   ① abroad   ② country   ③ in Australia

excitedly [iksáitidli] 흥분하여
abroad [əbrɔ́ːd] 외국에서

3형식, 4형식

목적어가 한 개이면 3형식, 두 개이면 4형식 문장이 된다.

❶ 3형식(S+V+O)

'～을 …하다' 라는 의미로 목적어를 필요로 한다. 3형식 동사는 목적어를 취하고 보어가 불필요하다. 목적어가 될 수 있는 것은 명사, 대명사 및 명사 상당어구(명사구, to부정사, 동명사, 명사절)이다.

Tony loves Tina.
　주어　동사　목적어(명사)

We wanted to buy that book.
　주어　　동사　　목적어(to부정사)

I enjoy working with her.
주어　동사　목적어(동명사)　부사구

I thought (that) I heard something.
주어　동사　　　　목적어(명사절)

❷ 4형식(S+V+IO+DO)

4형식 동사는 목적어를 두 개 가지므로 수여동사라고도 하며 '～에게 …을 (해)주다'로 해석한다. 두 개의 목적어 중에서 '～에게'에 해당하는 것을 간접목적어(IO), '…을'에 해당하는 것을 직접목적어(DO)라고 한다.

My father bought me a new camera.
　　　　　　　　간접목적어　　직접목적어

❸ 4형식을 3형식으로 전환하기

직접목적어가 3형식의 목적어가 되고, 간접목적어는 「전치사+목적격」의 형태가 되어 부사구로 바뀐다.

(1) 전치사 to를 사용하는 동사: send, give, teach, show, tell 등
　　I will send you an e-mail. 〈4형식〉
　　→ I will send an e-mail **to** you. 〈3형식〉

(2) 전치사 for를 사용하는 동사: make, buy, cook, find 등
　　She made me a pretty doll. 〈4형식〉
　　→ She made a pretty doll **for** me. 〈3형식〉

(3) 전치사 of를 사용하는 동사: ask
　　The students asked me some questions. 〈4형식〉
　　→ The students asked some questions **of** me. 〈3형식〉

Q 타동사란 무엇인가요?

A 타동사란 반드시 목적어가 있어야 하는 동사를 말하며 보통 'vt.'로 표시합니다. 보어가 필요하지 않으면 완전타동사(3형식 동사), 보어가 필요하면 불완전타동사(5형식 동사)가 됩니다.

We love each other.
동사(완전타동사)　목적어

He made me happy.
동사(불완전타동사) 목적어 목적격보어

A 주어진 문장이 몇 형식인지 쓰시오.

1. Who will teach English this year?
2. Dave made her a cup of coffee.
3. He ate a hamburger for lunch.
4. We considered moving to California because it is too cold here in New York.

consider [kənsídər] 고려하다

B 틀린 부분을 찾아 바르게 고쳐 쓰시오.

1. I couldn't hear to a word because it was so noisy.
2. He wants visit New Zealand some day.
3. Jenny sent a postcard me.
4. Can you tell how to get to the bus station me?

noisy [nɔ́izi] 시끄러운

C 밑줄 친 부분이 간접목적어이면 IO, 직접목적어이면 DO를 쓰시오.

1. The teacher gave <u>me</u> a nice pen as a present.
2. I made <u>my doll</u> a beautiful dress.
3. I gave her <u>a pretty hat</u>.
4. Would you lend me <u>a pen</u>?

present [prézənt] 선물
lend [lend] 빌려 주다

D 3형식 문장은 4형식으로, 4형식 문장은 3형식으로 바꾸어 쓰시오.

1. He bought some flowers for his girlfriend.

  → _____

2. Ms. Parker will teach us geography this summer.

  → _____

3. May I ask you a favor?

  → _____

4. Please tell the truth to me.

  → _____

geography [dʒiːágrəfi] 지리학
favor [féivər] 호의

UNIT 09

5형식

목적어와 목적격보어를 가지면 5형식 문장이 된다.

❶ 5형식(S+V+O+OC)

목적어와 함께 목적격보어를 필요로 하는 5형식 동사를 불완전타동사라고 한다. 목적격보어는 목적어의 상태를 설명해 주는 말로 명사, 명사 상당어구, 형용사(현재분사, 과거분사 포함) 등이 쓰인다.

We chose <u>him</u> <u>chairman</u> of our club.
　　　　 목적어 　목적격보어(명사)

His love made <u>her</u> <u>happy</u>.
　　　　　　　목적어 목적격보어(형용사)

❷ 주의해야 할 5형식 문장

(1) <u>사역동사+목적어+동사원형</u> → make, let, have 등
　I **had him clean** the window.
　Could you **let me come** in?
　He **made the children laugh**.

(2) <u>지각동사+목적어+동사원형(현재분사)</u> → watch, see, hear, feel 등
　I **saw her swim** in the river.
　I **heard something fall** down.

(3) help+목적어+동사원형(to부정사)
　I **helped him (to) do** his homework.
　I will **help you (to) carry** these boxes.

(4) 목적격보어로 to부정사가 오는 동사
　want, ask, expect, allow, cause, advise, encourage, enable 등
　Do you **want him to join** us?
　He **asked me to help** him.

❸ 4형식과 5형식의 구별

4형식에서는 「간접목적어 ≠ 직접목적어」이지만, 5형식에서는 「목적어 = 목적격보어」이다.
목적어와 목적격보어와의 관계는 의미상 주어와 동사와의 관계임에 유의한다. 따라서 지각동사, 사역동사의 5형식에서 목적어와 목적격보어의 관계가 수동의 관계이면 과거분사가 온다.

She will make **him a toy**. 〈him ≠ a toy: 4형식〉
She will make **him a scientist**. 〈him = a scientist: 5형식〉
I'll have **him take the picture**. 〈him이 take the picture의 주체〉
I'll have **the picture taken**. 〈the picture가 동작을 받는 주체〉

A 주어진 문장에서 목적격보어를 찾아 밑줄을 치시오.

1. Do you expect her to come?
2. I will make them tell the truth.
3. We saw Tom singing.
4. I think him a great musician.

expect [ikspékt] 기대하다, 예측하다
musician [mju:zíʃən] 음악가

B 괄호 안에서 알맞은 것을 고르시오.

1. He will make his parents (happy, happily).
2. Did you see her (play, to play) the violin?
3. I will never let him (do, to do) that again.
4. I want you (do, to do) the work.

parent [pɛ́ərənt] 부모

C 빈칸에 알맞은 말을 보기에서 골라 쓰시오.

> ● 보기 ●
>
> | felt | caused | helped |

1. She _____ me solve the problem.
2. The rain _____ the river to overflow.
3. I _____ something coming near.

cause [kɔːz] 야기하다, 원인이 되다
overflow [ðuvərflóu] 범람하다

D 우리말과 같은 뜻이 되도록 괄호 안의 단어를 알맞은 순서로 배열하시오.

1. 그들은 나를 Jimmy라고 불렀다.
   They (me, called, Jimmy).
2. 우리는 그녀를 시장으로 선출했다.
   We (the, her, elected, mayor).
3. 나는 그를 시켜 차를 고치도록 할 것이다.
   I will (the, car, fix, him, have).
4. 나는 그녀가 그녀의 방에서 혼자 울고 있는 것을 보았다.
   I (in, her, saw, alone, crying, her, room).

elect [ilékt] 선출하다
mayor [méiər] 시장
fix [fiks] 고치다

{1~3} 빈칸에 알맞은 것을 고르시오.

1 He let her _____ the zoo free.

① enter   ② enters   ③ entered
④ to enter   ⑤ to entering

2 She _____ pale when she heard the news.

① had   ② made
③ heard   ④ turned
⑤ wanted

3 I can't allow you _____ like that.

① behave   ② behaving
③ to behave   ④ to behaving
⑤ will behave

⭐ 중요
4 주어진 문장을 4형식 문장으로 바꿔 쓰시오.

She showed the letter to all her friends.

→ _____

{5~6} 밑줄 친 부분의 문장 성분이 나머지와 다른 하나를 고르시오.

5 ① I love <u>oranges</u>.
② I don't read <u>the newspaper</u>.
③ I design <u>websites</u> for small companies.
④ His son became <u>a soldier</u> when he grew up.
⑤ A wolf saw <u>some chickens</u> in a yard.

6 ① We paid him <u>$800</u> for the month.
② I haven't shown anyone <u>this photo</u>.
③ We elected Susan <u>chairman</u> last year.
④ Tina gave me <u>a cat</u> for my birthday.
⑤ The experience of that day taught us <u>many lessons</u>.

{7~8} 괄호 안의 단어를 알맞은 순서로 배열하시오.

7 Please (him, send, my best wishes).

8 I will (of, ask, them, a few questions).

9 주어진 문장의 형식으로 잘못된 것은?

① Where do you live? (1형식)
② I know how to use it. (3형식)
③ Mother bought me this dress. (4형식)
④ Carrots are my favorite vegetables. (2형식)
⑤ She went out to see what was going on. (5형식)

10 문장의 형식이 나머지와 다른 하나는?

① She made coffee for us all.
② This song made him a star.
③ He made a film about her life.
④ She will make some useful suggestions.
⑤ I've made an appointment with the doctor.

11 틀린 부분을 찾아 바르게 고쳐 쓰시오.

(1) My grandfather made this toy soldier me.

(2) The music she played for us sounded very sweetly.

{12~13} 밑줄 친 부분의 쓰임이 잘못된 것을 고르시오.

고난도

12 ① I saw her singing and dancing.
② She made me do the job.
③ I had my room clean by her.
④ He grew tired of doing his homework.
⑤ They never expected me to come.

13 ① She didn't let me go there.
② I had the man cut my hair.
③ I heard someone calling my name.
④ What caused you change your mind?
⑤ They saw the cat killed.

{14~15} 빈칸에 알맞지 않은 것을 고르시오.

중요
14 The soup tasted _____.

① bad   ② good
③ sour   ④ wonderful
⑤ excellently

15 He _____ me to study harder.

① forced   ② wanted
③ watched   ④ expected
⑤ encouraged

16 밑줄 친 부분의 문장 성분이 보기와 같은 것은?

보기
I will make you a dinner.

① He gave his girlfriend a diamond ring.
② They chose me chairperson.
③ You always make me smile.
④ She wanted me to drive the car.
⑤ I watched the birds flying.

17 우리말과 같은 뜻이 되도록 빈칸에 알맞은 말을 쓰시오.

아빠는 우리가 그 파티에 가도록 허락하실 거야.

→ Dad will _____ _____ _____
_____ to the party. (allow)

18 밑줄 친 부분을 바르게 고쳐 쓰시오.

(1) This money enabled him buy a new car.

(2) We watched the balloons flew into the sky.

(3) I helped him organizing the party.

19 빈칸에 단어를 넣었을 때 문장의 형식이 나머지와 다른 것은?

Her parents made her _____.

① a teacher   ② happy

③ study hard   ④ a good person

⑤ a wooden chair

고난도

20 (A), (B), (C)의 각 네모 안에서 어법에 맞는 표현을 골라 바르게 짝지은 것은?

    Maria works at the Statue of Liberty in New York City. "(A) | Help / Helping | people learn about 'Lady Liberty' is really exciting," Maria says. She helps visitors (B) | see / saw | the museum inside the famous statue. Maria often talks with visitors as they climb to the statue's crown. "It's fun to talk with all these people," she says. "Besides, it gives me a chance to exercise. There (C) | is / are | 154 steps on the way to that crown!"

      (A)   (B)   (C)

① Help   — see — is

② Help   — saw — is

③ Helping — see — are

④ Helping — saw — are

⑤ Helping — see — is

Grammar for NEAT

Step 1

우리말과 같은 뜻이 되도록 괄호 안의 말을 이용하여 빈칸을 완성하시오.

(1) 우리는 새 한 마리가 하늘을 나는 것을 보았다.

···⟩ We _____ in the sky. (bird, fly)

(2) 그들은 위험에 처해 있다.

···⟩ They _____. (in danger)

(3) 눈이 매우 빠르게 녹고 있다.

···⟩ The snow _____ very fast. (melt)

(4) 이 영화는 우리에게 서로 사랑하라는 메시지를 준다.

···⟩ This movie _____ that we should love each other. (message)

(5) 그 웹사이트는 사라질지 모른다.

···⟩ The website _____. (disappear)

Step 2

다음 포스터의 내용을 설명하는 글을 완성하시오.

STOP GLOBAL WARMING

    In the poster we see _____ on a piece of ice. It _____ because ice in the North Pole _____ very fast. It _____ that we should take action to stop global warming. The earth _____ hotter and hotter. If we don't do something right now, the polar bear _____ soon.

Chapter 04

동사의 시제

현재 / 과거 / 미래시제

현재시제는 동사원형을, 과거시제는 동사의 과거형을, 미래시제는 조동사 will을 이용하여 나타낸다.

❶ 현재시제 ─── be동사: I am / He(She, It) is / You(We, They) are
have동사: I(You, We, They) have / He(She, It) has

동사원형을 이용하며, 일반동사의 3인칭 단수일 때는 「동사원형+-(e)s」를 붙인다.

(1) 현재의 동작, 상태

This watch **loses** two minutes a day.

(2) 현재의 습관, 반복적인 동작

I **take** a shower every day.

(3) 불변의 진리, 사실, 격언

The earth **moves** around the sun.

The early bird **catches** the worm.

(4) 시간, 조건의 부사절에서 미래시제 대용 ──→ *cf.* I don't know if it will rain tomorrow.
(명사절에서는 미래 시제를 사용한다.)

When the vacation **begins,** the students will be happy.

If it **rains** tomorrow, I'll stay home.

(5) 왕래발착 동사가 미래 부사와 함께 쓰여 가까운 미래를 나타냄
go, come, arrive, leave, start 등

I **leave** for Canada tomorrow.

❷ 과거시제 ─── be동사: I(He, She) was / You(We, They) were
have동사: I(You, He, She, It, We, They) had

동사의 과거형을 이용하며, 「동사원형+-(e)d」의 규칙 변화와 불규칙 변화가 있다.

(1) 과거의 사실, 동작, 상태

She **lived** in Texas when she was young.

(2) 과거의 습관, 반복적인 동작

I **went** swimming every day in the summer.

(3) 역사적인 사실

The World War Ⅱ **ended** in 1945.

❸ 미래시제 ─── 부정형: will not=won't / It won't be difficult.

「will(be going to)+동사원형」의 형태로, 미래의 상황, 운명, 기대, 예정 등을 나타낸다.

She **will be** a famous musician.

I'm **going to visit** my hometown this Sunday.

A 괄호 안에서 알맞은 것을 고르시오.

1. I (will, would) be 17 years old next year.
2. The sun (rise, rises, rose) in the east.
3. His son (is, was) killed in the war two years ago.
4. I'll be very sad if she (leaves, left, will leave).

rise [raiz] 뜨다
in the east 동쪽에서

B 괄호 안의 단어를 알맞은 형태로 바꾸어 쓰시오.

1. He _____ from Japan yesterday. (come)
2. The Han river _____ west. (run)
3. I _____ in Paris last year. (live)
4. Every student knows that the earth _____ round. (be)

come from ~에서 오다
west [west] 서쪽으로

C 틀린 부분을 찾아 바르게 고쳐 쓰시오.

1. It rains tomorrow.
2. John and Sue are late for school this morning.
3. We have dinner when she arrives.
4. If you will not hurry, you'll miss the train.

hurry [hə́:ri] 서두르다

D 우리말과 같은 뜻이 되도록 빈칸에 알맞은 말을 쓰시오.

1. 나는 이탈리아를 여행할 것이다.
   → I _____ _____ _____ _____ in Italy.
2. 그녀는 어두워지기 전에 그곳에 도착할 것이다.
   → She _____ _____ there before it gets dark.
3. Mike는 자기의 개를 매일 목욕시킨다.
   → Mike _____ his dog every day.
4. 내일 날씨가 좋다면, 나는 하이킹을 갈 것이다.
   → If it _____ fine tomorrow, I'll go hiking.

dark [dɑ:rk] 어두운
go hiking 하이킹을 가다

UNIT 11

현재완료, 과거완료

현재완료는 과거의 일이 현재까지 영향을 미칠 때, 과거완료는 과거보다 더 이전의 일이 과거까지 영향을 미칠 때 사용한다.

❶ 현재완료: have (has)+과거분사

과거의 일이 현재까지 영향을 미치는 일을 나타낸다.

(1) 완료: '지금 막 ∼하였다'의 의미로 보통 just, already, yet 등과 함께 쓰인다.

I **have** just **finished** my homework.

She **hasn't written** the letter yet.

> 현재완료의 부정: have (has) not+과거분사

(2) 계속: '∼해 오고 있다'의 의미로 보통 for, since, how long 등과 함께 쓰인다.

I**'ve lived** here since I was born. How long **have** you **been** here?

(3) 경험: '∼한 적이 있다(없다)'의 의미로 보통 ever, never, once, before 등과 함께 쓰인다.

She **has been** to Greece.

Have you ever **seen** a ghost? – No, I haven't.

(4) 결과: '∼해 버렸다(그 결과 지금은 ∼하다)'의 의미로 보통 lose, go 등의 동사와 함께 쓰인다.

She **has gone** to Greece.

He **has lost** his cell phone.

(5) 미래완료의 대용: 현재완료가 때나 조건을 나타내는 부사절에서 미래완료 대신 쓰인다.

I will go out when I **have finished** this work.

Let's start at seven if it **has stopped** raining by that time.

❷ 과거완료: had+과거분사

과거의 어느 시점을 기준으로 그 이전(대과거)부터 과거 어느 한 시점까지 일어난 일을 나타낸다.

I **had** already **done** the dishes when Mom came. 〈완료〉

She **had been** ill for a week when I called her. 〈계속〉

I **had** never **played** tennis before he taught me how to do. 〈경험〉

My father **had gone** to work when I got up. 〈결과〉

I lost the watch my father **had bought** for me. 〈대과거〉

> 과거보다 더 이전에 일어난 일을 나타냄

 이것이 궁금해요!

Q 완료시제를 쓸 수 없는 경우도 있나요?

A 네. 명백한 과거를 나타내는 yesterday, ago, last, just now 등의 부사(구)는 완료시제와 함께 쓰일 수 없습니다.

┌ We have finished the work five minutes ago. (×)
└ We finished the work five minutes ago. (○)

┌ Mike has called me just now. (×)
└ Mike called me just now. (○)

A 괄호 안에서 알맞은 것을 고르시오.

1. She has just (do, did, done) her homework.
2. I found that someone (has, had) broken the window.
3. Andy has ridden a motorbike (for, since) 1995.
4. He (has been, had been) ill since last Sunday.

B <u>틀린</u> 부분을 찾아 바르게 고쳐 쓰시오.

1. John hasn't eat his hamburger yet.
2. Mina read the book that she has bought.
3. We have met her last week.
4. I couldn't buy a ticket because I have forgotten my money.

C 괄호 안의 말을 단어를 알맞은 형태로 바꾸어 쓰시오.

1. Mom and Dad _____ married for 15 years. (be)
2. Bill's teachers were surprised. They _____ a student like him before. (never meet)
3. I _____ to London many times. (be)
4. Alice _____ in New York since January. (live)

D 두 문장이 같은 뜻이 되도록 빈칸에 알맞은 말을 쓰시오.

1. Brad lost his key. So he doesn't have it.
   = Brad _____ his key.
2. My uncle went to France, and he is not here now.
   = My uncle _____ to France.
3. I bought a bike two days ago and gave it to him.
   = I gave him the bike I _____ two days before.

do one's homework 숙제
하다
break [breik] 깨다
(–broke– broken)
ride [raid] 타다
(–rode– ridden)

eat [iːt] 먹다 (–ate–eaten)

be married 결혼하다
surprised [sərpráizd] 놀란

UNIT 12

진행시제

진행시제는 어느 시점에서 동작이 행해지고 있는 것을 나타낸다.

❶ 현재진행형: am(are, is) + 동사원형 -ing

'~하고 있다, ~하고 있는 중이다' 의 의미로, 현재 시점에서 어떤 동작이 진행되고 있는 상황을 나타내거나 미래 대용으로 쓰인다.

The children **are playing** soccer on the playground.

He **is leaving** Korea next week. 〈미래 대용〉

❷ 과거진행형: was(were) + 동사원형 -ing

'~하고 있었다, ~하는 중이었다' 의 의미로, 과거 시점에 어떤 동작이 진행되고 있을 때 쓰인다.

It **was getting** dark outside.

She **was cooking** dinner when I came home.

❸ 미래진행형: will be + 동사원형 -ing

'~하고 있을 것이다' 의 의미로, 미래 시점에 어떤 동작이 진행되고 있을 때 쓰인다.

I **will be playing** the game till 10.

This time next week we **will be traveling** through Mexico.

❹ 현재완료 진행형: have(has) been + 동사원형 -ing

과거에 시작된 일이 현재까지 계속 진행되고 있을 때 쓰이며, '(계속해서) ~해 오고 있다' 의 의미이다.

It **has been raining** all day.

We **have been working** for two hours.

❺ 과거완료 진행형: had been + 동사원형 -ing

과거의 어느 시점 이전에 시작된 일이 과거 시점까지 계속 진행되고 있을 때 쓰이며, '(계속해서) ~해 오고 있었다' 의 의미이다.

He **hadn't been studying** since that time.

She **had been doing** her homework for an hour.

Q 진행형으로 쓸 수 없는 동사도 있다는데요, 무엇인가요?

A know, have(가지다), believe, like, want 등의 동사가 바로 그것입니다. 단, have가 '가지다' 의 뜻이 아닐 때에는 진행형으로 쓸 수 있습니다.

I am knowing you. (×)

I'm having the book. (×)

I'm having breakfast. (○) 나는 아침을 먹고 있는 중이다. (have가 eat의 의미로 쓰임)

UNIT TEST

A 괄호 안에서 알맞은 것을 고르시오.

1. My brother is (watch, watching) TV.
2. (Are, Were) you writing an e-mail when I called you?
3. He (was, will be) visiting his uncle tomorrow evening.

> visit [vízit] 방문하다

B 우리말과 같은 뜻이 되도록 빈칸에 알맞은 말을 쓰시오.

1. 아버지는 지금 신문을 읽고 계신다.
   → Dad is _____ a newspaper now.
2. 그는 오후 2시에 낮잠을 자고 있었다.
   → He _____ _____ a nap at 2 in the afternoon.
3. 그녀는 3시간 동안 인터넷을 검색해 오고 있다.
   → She has _____ surfing the Internet for three hours.

> take a nap 낮잠을 자다
> surf the Internet 인터넷을 검색하다

C 자연스러운 대화가 되도록 빈칸에 알맞은 말을 쓰시오.

1. A: What are you _____?
   B: I'm doing the dishes.
2. A: Where were you going then?
   B: I _____ _____ to the bakery.
3. A: How long _____ it _____ raining?
   B: It has been raining for three days.
4. A: What will you be doing tomorrow evening?
   B: I _____ _____ watching a movie with my friends.

> do the dishes 설거지하다
> bakery [béikəri] 빵집, 제과점
> how long 얼마 동안

D 그림을 보고 각 그림의 상황에 알맞은 응답을 쓰시오.

A: What had James been doing?

1.
2.
3.

{1~3} 빈칸에 알맞은 것을 고르시오.

1 _____ your parents home?

① Is   ② Are   ③ Have

④ Has   ⑤ Will

2 중요

I lost the hairpin that my boyfriend _____ to me on my birthday.

① gives   ② was giving

③ will give   ④ has given

⑤ had given

3 She _____ in this office since last month.

① works   ② worked

③ is working   ④ was working

⑤ has worked

{4~5} 두 문장이 같은 뜻이 되도록 빈칸에 알맞은 말을 쓰시오.

4 중요

I lost my MP3 player, and I don't have it now.

= I _____ _____ my MP3 player.

5 I will drink more milk.

= I'm _____ to drink more milk.

6 대화의 빈칸에 가장 알맞은 것은?

A: Is she reading a book?

B: No, she's not. _____

① She likes books very much.

② She comes from England.

③ She wants to read a book.

④ She's writing a letter.

⑤ She will do the dishes.

7 ①~⑤ 중 just가 들어갈 위치로 가장 알맞은 곳은?

(①) Bob (②) has (③) finished (④) his work (⑤).

8 밑줄 친 동사를 알맞은 시제로 고쳐 쓰시오.

(1) Matt <u>move</u> to New York three years ago.

(2) When I arrived there, I found Jean <u>go</u> home.

{9~10} 빈칸에 알맞지 <u>않은</u> 것을 고르시오.

9 He went to the movies with his friend _____.

① two days ago   ② last night

③ on Saturday   ④ just now

⑤ next Sunday

10 _____ doesn't like the food.

① He ② Mom
③ Boa and Mary ④ The dog
⑤ My brother

{11~12} 대화의 빈칸에 알맞은 말을 한 단어로 쓰시오.

11 A: Will it be fine tomorrow?
B: No, it _____ .

12 A: Long time no see.
B: Yes. I _____ seen you for a long time.

고난도

13 어법상 옳은 문장을 모두 고르면?

① She has never seen a gorilla.
② When did the trouble start?
③ I've eaten spaghetti last night.
④ His father died since he was 31.
⑤ I have gone to London twice.

14 두 문장을 한 문장으로 바꿔 쓸 때 빈칸에 알맞은 말을 쓰시오.

• I began to work in the office two days ago.
• I still work in the office.

→ _____ for two days.

{15~16} 대화의 빈칸에 알맞은 것을 고르시오.

중요

15 A: What were you doing when I called you?
B: I _____ a shower.

① take ② took
③ am taking ④ was taking
⑤ have taken

16 A: What are you going to do tomorrow?
B: I will go on a picnic if the weather _____ fine.

① is ② will be ③ be
④ has been ⑤ will have been

17 밑줄 친 부분의 쓰임이 잘못된 것은?

① I have already read this book.
② I am believing that all men are created equal.
③ I will take him to Namsan when he visits Korea.
④ He said that the Korean War broke out in 1950.
⑤ She will have been married for 20 years this Sunday.

18 다음 상황으로 보아, 빈칸에 알맞은 말을 쓰시오.

I saw him before. So I remembered him.

= I remembered him because I _____ _____ him before.

19 틀린 부분을 찾아 바르게 고쳐 쓰시오.

(1) When have you lost your smart phone?

(2) Where are you? I haven't seen you for more than a month!

(3) He has stopped smoking long ago.

고난도

20 다음 글의 밑줄 친 부분 중 어법상 틀린 것은?

If you ① want to travel where few teens have been, this trip is for you. Krakow of Poland is perfect for the culturally curious teenager who ② has already seen Western Europe. Krakow ③ was largely untouched by the bombs of World War II. Outside the city ④ is the concentration camp* Auschwitz-Birkenau. At this site over one million European Jews, Christians, and Gypsies ⑤ have lost their lives during World War II.

*concentration camp 강제 수용소

Grammar for NEAT

Step 1

다음 그림에 맞는 표현을 보기에서 골라 쓰시오.

(1)    (2)    (3)

_____   _____   _____

┌─ 보기 ─────────────────────────┐

listen to music   fly a kite

play the guitar   talk on the phone

watch a soccer game   look at the sky

ride a bike   swim in a lake

eat a sandwich   read a newspaper

└────────────────────────────────┘

Step 2

아래의 글은 공원에 있는 사람들의 행동을 묘사한 것이다. 다음 그림을 보고 (1)~(4)의 빈칸에 각각 10개 이내의 단어를 사용하여 문장을 완성하시오.

There are several people in the park.

The woman with glasses is (1) _____.

The man in a blue shirt is (2) _____.

The young boy is (3) _____.

The girl with long hair is (4) _____ in the wind.

C·h·a·p·t·e·r 05

부정사

It was silly of him to leave his fingerprints.

to 부정사의 용법

부정사는 「to+동사원형」의 to부정사와 동사원형만 쓰는 원형부정사로 나뉘며, to부정사는 문장 내에서의 역할에 따라 명사적, 형용사적, 부사적 용법으로 쓰인다.

❶ 명사적 용법: '~하는 것, ~하기'의 의미로 주어, 목적어, 보어 역할을 한다.

(1) 주어 역할: 보통 주어로 쓰인 to부정사는 가주어 it으로 표현한다.

To play badminton is a lot of fun.

= **It** is a lot of fun **to play badminton**. 〈가주어-진주어〉

(2) 목적어 역할

She wants **to be** a famous entertainer. ⟶ 5형식 문장에서는 가목적어 it을 사용한다.

I think **it** very bad **to tell** a lie. 〈가목적어-진목적어〉

He promised **not to be** late for school.

(3) 보어 역할 ⟶ to부정사의 부정 : to부정사 앞에 not(never)를 붙인다.

My dream is **to travel** all around the world. 〈주격보어〉

I believed him **to be** honest. 〈목적격보어〉

❷ 형용사적 용법

(1) 명사 수식: 명사 뒤에서 앞의 명사를 수식하며, '~할, ~해야 할' 이라고 해석한다.

Please give me something cold **to drink**.

to부정사 뒤에 전치사가 필요한 경우가 있다.

I don't have any friends **to play with**.　　There is no chair **to sit on**.

(2) 「be+to부정사」 용법: 예정, 의무, 가능, 운명, 의도 등

He **is to arrive** here the day after tomorrow. 〈예정 = will〉

You **are to finish** the work by five. 〈의무 = must, have to〉

Nothing **was to be** seen in the sky. 〈가능 = could〉

❸ 부사적 용법

(1) 목적: ~하러, ~하기 위하여

She went to the station **to see** him off.

We got up early **in order to catch** the first train.

(2) 감정의 원인: 감정을 나타내는 형용사 뒤에 오며, '~해서' 라고 해석한다.

I'm glad **to see** you. ⟶ glad, happy, pleased, sorry, sad, surprised 등

(3) 결과: ~해서 (결국) …하다

He grew up **to become** a pilot.

(4) 판단의 근거: ~하다니

He must be a genius **to solve** the problem.

(5) 형용사 수식

English is very interesting **to learn**.

A 밑줄 친 to부정사의 용법을 구체적으로 쓰시오.

1. To know is one thing, and to teach is another.
2. I have something important to tell you.
3. I was so happy to get the birthday present from him.
4. She went to the United States to study literature.

A is one thing, and B is another A와 B는 별개이다
literature [lítərətʃər] 문학

B 두 문장을 to부정사를 이용하여 한 문장으로 바꾸어 쓰시오.

1. I have a dream. It is to make a peaceful world.
   → My dream _____.
2. I want some friends. I want to play soccer with them.
   → I want some friends _____.
3. I studied hard. I wanted to pass the math test.
   → I studied hard _____.

peaceful [píːsfəl] 평화로운
pass [pæs] 합격하다

C 우리말과 같은 뜻이 되도록 빈칸에 알맞은 말을 쓰시오.

1. 나는 책 몇 권을 빌리러 도서관에 갔다.
   → I went to the library _____ _____ some books.
2. 우리는 살 집이 없다.
   → We don't have a house _____ _____ _____.
3. 너는 커서 무엇이 되길 원하니?
   → What do you want _____ _____ when you grow up?
4. 나는 그가 죽었다는 소식을 듣고 아주 충격을 받았다.
   → I was so shocked _____ _____ the news that he died.

grow up 자라다, 성장하다
shocked [ʃɑkt] 충격을 받은

D 우리말과 같은 뜻이 되도록 괄호 안의 단어를 알맞은 순서로 배열하시오.

1. 거짓말을 하는 것은 나쁘다. (tell, a, is, to, lie, wrong)
   → _____
2. 그녀는 간호사가 되기를 원한다. (a, wants, nurse, she, be, to)
   → _____
3. 나는 나를 도와줄 친구가 없다. (I, me, help, no, to, friend, have)
   → _____
4. 나는 영어를 공부하기 위해 사전을 샀다.
   (dictionary, to, English, I, a, study, bought)
   → _____

tell a lie 거짓말하다
dictionary [díkʃəneri] 사전

INFINITIVES · INFINITIVES

UNIT 14

의문사+to부정사, 독립부정사, 부정사의 관용 표현

「의문사+to부정사」는 명사구로 쓰이며, 독립부정사는 to부정사를 포함한 표현으로 문장 전체를 수식하는 부사적 용법으로 쓰인다. 또, 부정사의 관용 표현은 숙어처럼 외워 두어야 한다.

❶ 의문사+to부정사 = 의문사+주어+should+동사원형

명사구로서 주로 동사의 목적어로 사용된다.

Do you know **how to fix** that machine? 〈어떻게 ~하는지, ~하는 법〉
= Do you know how you should fix that machine?
I don't know **what to say** to you. 〈무엇을 ~할지〉
= I don't know what I should say to you.
Tell me **when to stop**. 〈언제 ~할지〉
Let's decide **where to go**. 〈어디로 ~할지〉

❷ 독립부정사

to begin with: 우선
to be frank with you: 솔직히 말해서
to be honest with you: 정직하게 말하자면
to make matters worse (better): 설상가상으로 (금상첨화로)

to부정사가 독립된 의미로 문장 전체를 수식하는 용법을 말한다.
To tell the truth, I don't like your idea. (사실을 말하자면)
He is, **so to speak**, a walking dictionary. (말하자면)

❸ 부정사의 관용 표현

(1) 형용사+enough to부정사: …할 만큼 충분히 ~하다 [너무 ~해서 …할 수 있다]
= so+형용사+that+주어+can …
He is **rich enough to** buy a car of his own.
= He is so rich that he can buy a car of his own.
I left **early enough to** get a good seat.
= I left so early that I could get a good seat.

(2) too+형용사+to부정사: …하기에는 너무 ~하다 [너무 ~해서 …할 수 없다]
= so+형용사+that+주어+can't …
He is **too young to** drive.
= He is so young that he can't drive.
The dog is **too big to** live in that house.
= The dog is so big that it cannot live in that house.

 이것이 궁금해요!

Q 「의문사+to부정사」에 모든 의문사가 쓰일 수 있나요?

A why를 제외한 모든 의문사가 to부정사와 결합하여 쓰일 수 있습니다. 또한, 「의문사+명사+to부정사」의 형태로 사용되기도 합니다.
e.g. I don't know *which way to go*. (나는 어느 길로 가야 할지 모른다.)

UNIT TEST

A 두 문장이 같은 뜻이 되도록 빈칸에 알맞은 말을 쓰시오.

1. I heard the news very late, so I couldn't call you.

= I heard the news _____ late _____ call you.

2. The player was really tall, so he could reach the apple tree.

= The player was _____ _____ _____ reach the apple tree.

3. She was really bright, so she could do the work easily.

= She was _____ _____ _____ do the work easily.

reach [riːtʃ] 닿다, 도달하다
bright [brait] 영리한

B 우리말과 같은 뜻이 되도록 틀린 부분을 찾아 바르게 고쳐 쓰시오.

1. Cindy는 그 불쌍한 소년을 도울 정도로 친절하다.

→ Cindy is enough kind to help the poor boy.

2. 너는 아기 우유를 먹기에는 너무 나이가 들었다.

→ You are to old too drink baby milk.

3. 강에서 수영을 하기에는 날씨가 너무 춥다.

→ It is cold enough to swim in the river.

enough [inʌf] 충분한

C 우리말과 같은 뜻이 되도록 빈칸에 알맞은 말을 쓰시오.

1. 사실을 말하자면, 나는 실수를 한 것 같다.

→ To tell _____ _____, I think I made a mistake.

2. 테레사 수녀님은 말하자면 살아 있는 성자였다.

→ Mother Teresa was, so _____ _____, a living saint.

3. 정직하게 말하자면, 나는 너를 사랑하지 않는다.

→ _____ _____ honest with you, I'm not in love with you.

make a mistake 실수하다
saint [seint] 성인, 성자
honest [ánist] 정직한

D 두 문장이 같은 뜻이 되도록 빈칸에 알맞은 말을 쓰시오.

1. I don't know how to drive that car.

= I don't know _____ _____ _____ drive that car.

2. I have no idea of which one to choose.

= I have no idea of which one _____ _____ _____.

choose [tʃuːz] 고르다

to부정사의 의미상 주어/시제

to부정사는 동사의 성질을 가지므로 의미상의 주어와 시제를 갖는다.

❶ to부정사의 의미상 주어

(1) for+목적격: 일반적인 경우

It is impossible **for you** to finish this work tonight.

(2) of+목적격: 사람의 성격이나 특성을 나타내는 형용사가 쓰인 경우 ⟶ nice, kind, brave, clever, careful, careless, honest, foolish, wise 등

It is very *nice* **of you** to help me in many ways.

It was *careless* **of you** to make such a mistake.

(3) 생략: 의미상의 주어가 일반인이거나 문장의 주어나 목적어와 일치할 경우

It is difficult (for us) to master English in a short time. 〈일반인〉

I have something to say. 〈주어와 일치〉

She asked me to be back before dark. 〈목적어와 일치〉

❷ to부정사의 시제

to부정사는 시제에 따라 단순부정사와 완료부정사의 두 가지로 나뉜다.

(1) 단순부정사(to+동사원형): 문장의 술어동사의 시제와 일치하는 경우

You **seem to be** happy this morning.

= It **seems** that you **are** happy this morning.

She **seemed to have** lots of friends around her.

= It **seemed** that she **had** lots of friends around her.

(2) 완료부정사(to have+과거분사): 문장의 술어동사보다 한 시제 앞선 경우

He **seems to have been** idle when young.

= It **seems** that he **was** idle when young.

The woman **seemed to have done** something strange.

= It **seemed** that she **had done** something strange.

이것이 궁금해요!

Q 「for+목적격」의 의미상 주어는 「it ~ to ...」 구문에서만 사용되나요?

A 의미상의 주어는 「too ~ to ...」나 「enough to ...」 또는 형용사적, 부사적 용법 등 to부정사의 다양한 구문에서 사용됩니다.
e.g. This book is so difficult that I cannot understand it.
= This book is too difficult **for me** to understand.
This room is so wide that five people can sleep in.
= This room is wide enough **for five people** to sleep in it.

A 괄호 안에서 알맞은 것을 고르시오.

1. It is impossible (for you, of you) to swim across the river.
2. It was foolish (of him, for him) to believe such news.
3. It is very (difficult, kind) for you to remember her name.
4. It was so (nice, understandable) of her to help them there.

B 두 문장이 같은 뜻이 되도록 빈칸에 알맞은 말을 쓰시오.

1. You seem to be satisfied now.
   = It _____ that _____ _____ satisfied now.
2. He seems to have been ill.
   = It _____ that _____ _____ ill.
3. She seemed to be happy.
   = It _____ that _____ _____ happy.
4. You seemed to have been rich.
   = It _____ that _____ _____ _____ rich.

C 밑줄 친 부분에서 틀린 부분을 찾아 바르게 고쳐 쓰시오.

1. This book is <u>too difficult of me to understand</u>.
2. It was so careless <u>for you to drive on a rainy day</u>.
3. It seems <u>for you to work very hard these days</u>.
4. It seemed <u>that you have had a strange dream</u>.

D 우리말과 같은 뜻이 되도록 빈칸에 알맞은 말을 쓰시오.

1. 우리 모두가 함께 일하는 것은 매우 바람직하다.
   → It is very desirable _____ _____ all _____ work together.
2. 그 책은 내가 이해할 수 있을 정도로 충분히 쉬웠다.
   → The book was easy enough _____ _____ _____ understand.
3. 너는 그때 귀신을 보았던 것처럼 보였다.
   → It seemed that you _____ _____ a ghost at that time.

원형부정사, 대부정사

원형부정사는 동사원형을 말하며, 지각동사나 사역동사가 이끄는 5형식 문장과 관용 표현에서 사용된다.

❶ 원형부정사

(1) 지각동사+목적어+원형부정사

see, hear, watch, look at, listen to, feel 등 사람의 감각과 관련된 동사들은 목적격보어로 원형부정사를 사용한다. ──→ 의미에 따라 현재분사와 과거분사를 사용할 수도 있다.

We **saw** them **cross** the street.

I did not **hear** her **sing** at the concert.

We **watched** the birds **come** back to their nests.

(2) 사역동사+목적어+원형부정사

make, have, let(~시키다, ~하게 하다) 등의 동사들도 목적격보어로 원형부정사를 사용한다. ──→ 의미에 따라 과거분사를 사용할 수도 있다.

My teacher **made** me **do** the homework.

I will **have** the boys **clean** the playground.

(3) help+목적어+원형부정사(to부정사)

I will **help** you **(to) solve** the math problem.

❷ 관용 표현 ──→ 부정형은 「had better not+원형부정사」

(1) had better+원형부정사: ~하는 것이 좋겠다

You **had better go** home now and relax.

(2) cannot but+원형부정사: ~하지 않을 수 없다(= cannot help -ing)

I **could not but laugh** at the joke.

= I could not help laughing at the joke.

(3) do nothing but+원형부정사: ~하기만 하다

The baby **does nothing but cry** all day long.

(4) would rather A than B: B하느니 차라리 A하겠다

I **would rather die than live** in dishonor.

❸ 대부정사

앞에 나온 동사의 반복을 피하기 위해서 「to+동사원형」에서 동사원형을 생략하고 to만 쓴다.

Would you like to have some tea?

– Yes, I'd like **to** (have some tea).

You may call me if you'd like **to** (call me).

A 괄호 안에서 알맞은 것을 고르시오.

1. I saw the man (steal, to steal) the money.
2. Mother let me (go, to go) to the movies with my friends.
3. You had better (to wait, wait) here.
4. Susan helped me (to finish, finishing) my project.

steal [stiːl] 훔치다
project [prάdʒekt] 프로젝트, 계획

B 우리말과 같은 뜻이 되도록 빈칸에 알맞은 말을 쓰시오.

1. 우리들은 그들이 실험하는 것을 지켜보았다.
   → We watched _____ _____ their experiment.
2. 나는 너희들이 방을 청소하도록 할 것이다.
   → I will make _____ _____ your rooms.
3. 너는 부모님의 충고를 귀 기울여 듣는 것이 좋겠다.
   → You _____ _____ listen to your parents' advice.

experiment [ikspérəmənt] 실험
advice [ædváis] 충고

C 틀린 부분을 찾아 바르게 고쳐 쓰시오.

1. We quietly listened to the speaker to make a speech.
2. He let me doing anything I wanted to do.
3. I would rather to sleep than talk with him.
4. I will have him to carry my suitcase.

quietly [kwáiətli] 조용히
make a speech 연설하다
suitcase [súːtkèis] 여행 가방

D 대화의 빈칸에 알맞은 말을 보기에서 골라 쓰시오.

fix [fiks] 고치다

보기
| I tried to | I have to | I'd like to |

1. A: Would you like to play basketball with me after school?
   B: _____, but I have lots of homework to do.
2. A: Why didn't you fix your car?
   B: _____, but it didn't work.

{1~2} 빈칸에 가장 알맞은 것을 고르시오.

1 I need to buy some pens to write _____ .

① on   ② with   ③ in

④ out   ⑤ 필요 없음

2 You'd better _____ your parents before you leave.

① call   ② calling   ③ to call

④ called   ⑤ having called

{3~4} 보기의 밑줄 친 부분과 쓰임이 같은 것을 고르시오.

3 중요

보기
I was sad to hear that he had died.

① My sister wants to be a designer.
② It's kind of you to come to help me.
③ They like to play soccer after school.
④ My dream is to travel around the world.
⑤ She was pleased to get the present.

4

보기
He promised to be there on time.

① She lived to be a great age.
② He is not the kind of man to tell a lie.
③ I've always wanted to be a fire fighter.
④ You should try harder to be a scientist.
⑤ Your goal today is to be a safe driver.

{5~7} 두 문장이 같은 뜻이 되도록 빈칸에 알맞은 말을 쓰시오.

5 중요

The man is strong enough to lift the heavy box.

= The man is so _____ that _____ _____ lift the heavy box.

6 중요

She is too tired to get up.

= She is so _____ that _____ _____ get up.

7 It seems that he knew the truth.

= He _____ _____ _____ _____ the truth.

{8~9} 빈칸에 알맞지 않은 것을 고르시오.

8 I _____ them to clean the classroom.

① helped   ② told   ③ asked

④ had   ⑤ wanted

9 I didn't _____ him do the dishes.

① let   ② want   ③ help

④ make   ⑤ have

10 짝지어진 두 문장의 의미가 <u>다른</u> 것은?

① I don't know how to drive a car.
= I don't know how I should drive a car.
② I was surprised because I found a bomb in the box.
= I was surprised to find a bomb in the box.
③ I took a taxi to get there on time.
= I took a taxi, but I couldn't get there on time.
④ To play on the street is very dangerous.
= It is very dangerous to play on the street.
⑤ He is too busy to go to the movies.
= He is so busy that he can't go to the movies.

{11~12} 우리말과 같은 뜻이 되도록 빈칸에 알맞은 말을 쓰시오.

11 나는 언젠가 영화 배우가 되고 싶다.

→ I want _____ _____ a movie star some day.

12 내 책가방 안에 무엇인가 읽을 것이 있다.

→ There is _____ _____ read in my schoolbag.

{13~14} 어법상 <u>틀린</u> 문장을 고르시오.

13
① You had better not waste time.
② We saw him enter the building.
③ I found it difficult to swim in the sea.
④ Tell me how to get to Seoul Bank.
⑤ It is wise for him not to go there alone.

14
① I heard the man play the piano.
② I got them read the book aloud.
③ I will let you do what you want.
④ I made them finish writing their letters.
⑤ I noticed the man enter the house.

---

15 밑줄 친 부분 중 생략할 수 있는 것은?

You may go to the concert <u>if you want to go to the concert</u>.

① if　　　② you　　　③ want
④ to go　　　⑤ go to the concert

---

16 보기와 의미가 같은 것은?

> 보기
> The boys seem to have played hard.

① It seems that the boys play hard.
② It seems that the boys played hard.
③ It seemed that the boys play hard.
④ It seemed that the boys have played hard.
⑤ It seemed that the boys had played hard.

---

17 주어진 단어를 알맞은 순서대로 배열하여 빈칸에 쓰시오.

(1) It was hard _____ angry with her. (me, to, be, not, for)

(2) I _____ go out in this weather. (stay, than, rather, would)

18 틀린 부분을 찾아 바르게 고쳐 쓰시오.

(1) He couldn't help cancel the meeting.

(2) She did nothing but to relax.

⭐중요
19 우리말과 같은 뜻이 되도록 빈칸에 알맞은 말을 쓰시오.

(1) 너희들이 그 어려움을 극복하기는 힘들다.

→ It is hard _____ _____ to overcome the difficulty.

(2) 네가 나에게 진실을 말해주다니 정말 정직하구나.

→ It is very honest _____ _____ to tell me the truth.

고난도
20 다음 글의 밑줄 친 부분 중, 어법상 틀린 것은?

My best childhood memory is the summer I spent with my grandmother. She had a farm with many animals. I used to help her ① to take care of them. My favorite thing was ② to feed the sheep, pigs, and ducks. I also liked ③ to milk the cows and collect eggs from the chickens. My grandmother baked her own bread and I watched her ④ made butter for it from the cows' milk. I will never forget the long summer days, when time seemed ⑤ to stand still.

Grammar for NEAT

Step 1

우리말과 같은 뜻이 되도록 빈칸에 알맞은 말을 쓰시오.

(1) 나의 꿈은 피아니스트가 되는 것이다.

⋯⟩ My dream is _____.

(2) 나는 파티에 참가할 수 있어서 기뻤다.

⋯⟩ I was glad _____.

(3) 그녀는 가족과 함께 중국에 가기로 결심했다.

⋯⟩ She _____ with her family.

(4) 영어를 공부하는 것이 내 꿈을 이루는 데 도움이 될 것이다.

⋯⟩ Studying English will help me _____ my dream _____.

Step 2

아래 동아리 중 하나를 골라 가입 신청서를 쓰시오.

Club Application Form

• Club: _____

• Your name: _____

• Reason to apply:

My dream is to _____, so I was glad _____ that you are looking for new members. I saw your advertisement yesterday, and I decided _____. I believe joining your club will help me _____ _____. I also hope to _____ _____.

동명사

I like singing very much.
Singing is my favorite activity.
My favorite activity is singing.

UNIT 17

동명사의 용법, 동명사와 to부정사

동명사는 「동사원형+-ing」의 형태로 동사의 성질을 가지면서 문장 내에서 명사처럼 주어, 보어, 목적어 역할을 한다.

❶ 동명사의 용법

(1) 주어 역할

Keeping a diary in English is not so difficult.

Taking a walk is good exercise.

(2) 보어 역할

My hobby is **playing** the violin.

Seeing is **believing**.

(3) 목적어 역할

We enjoyed **singing** a song. 〈동사의 목적어〉

Thank you for **inviting** me. 〈전치사의 목적어〉

Sorry for **not helping** you.

> 동명사의 부정: not(never)+동명사

❷ 동명사와 to부정사

(1) 동명사만을 목적어로 취하는 동사: finish, enjoy, stop, mind, avoid, deny, give up 등

He finished **painting** his house.

I enjoy **driving** very much.

(2) to부정사만을 목적어로 취하는 동사: want, decide, hope, wish, expect, promise, agree, plan, desire 등

I want **to drink** water.

They hoped **to go** to Greece some day.

(3) 동명사와 to부정사를 모두 목적어로 취하는 동사

① 의미에 큰 차이가 없는 동사: love, like, begin, start, continue 등

I like **to swim**. = I like **swimming**.

② 의미에 차이가 있는 동사

• remember(forget)+동명사: (과거에) ~한 것을 기억하다(잊다)

I **remember locking** the door.

remember(forget)+to부정사: (미래에) ~할 것을 기억하다(잊다)

I **remember to lock** the door.

• try +동명사: (시험삼아) 한번 ~해 보다 I **tried making** pizza.

try +to부정사: ~하려고 노력하다 I **tried to make** pizza.

cf. stop +동명사: ~하는 것을 멈추다 I **stopped watching** TV.

stop +to부정사: ~하기 위해 (하던 일을) 멈추다 I **stopped to watch** TV.

stop은 동명사를 목적어로 취하는 동사이다. 이 경우의 to부정사는 '~하기 위해'의 뜻으로 쓰인 부사적 용법이다.

A
주어진 문장에서 동명사 구를 찾아 밑줄을 치시오.

1. Growing flowers needs skill.
2. She likes talking with her friends.
3. His job is selling cars.
4. This knife is only for cutting bread.

skill [skil] 기술
talk with ~와 이야기를 나누다
cut [kʌt] 자르다

B
괄호 안의 동사를 알맞은 형태로 바꾸어 쓰시오.

1. Tony and Jenny decided _____ married. (get)
2. His father has given up _____. (drink)
3. Would you mind _____ the radio down? (turn)
4. I can remember _____ how to write when I was six. (learn)
5. I'm very fond of _____. (swim)

get married 결혼하다
give up 포기하다
mind [maind] 꺼리다
turn down (소리·온도 등을) 낮추다
be fond of ~을 좋아하다

C
주어진 문장을 해석하시오.

1. She stopped to listen to the song.
2. She stopped listening to the song.
3. He tried to solve the problem.
4. He tried solving the problem.

solve [salv] 풀다

D
각 문장의 뒤에 이어질 내용으로 알맞은 것을 보기에서 고르시오.

┌─── 보기 ───
│ a. I always enjoy talking with him.
│ b. Would you mind waiting a little longer?
│ c. I tried to keep my eyes open, but I couldn't.
└────────

1. I was very tired.
2. I'm not ready yet.
3. Jimmy is a very interesting person.

a little 조금, 다소
keep one's eyes open 눈을 뜨고 있다
ready [rédi] 준비된
person [pə́ːrsən] 사람

UNIT 18

동명사의 의미상 주어 / 시제

동명사 행위의 주체가 되는 것을 동명사의 의미상 주어라고 하고, 동명사도 부정사처럼 시제를 갖는다.

❶ 동명사의 의미상 주어

(1) 일반적인 경우 동명사 앞에 소유격이나 목적격을 쓴다.

My father is sure of **my brother's** passing the exam.

= My father is sure of **my brother** passing the exam.

Do you mind **my** turning down the radio?

(2) 의미상의 주어가 일반인이거나 문장의 주어 또는 목적어와 일치하는 경우에는 생략한다.

Finding a job is very difficult in this city.

Traveling by train is very interesting.

I'm sorry for **giving** you so much trouble.

❷ 동명사의 시제

(1) 단순동명사: 동사원형+-ing

술어동사의 시제와 같거나 그 이후의 시제를 나타낸다.

① 동사의 시제와 일치

I'm sure of his **being** honest.

= I'm sure that he **is** honest.

② 동사의 시제보다 미래를 나타내는 경우

I'm afraid of his **being** late.

= I'm afraid that he **will be** late.

I'm sure of **passing** the interview.

= I'm sure that I **will pass** the interview.

cf. 동사의 시제보다 이전 시제를 나타내는 경우

remember, forget 등

I **remember sending** him an e-mail the other day.

= I remember that I **sent** him an e-mail the other day.

I **forget meeting** her last summer.

= I forget that I **met** her last summer.

(2) 완료동명사: having+과거분사

술어동사의 시제보다 이전에 일어난 일을 나타낸다.

John is proud of **having won** the game.

= John is proud that he **won** (**has won**) the game.

A 두 문장이 같은 뜻이 되도록 빈칸에 알맞은 말을 쓰시오.

1. I am sure that I will win first prize.

= I am sure of _____ first prize.

2. Do you mind if I park the car here?

= Do you mind _____ _____ the car here?

3. I remembered that she had stolen my money.

= I remembered _____ _____ my money.

4. I am sure that he will come in time.

= I am sure of _____ _____ in time.

be sure of ～을 확신하다
park [pɑːrk] 주차하다
steal [stiːl] 훔치다
(– stole – stolen)

B 틀린 부분을 찾아 바르게 고쳐 쓰시오.

1. Don't forget taking your umbrella when you go out.

2. He is sure of I passing the exam.

3. I remember to read something about him in the newspaper a few weeks ago.

forget [fərgét] 잊다
go out 외출하다

C 우리말과 같은 뜻이 되도록 빈칸에 알맞은 말을 쓰시오.

1. 그는 그 문제를 푸는 데 성공했다.

→ He succeeded in _____ the problem.

2. 나는 아버지가 가난한 것이 부끄럽지 않다.

→ I am not ashamed of _____ _____ poor.

3. 나는 아들이 장애인을 도와주었던 것이 자랑스럽다.

→ I'm proud of my son _____ _____ the handicapped person.

succeed in ～에 성공하다
be ashamed of ～을 부끄러워
하다
be proud of ～을 자랑스러워
하다
handicapped [hǽndikæpt]
장애를 가진

D 밑줄 친 부분에 유의하여 주어진 문장을 해석하시오.

1. She was angry about his lying.

2. I am ashamed of having been lazy.

3. I thanked her for having helped me the other day.

lie [lai] 거짓말하다
lazy [léizi] 게으른
the other day 일전에

Chapter 06

GERUNDS・GERUNDS

UNIT 19

동명사의 관용 표현

동명사를 이용한 관용적인 표현은 숙어처럼 외워두는 것이 좋다.

(1) cannot help -ing = cannot but+원형부정사: ∼하지 않을 수 없다
I **couldn't help laughing** when I heard the news.
= I **couldn't but laugh** when I heard the news.

여기의 to는 to부정사의 to가 아닌
전치사임에 유의해야 한다.

(2) look forward to -ing: ∼하기를 고대하다
I'm **looking forward to seeing** you soon.

(3) have difficulty (in) -ing: ∼하는 데 어려움을 겪다
You will **have** no **difficulty (in) finding** the building.

(4) It is no use(good) -ing: ∼해 봤자 소용없다
It's no use crying over spilt milk.

(5) There is no -ing: ∼할 수 없다
There is no staying at home in this fine weather.

(6) feel like -ing: ∼하고 싶다(= feel inclined to부정사)
I **feel like crying.**

(7) spend(waste)+시간/돈+(in) -ing: ∼하느라 시간/돈을 쓰다(낭비하다)
He **spent** last weekend **(in) watching** TV.

(8) stop(keep, prevent) A from -ing: A가 ∼하는 것을 막다
You can't **stop(prevent)** me **from going** there.

(9) be worth -ing: ∼할 가치가 있다
This book **is worth reading.**

(10) be busy -ing: ∼하느라 바쁘다
My sister **is busy doing** science homework.

(11) be used to -ing = be accustomed to -ing: ∼에 익숙하다
I **am used to skipping** breakfast.

be used to부정사(∼하기
위해 사용되다)와 구별할 수
있어야 한다.

(12) go -ing: ∼하러 가다
We **went fishing** on Sunday.

(13) How(What) about -ing?: ∼하는 게 어때?
How about going out for a walk?

(14) on(upon) -ing: ∼하자마자
On coming back home, he turned on the TV.
= As soon as he came back home, he turned on the TV.

(15) of one's own -ing: 직접 ∼한
This is a picture **of my own painting.**

66 Chapter 06

A 빈칸에 알맞은 말을 쓰시오.

1. It was very funny. I couldn't help _____.

2. It is _____ use trying to persuade me.

3. My sister lost the game. She felt _____ crying.

4. Heavy snow stopped me _____ going out.

funny [fʌ́ni] 우스운
persuade [pərswéid] 설득하다
heavy snow 폭설

B 괄호 안에서 알맞은 것을 고르시오.

1. My family went (ski, skiing) last weekend.

2. Mom was busy (cook, to cook, cooking) the French food.

3. I have difficulty (get, to get, getting) up early.

4. We spent three hours (shop, to shop, shopping) in the department store.

department store 백화점

C 두 문장이 같은 뜻이 되도록 빈칸에 알맞은 말을 쓰시오.

1. As soon as he read the letter, he cried with joy.

   = _____ reading the letter, he cried with joy.

2. It is a cake which I made myself.

   = It is a cake of my own _____.

3. Why don't you use the Internet?

   = How about _____ the Internet?

as soon as ~하자마자
with joy 기뻐서

D 우리말과 같은 뜻이 되도록 빈칸에 알맞은 말을 쓰시오.

1. 그 영화는 볼 가치가 있다.

   → The movie is _____ watching.

2. 나는 너를 곧 볼 수 있기를 고대한다.

   → I'm looking _____ to seeing you soon.

3. Tom은 말을 타는 데 익숙하지 않다.

   → Tom is not _____ to riding a horse.

4. 나는 (다른 사람의) 이름을 기억하는 데 어려움이 있다.

   → I have _____ in remembering names.

ride a horse 말을 타다

1 빈칸에 알맞지 <u>않은</u> 것은?

Betty _____ visiting her friend Jenny.

① enjoys   ② likes   ③ stopped
④ forgot   ⑤ wanted

{2~4} 빈칸에 알맞은 것을 고르시오.

2 I remember _____ her at the party a few years ago.

① see   ② to see
③ seeing   ④ saw
⑤ seen

3 My cousin is interested in _____ animals.

① draw   ② drawn
③ drawing   ④ to draw
⑤ to have drawn

4 She wanted to eat something, so she stopped _____ photos.

① take   ② to take
③ took   ④ taking
⑤ have taken

{5~6} 틀린 부분을 찾아 바르게 고쳐 쓰시오.

5 He promised calling me every weekend.

6 I'm looking forward to see you this summer.

7 밑줄 친 부분 중 쓰임이 나머지와 <u>다른</u> 하나는?

① Look at the <u>singing</u> bird.
② Her job is <u>selling</u> flowers.
③ He loves <u>collecting</u> baseball cards.
④ She's good at <u>taking</u> care of babies.
⑤ <u>Drawing</u> characters is one of his hobbies.

8 빈칸에 공통으로 알맞은 것은?

> • How about _____ basketball after school?
>
> • Susan started _____ the violin in front of her classmates.

① play   ② plays
③ played   ④ playing
⑤ player

9 어법상 옳은 문장은?

① My hobby is grow plants.
② I love listen to classical music.
③ I'm thinking of to move to another city.
④ Going to bed early is good for your health.
⑤ There is a strong possibility of he helping us.

10 전화벨이 울렸을 때 나는 아이들의 옷 입히는 것을 막 끝마쳤다.

→ I had just finished _____ my children when the phone rang.

⭐ 중요
11 동생에게 이메일 쓰는 것을 잊지 마라.

→ Don't forget _____ an e-mail to your brother.

12 두 문장의 의미가 같도록 할 때 빈칸에 알맞은 것은?

He is afraid that he will make a big mistake.
= He is afraid of _____ a big mistake.

① make   ② made
③ to make   ④ making
⑤ having made

13 밑줄 친 부분이 틀린 것은?

① Alice is quite busy <u>working</u> on the report.
② The rain didn't stop us <u>from enjoying</u> the trip.
③ I forgot <u>waking</u> up Kate, so she was late.
④ I've made up my mind, so don't try <u>to persuade</u> me.
⑤ The teacher scolded him for <u>not doing</u> his homework.

{14~16} 두 문장이 같은 뜻이 되도록 빈칸에 알맞은 말을 쓰시오.

14 Do you mind if I open the window?
= Do you mind _____ opening the window?

15 I tried not to laugh, but I couldn't.
= I couldn't _____ laughing.

16 He is proud that he won first prize at the math contest.
= He is proud of _____ first prize at the math contest.

17 다음 중 의미가 나머지와 다른 하나는?

① I don't want to go out today.
② I don't feel like going out today.
③ I have no desire to go out today.
④ I cannot but go out today.
⑤ I don't feel inclined to go out today.

18 괄호 안에 주어진 말을 알맞은 형태로 고쳐 쓰시오.

(1) In the end, he decided _____ the country. (leave)

(2) Do you think that this is worth _____ about? (talk)

중요
19 밑줄 친 부분에 유의하여 다음 문장을 해석하시오.

(1) He <u>was used to working</u> late every day.

(2) The money <u>was used to help</u> the poor.

고난도

20 (A), (B), (C)의 각 네모 안에서 어법에 맞는 표현을 골라 바르게 짝지은 것은?

If you watch too many violent shows, you may start thinking that violence is more common than it is. It may seem to you that bad guys are everywhere and that you can't help (A) | to use / using | violence to defend yourself. Violence is a part of life, but it is not a part of life to take lightly. Violence usually creates problems instead of (B) | solve / solving | them, and the problems it creates are very tough to solve. What TV puts in your brain is likely to stay there. (C) | Keep / Keeping | that in mind when you watch it.

	(A)		(B)		(C)
①	to use	–	solve	–	Keep
②	to use	–	solving	–	Keeping
③	using	–	solve	–	Keep
④	using	–	solving	–	Keep
⑤	using	–	solving	–	Keeping

Grammar for NEAT

Step 1

밑줄 친 단어를 어법상 맞는 형태로 고쳐 쓰시오.

(1) <u>Listen</u> to music is my hobby.

(2) <u>Hike</u> is one very popular activity.

(3) I don't feel like <u>work</u> any more.

(4) They enjoyed <u>walk</u> after lunch.

(5) How about going <u>shop</u> with me?

Step 2

아래 도표를 설명하는 글을 완성하시오.

Popular Leisure Activities among Teens

girls –
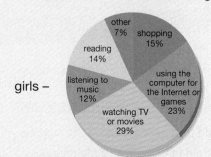

boys –
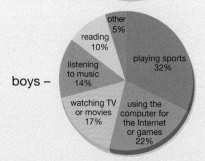

This chart shows the _____.
According to the chart, _____
is the most popular activity for girls, while it is
_____ for boys. _____
_____ is the second most enjoyed
activity for both girls and boys. Fourteen percent
of girls said they feel like _____ when they
are free, while the same percentage of boys
said they _____.

C·h·a·p·t·e·r 07

분사

I heard some surprising news.

I saw a surprised cat.

UNIT 20

현재분사, 과거분사

분사는 현재분사와 과거분사로 나뉘며, 현재분사는 능동이나 진행의 뜻을, 과거분사는 수동이나 완료의 뜻을 나타낸다.

❶ 현재분사: 동사원형+-ing

능동 또는 진행의 뜻을 나타낸다.
I saw a **dancing** bear. 〈능동: 춤을 추고 있는〉
She is **coming** here. 〈진행: 오고 있는〉
I was **cooking** in the kitchen then. 〈진행: 요리하고 있는〉

❷ 과거분사: 「동사원형+-ed」이거나 불규칙 변화 동사의 과거분사 형태

수동 또는 완료의 뜻을 나타낸다.
This book was **written** in English. 〈수동: 쓰여진〉
I ate a **boiled** egg. 〈수동: 삶은〉
He has just **arrived**. 〈완료: 도착한〉

❸ 분사의 용법

(1) 한정적 용법: 형용사처럼 명사의 앞이나 뒤에서 명사를 수식한다.
The man **standing** over there is my father.
Look at the **fallen** leaves.
The cars **made** in Korea are popular.

(2) 서술적 용법: 문장에서 보어로 쓰인다.
She came **singing** with him. 〈주격보어〉
He looked much **worried**. 〈주격보어〉
I watched him **playing** baseball. 〈목적격보어〉
She wants her house **painted** white. 〈목적격보어〉

Q 형태가 같은 동명사와 현재분사를 어떻게 구분하나요?

A 문장 내에서 「동사원형+-ing」가 명사 역할을 하고 목적이나 용도를 나타내면 동명사, 형용사 역할을 하고 동작이나 상태를 나타내면 현재분사입니다.
a sleeping bag = a bag for sleeping 〈동명사: 용도〉
a sleeping baby = a baby who is sleeping 〈현재분사: 상태(~하고 있는)〉

A 밑줄 친 부분이 동명사인지 현재분사인지 구별하시오.

1. They are talking together in the <u>living</u> room.
2. The baby was <u>crying</u> when she entered the room.
3. The man <u>running</u> with a dog is my uncle.
4. One of my hobbies is <u>collecting</u> stamps.

enter [éntər] 들어가다
collect [kəlékt] 모으다

B 괄호 안에 주어진 말을 알맞은 형태로 고쳐 쓰시오.

1. Look at the _____ window. (break)
2. The lecture was very _____. (bore)
3. I was _____ to see the game. (excite)
4. She was _____ on the sofa. (lie)

lecture [léktʃər] 강의
bore [bɔːr] 지겹게 하다
excite [iksáit] 흥분시키다
lie [lai] 눕다

C 두 문장이 같은 뜻이 되도록 빈칸에 알맞은 말을 쓰시오.

1. The news was very surprising to me.
   = I was _____ at the news.
2. She wrote this poem.
   = This poem was _____ by her.
3. I saw Diane. She was dancing on the floor.
   = I saw Diane _____ on the floor.
4. The movie I watched was very scary.
   = I was very _____ by the movie.

poem [póuim] 시
scary [skɛ́əri] 무서운

D 우리말과 같은 뜻이 되도록 괄호 안의 말을 알맞은 형태로 고쳐 쓰시오.

1. 그는 방에서 잠자고 있다.
   → He _____ in his room. (sleep)
2. 이것은 스위스에서 만든 칼이다.
   → This is a knife _____ in Switzerland. (make)
3. 아기를 울게 내버려두지 마라.
   → Don't leave the baby _____. (cry)
4. 나는 오늘 머리를 자를 것이다.
   → I will have my hair _____ today. (cut)

leave [liːv] (~을 …인 상태로) 두다, 남겨두다

UNIT

분사구문

분사구문이란 「접속사+주어+동사」의 부사절을 분사를 포함한 부사구로 간단하게 표현한 것을 말한다.

❶ 분사구문 만들기

① 종속절의 접속사 생략

② 종속절의 주어가 주절의 주어와 일치하면 생략

③ 종속절의 시제가 주절의 시제와 같으면 동사를 현재분사(-ing)로, 주절의 시제보다 하나 앞선 시제이면 「having+과거분사」로 바꾼다.

❷ 분사구문의 의미

(1) 시간: when, while, after 등 (~할 때, ~하는 동안, ~한 후에)

Arriving home, he opened all the windows.

= **When he arrived** home, he opened all the windows.

When preparing for an exam, try to do your best.

분사구문의 뜻을 분명히 하기 위해 접속사를 남겨두기도 한다.

(2) 이유: because, as (~ 때문에, ~해서)

Being tired, she went to bed early.

= **As she was** tired, she went to bed early.

(3) 조건: if (~한다면, ~라면)

Solving this problem, you will get this prize.

= **If you solve** this problem, you will get this prize.

(4) 양보: though, although (비록 ~일지라도)

Being poor, he was always proud.

= **Though he was** poor, he was always proud.

(5) 부대상황: 동시에 또는 순차적으로 일어난 상황(~하면서, ~한 채)

She cleaned the room, **singing** happily.

= She cleaned the room, **and** she sang happily.

(6) with+목적어+분사: ~한 채로

He was sitting alone, **with** his eyes **closed**. 〈수동〉

He was running along the park, **with** his dog **following** him. 〈능동〉

❸ 분사구문의 부정

부정어 not이나 never를 분사 앞에 둔다.

As he didn't sleep well, he felt very tired.

→ **Not** sleeping well, he felt very tired.

A 주어진 문장을 분사구문으로 바꾸어 쓰시오.

1. When you visit your grandparents, don't forget to buy some fruit.

   → _____

2. Though he was very rich, he lived a very simple life.

   → _____

simple [símpəl] 간단한, 검소한

B 빈칸에 알맞은 말을 보기에서 골라 쓰시오.

보기

| If | While | Though | Because |

1. Being tired, she continued the work.

   = _____ she was tired, she continued the work.

2. Walking along the street, I met an old friend of mine.

   = _____ I was walking along the street, I met an old friend of mine.

3. Being sick, Jane cannot go to the party.

   = _____ Jane is sick, she cannot go to the party.

continue [kəntínjuː] 계속하다

C 옳은 분사구문이 되도록 밑줄 친 부분을 고쳐 쓰시오.

1. When I coming home, I saw a stranger near my house.
2. Listened to the radio, she was writing a letter.
3. Knowing not what to do, she started to cry.

stranger [stréindʒər] 낯선 사람

D 우리말과 같은 뜻이 되도록 주어진 단어를 알맞은 순서로 배열하시오.

1. 그는 다리를 꼰 채 의자에 앉아 있었다.

   (on his chair, with, sitting, his legs, crossed)

   → He was _____ .

2. 활짝 웃으면서, 그녀는 우리에게 인사를 했다.

   (she, said, to, hello, smiling, brightly, us)

   → _____

brightly [bráitli] 밝게, 환하게

주의해야 할 분사구문

❶ 분사구문의 시제

(1) 단순 분사구문: 동사원형+-ing

주절의 시제와 같은 시제를 나타낸다.

Feeling lonely, she plays the cello.

→ When she **feels** lonely, she **plays** the cello.

(2) 완료 분사구문: having+과거분사

주절의 시제보다 하나 앞선 시제를 나타낸다.

Having lost the money, I can't buy the CD.

→ As I **have lost** the money, I **can't buy** the CD.

Having finished the work, I went to bed.

→ After I **had finished** the work, I **went** to bed.

❷ 독립분사구문

종속절의 주어가 주절의 주어와 다를 때에는 분사 앞에 주어를 써준다.

Because **it** started raining so hard, **we** had to cancel the picnic.

→ **It** starting raining so hard, <u>**we**</u> had to cancel the picnic.
　분사구문의 주어　　　　　　　문장의 주어

If the weather is fine, **I'll** go out again.

→ **The weather** being fine, **I'll** go out again.
　　분사구문의 주어　　　　문장의 주어

❸ 비인칭 독립분사구문
→ judging from(~으로 판단하건대)
honestly speaking(정직하게 말해서)
roughly speaking(대강 말하면)

분사구문의 주어와 주절의 주어가 다를지라도, 분사구문의 주어가 일반인일 때에는 생략한다.

Generally speaking, Korean people are diligent. (일반적으로 말해서)

Frankly speaking, I don't believe what you said. (솔직히 말해서)

Considering her age, Anne is very moderate. (~을 고려하면)

❹ 분사구문의 생략

분사구문에 쓰인 being 또는 having been은 생략할 수 있다.

(Being) Left alone, the boy started crying.

(Having been) Written in old English, this book is hard to read.

A 주어진 문장을 분사구문으로 바꾸어 쓰시오.

1. As it became darker, he turned the light on.

   → _____

2. Because she knew the fact, she is not going to invite him.

   → _____

3. If we speak strictly, she is not so fluent in French.

   → _____

turn on (불·TV 등을) 켜다
strictly [stríktli] 엄격하게
fluent [flúːənt] 유창한

B 주어진 문장에서 생략할 수 있는 부분에 밑줄을 치시오.

1. Being tired and sleepy, he went to bed early.
2. Being left alone in her house, she felt lonely.
3. Having been written simply, this book is good for children.

simply [símpli] 평이하게

C 괄호 안에서 알맞은 것을 고르시오.

1. (Judged, Judging) from his accent, he must be from Japan.
2. (Being, It being) so cold, they decided not to go shopping.
3. The sun (having, has) set, we started for home.
4. (Considered, Considering) his age, he sees and hears very well.

judge [dʒʌdʒ] 판단하다
accent [金ksent] 악센트, 말투

D 우리말과 같은 뜻이 되도록 빈칸에 알맞은 말을 쓰시오.

1. 일반적으로 말해서, 남자아이들이 여자아이들보다 수학을 더 잘한다.

   → _____ _____, boys are better at math than girls.

2. 만약 날씨가 허락한다면, 나는 캠핑을 가겠다.

   → _____ _____, I'll go camping.

3. 파티에 초대받지 못해서, 그는 화가 났다.

   → _____ _____ to the party, he got angry.

{1~2} 괄호 안의 단어를 알맞은 형태로 고쳐 쓰시오.

1 The dog was _____ on the ground. (lie)

2 It was a very _____ day. (tire) She was so _____ that she fell asleep during the lesson. (tire)

{3~4} 밑줄 친 부분의 쓰임이 나머지와 다른 하나를 고르시오.

중요
3 ① They are singing.
   ② Look at the flying bird.
   ③ I saw him running fast.
   ④ Going to bed early is important for children.
   ⑤ Walking slowly, the man was looking for something.

4 ① The dancing boys are amazing.
   ② My job is taking care of animals.
   ③ Being very sick, I slept all day.
   ④ I want to be free like a flying bird.
   ⑤ She was talking with her teacher on the phone.

{5~7} 빈칸에 알맞은 것을 고르시오.

5 I found my bag _____.
   ① steal   ② stealing
   ③ stolen   ④ to steal
   ⑤ is stealing

6 They saw her _____ the wall.
   ① painted   ② painting
   ③ to paint   ④ is painted
   ⑤ being paint

7 She had the skirt _____.
   ① dry-clean   ② dry-cleans
   ③ dry-cleaned   ④ dry-cleaning
   ⑤ to dry-clean

8 밑줄 친 부분의 쓰임이 잘못된 것은?
   ① Frankly speaking, she doesn't like you.
   ② Considering her age, she is quite skillful.
   ③ Generally speaking, English is not easy to learn.
   ④ Judging from his appearance, he must be homeless.
   ⑤ Seen that he is just fifteen, his talent is wonderful.

{9~10} 주어진 문장을 분사구문으로 바꿔 쓰시오.

9 Although he tried hard, he couldn't find the answer.
   → _____, he couldn't find the answer.

10 As she has finished her work, she feels very happy.

→ _____ her work, she feels very happy.

11 빈칸에 들어갈 말이 순서대로 바르게 짝지어진 것은?

- I heard her _____ my name.
- He had his bike _____ by his friend.

① call – repair
② called – repaired
③ calling – repairing
④ called – repairing
⑤ calling – repaired

12 밑줄 친 부분을 생략할 수 있는 것은?

① <u>It</u> being snowy, I will not drive.
② <u>Having</u> no idea, I kept silent.
③ She was standing there <u>watching</u> them.
④ <u>With his hands</u> in his pockets, he went downstairs.
⑤ <u>Having been</u> built in haste, the building was quite dangerous to live in.

13 주어진 문장을 분사구문으로 바꿀 때, 빈칸에 알맞은 것은?

As there was no money left, he couldn't buy a gift for his mother.

→ _____, he couldn't buy a gift for his mother.

① There no money left
② There being no money left
③ As being no money left
④ As there no money left
⑤ No money there being left

14 우리말과 같은 뜻이 되도록 빈칸에 알맞은 말을 쓰시오.

나는 친구가 하나도 없어서, 정말 외로웠다.

→ As I _____ _____ any friends, I was so lonely.

= _____ _____ any friends, I was so lonely.

15 빈칸에 알맞은 것은?

He took a walk along the river _____.
① with his dog follow him
② with his dog followed him
③ with his dog following him
④ his dog followed with him
⑤ his dog following with him

16 주어진 문장을 분사구문으로 <u>잘못</u> 고친 것은?

① Joan is sitting on the sofa and she is reading the newspaper.
→ Joan is sitting on the sofa, reading the newspaper.
② Though he was sick, he stayed up late.
→ Though being sick, he stayed up late.
③ While I was going out, I met Susie.
→ Going out, I met Susie.
④ If it is not cold tomorrow, I will play soccer.
→ It being not cold tomorrow, I will play soccer.
⑤ Since there is no time, we'd better hurry up.
→ There being no time, we'd better hurry up.

{17~19} 우리말과 같은 뜻이 되도록 괄호 안의 단어를 알맞은 순서로 배열하시오.

17 음식을 입에 가득 넣은 채 말하지 마라.
(your, full, with, mouth)
→ Don't speak _____.

18 이것은 한국에서 만든 컴퓨터이다.
(made, Korea, computer, in, a)
→ This is _____.

19 저쪽에 서 있는 남자는 나의 선생님이다.
(there, man, over, the, standing)
_____ is my teacher.

고난도

20 다음 글의 밑줄 친 부분 중, 어법상 틀린 것은?

A pearl is a tiny jewel ① found in an oyster.* Do you know it ② is formed by accident? Something gets inside the oyster and it makes a covering ③ to protecting itself from the foreign object. The covering is in layers. As more layers ④ are made around it, the pearl gets bigger. So, ⑤ when buying a pearl, check if it's perfectly round. That is the best kind.
* oyster 굴

Grammar for NEAT

Step 1

우리말과 같은 뜻이 되도록 괄호 안의 단어를 바르게 배열하시오.

(1) 나는 설거지를 하다가, 접시를 깼다.
····> _____, I broke one of them. (dishes, washing, the)

(2) 부서진 조각을 치우다가, 손가락을 베었다.
····> _____, I cut my finger. (cleaning, pieces, broken, the)

(3) 어머니가 베인 손을 치료해 주시며, 나를 안아주셨다.
····> _____, Mom hugged me. (treating, cut, finger, my)

Step 2

다음 그림 (1), (2), (3), (4)는 순서대로 일어난 일이다. 그림에 나타난 상황을 묘사하는 문장을 보기에 주어진 단어를 이용하여 완성하고, 이에 따른 그림 (4)의 내용을 추론하여 문장을 완성하시오.

보기
look walk find know step on do down

(1) _____ the street, the boy _____ a ten thousand won bill.
(2) The boy didn't _____ what to _____ with the money.
(3) _____ the bill, he _____ around.
(4) _____

C·h·a·p·t·e·r **08**

조동사

will, would, shall, should

❶ will

(1) 미래, 예정: ∼할 것이다   → 조동사 다음에는 항상 동사원형이 온다.

He **will**(= is going to) visit my house this evening.

We **won't** talk about these things.

(2) 일반적인 습관·경향: ∼하기 마련이다

Boys **will** be noisy.

❷ would

(1) will의 과거형   → 주절과 시제를 일치시킴

I hoped that I **would** see him again.

(2) 과거의 불규칙적인 습관: ∼하곤 했다

We **would** go to the river to swim.

cf. I **used to** travel a lot. 〈과거의 규칙적인 습관〉

(3) 공손한 표현

Would you help me carry this bag?

(4) would like: ∼을 원하다   → 다음에 명사나 to부정사가 온다.

I **would like to** buy the bag.

❸ shall: ∼할까요?

Shall we dance? (= Let's dance.)

❹ should

(1) 의무, 당연: ∼해야 한다

You **should**(= ought to) keep the rules.

(2) 금지: ∼해서는 안된다

She **should not** drink coffee.

necessary(필수적인), natural (당연한), important(중요한) ... ←
(3) 이성적 판단, 감정을 나타낼 때 → surprising(놀라운), odd(이상한), a pity(유감) ...

: It **is**+형용사+**that**+주어(+**should**)+동사원형

It is **natural** that she (**should**) **get** angry.

It is **surprising** that he (**should**) **say** so.

(4) 주장, 명령, 요구, 제안 등을 나타낼 때

: 주어+주장·명령·요구·제안의 동사(+that)+주어(+should)+동사원형

I **insisted** he (**should**) **stay** here.

The doctor **advised** that I (**should**) **take** a vacation.

UNIT TEST

A 괄호 안에서 알맞은 것을 고르시오.

1. Yesterday they thought that they (will, would) win the game.
2. It is necessary that they (shall, should) keep their promise.
3. We ought (respect, to respect) the law.

necessary [nésəseri] 필수적인
keep one's promise 약속을
지키다
respect [rispékt] 존중하다, 존
경하다
law [lɔː] 법

B 대화의 빈칸에 알맞은 말을 쓰시오.

1. A: What _____ you do after school?
   B: I'll go shopping with my friends.
2. A: I _____ like to drink something cold.
   B: How about some ice tea?
3. A: _____ we ride a bike in the park?
   B: Yes, let's.

go shopping 쇼핑 가다
ride a bike 자전거를 타다

C 빈칸에 공통으로 알맞은 조동사를 보기에서 골라 쓰시오. (대·소문자 무시)

1. • _____ you please give me a ride?
   • She _____ often go fishing in the river when she was young.
2. • Let's take a walk, _____ we?
   • _____ I give you a cup of coffee?
3. • The children _____ go to bed early.
   • It is important that we _____ be on time.

   ┌─ 보기 ─────────────────────────────────┐
   │   would   shall   should   will   must   │
   └──────────────────────────────────────┘

give A a ride A를 태워주다
take a walk 산책하다
important [impɔ́ːrtənt] 중요한
on time 정각에

D 두 문장이 같은 뜻이 되도록 빈칸에 알맞은 말을 쓰시오.

1. She is going to visit her uncle's in America.
   = She _____ visit her uncle's in America.
2. Let's go to a concert tonight.
   = _____ we go to a concert tonight?
3. I want to be a singer.
   = I _____ like to be a singer.

UNIT 24

can, could, may, might, must

❶ can

(1) 능력 · 가능: ~할 수 있다(= be able to)

Can you ski? – Yes, I **can**. / No, I **can't**.

The baby **can't**(**cannot**) walk yet.

(2) 허가: ~해도 좋다(= may)

Can I use your phone?

(3) 강한 부정의 추측: ~일 리가 없다

She **cannot** be a liar.

• can의 미래형: will be able to
I will be able to solve the problem.

❷ could

(1) can의 과거형: ~할 수 있었다(= was(were) able to)

She **could** play the piano when she was five.

(2) 공손한 표현　**Could** you show me the way to the bus stop?

❸ may

(1) 허가: ~해도 좋다(= be allowed to)

May I park here? – Yes, you **may**. / No, you **may not**. 〈금지〉

No, you **must not**. 〈강한 금지〉

(2) 약한 추측: ~일지도 모른다

He **may** not be sick.

❹ might

(1) may의 과거형

She hurried so that she **might** catch the bus.

(2) 공손한 표현　**Might** I ask your age?

❺ must

(1) 의무 · 필요: ~해야 한다(= have(has) to)

You **must**(**have to**) clean your room.

• 의무의 must
① 과거형: had to
He had to help us.
② 미래형: will have to
He will have to study hard.

(2) 강한 추측: ~임에 틀림없다

Speaking English **must** be difficult.

(3) 금지　You **must not** touch the picture. (~해서는 안 된다)

cf. We **don't have**(**need**) **to**(= need not) do it. (불필요: ~할 필요가 없다)

A 괄호 안에서 알맞은 것을 고르시오.

1. They must (be, to be, are) twins.
2. (May, Could) you turn on the light?
3. David, you (must, have) to go to bed now.
4. She (may not, need not) be Tom's little sister.

twin [twin] 쌍둥이

B 빈칸에 알맞은 말을 보기에서 골라 쓰시오.

보기
| can | cannot | could | may | might | must |

1. She _____ be sick. I saw her go hiking an hour ago.
2. It's already 7 o'clock. I _____ say good-bye now.
3. He studied hard so that he _____ pass the exam.

go hiking 하이킹 가다
already [ɔːlrédi] 이미
pass the exam 시험에 합격하다

C 틀린 부분을 찾아 바르게 고쳐 쓰시오.

1. My brother have to clean his classroom now.
2. She thought that she can help the poor children.
3. He is very busy. So he may come to this meeting.
4. Could you passed me the salt, please?

poor [puər] 불쌍한
pass the salt 소금을 건네주다

D 두 문장이 같은 뜻이 되도록 빈칸에 알맞은 말을 쓰시오.

1. The child was able to read and write.
   = The child _____ read and write.
2. My sister has to walk home.
   = My sister _____ walk home.
3. Perhaps this umbrella is Betty's.
   = This umbrella _____ be Betty's.
4. He doesn't have to know the truth.
   = He _____ _____ know the truth.

perhaps [pərhǽps] 아마도

UNIT 25

used to, had better, would rather, 조동사+have+과거분사

❶ used to

(1) 과거의 규칙적인 습관: ~하곤 했다

She **used to** get up at 6.

(2) 과거의 상태: ~이었다, ~이 있었다

There **used to** be a big tree here.

= There was a big tree here, but now it is gone.

❷ had better와 would rather

(1) had better: ~하는 게 좋겠다

> had better는 '그렇게 하지 않으면 곤란해진다' 는 의미를 가지고 있다.

↔ had better not: ~하지 않는 게 좋겠다

You **had better** see a doctor.

You **had better not** go to bed late.

> 부정형은 would rather not이다. I'd rather not go shopping today.

(2) would rather ~ (than ...): (…하느니 차라리) ~하는 것이 낫겠다

I **would rather** watch TV **than** go out.

❸ 조동사+have+과거분사

(1) must have+과거분사: ~했음에 틀림없다 〈과거의 단정적 추측〉

It **must have rained** last night.

(2) cannot have+과거분사: ~했을 리가 없다 〈과거의 부정적 추측〉

She **cannot have stolen** his wallet.

(3) may(might) have+과거분사: ~했을지도 모른다 〈과거의 약한 추측〉

↔ may(might) not have+과거분사: ~하지 않았을지도 모른다

He **may(might) have been** a famous actor.

(4) should(ought to) have+과거분사: ~했어야 했는데 (하지 못했다)

〈과거의 일에 대한 유감·후회〉

↔ should not have+과거분사: ~하지 말았어야 했는데 (했다)

We **should have listened** to our teacher.

You **should not have gone** there.

이것이 궁금해요!

Q had better와 would rather는 어떻게 다른가요?

A 둘 다 비슷한 의미를 갖는데 쓰임이 약간 다릅니다. had better는 보통 주어를 I로 하지 않습니다. I는 would rather와 함께 I'd rather ~로 쓰입니다. 또한 '~보다'라는 의미를 갖는 than ~ 과 함께 쓰이는 구문도 「would rather ~ than ...」의 형태로 쓰입니다.

A 괄호 안에서 알맞은 것을 고르시오.

1. You had (better not, not better) take a taxi today.
2. He (should, ought) to have studied for the exam.
3. There (used to, is used to) be a puppy in my house.

exam [igzǽm] 시험
puppy [pʌ́pi] 강아지

B 틀린 부분을 찾아 바르게 고쳐 쓰시오.

1. You had better to drink hot milk.
2. She may not have hear the news.
3. I'd rather eat at home than going to the restaurant.

C 두 문장이 같은 뜻이 되도록 빈칸에 알맞은 말을 쓰시오.

1. I am sure that he missed the train.
   = He _____ _____ _____ the train.
2. It's impossible that she made the movie.
   = She _____ _____ _____ the movie.
3. I didn't listen to my mother, and now I regret it.
   = I _____ _____ _____ to my mother.
4. He played soccer on Sundays before, but now he doesn't.
   = He _____ _____ _____ soccer on Sundays.

miss [mis] 놓치다
impossible [impásəbl] 불가능한
regret [rigrét] 후회하다

D 우리말과 같은 뜻이 되도록 빈칸에 알맞은 말을 쓰시오.

1. 그 아기는 밤에 깨어나곤 했다.
   → The baby _____ _____ wake up at night.
2. 그녀가 그 남자를 좋아했을 리가 없다.
   → She _____ _____ liked the man.
3. 너는 좀 쉬는 게 좋겠다.
   → You _____ _____ take a rest.
4. 나는 버스를 기다리느니 걸어가는 게 낫겠다.
   → I'd _____ walk than wait for the bus.

wake up 깨다
take a rest 휴식을 취하다

1 빈칸에 공통으로 가장 알맞은 것은?

> • It is important that you _____ keep your word.
> • The train left just now. We _____ have started earlier.

① could   ② would
③ might   ④ ought
⑤ should

2 밑줄 친 <u>must</u>의 의미가 나머지와 <u>다른</u> 하나는?

① You <u>must</u> wash the car right now.
② I <u>must</u> finish the report by tonight.
③ We <u>must</u> keep our classroom clean.
④ Everybody <u>must</u> follow the traffic rules.
⑤ He <u>must</u> be hungry because he didn't eat lunch.

3 밑줄 친 <u>may</u>의 의미가 나머지와 <u>다른</u> 하나는?

① She <u>may</u> be late for school.
② I <u>may</u> go to Spain this summer.
③ There <u>may</u> be an easier way to solve the problem.
④ It <u>may</u> rain. Take your umbrella with you.
⑤ You <u>may</u> read the books if you want to.

{4~6} 두 문장이 같은 뜻이 되도록 빈칸에 알맞은 말을 쓰시오.

4 중요
It seems certain that he had some accident on the way.
= He _____ _____ _____ some accident on the way.

5 중요
I lived near the park when I was little, but now I don't.
= I _____ _____ _____ near the park when I was little.

6 다음 문장을 미래형으로 바꿀 때 빈칸에 알맞은 말을 쓰시오.

She can ride a horse.
→ She _____ _____ _____ ride a horse.

7 다음 문장을 과거형으로 바꿀 때 빈칸에 알맞은 말을 쓰시오.

We must wait for the next bus.
→ We _____ _____ wait for the next bus.

8 두 문장이 같은 뜻이 되도록 할 때 빈칸에 알맞은 것은?

I'm sure that Jerry told a lie to me.
= Jerry _____ a lie to me.

① may have told   ② must have told
③ should have told   ④ cannot have told
⑤ shouldn't have told

9 어법상 **틀린** 것은?

① Could you repeat that again?

② We would like to say something.

③ It's natural that you should be angry.

④ He might have misunderstood the question.

⑤ I'd not rather eat anything than eat this hamburger.

{10~11} 빈칸에 알맞은 것을 고르시오.

10 I don't really want to go out. I _____ stay home.

① used to　　② could

③ ought to　　④ would rather

⑤ have to

11 We _____ often play hide-and-seek when we were children.

① will　　② would

③ shall　　④ should

⑤ might

{12~13} 두 문장이 같은 뜻이 되도록 빈칸에 알맞은 말을 쓰시오.

12 I'm sorry you weren't more careful.

= You _____ _____ _____ more careful.

13 I'm sorry they came home so late.

= They _____ _____ _____ home so late.

{14~15} 대화의 빈칸에 알맞은 것을 고르시오.

⭐중요

14 A: Must I finish the report by tomorrow?

B: No, _____.

① I must not　　② I don't have to

③ you have to　　④ you must not

⑤ you don't have to

15 A: Let's take a break, _____?

B: OK.

① can I　　② will you

③ shall we　　④ don't you

⑤ won't you

16 우리말과 같은 뜻이 되도록 빈칸에 알맞은 말을 쓰시오.

너는 한꺼번에 너무 많이 먹지 않는 게 좋아.

→ You'd _____ _____ eat too much at a time.

17 밑줄 친 부분을 대신할 수 있는 말로 알맞은 것은?

You <u>shouldn't</u> watch too much TV.

① won't　　② cannot

③ ought not to　　④ don't have to

⑤ might not

18 빈칸에 Would(would)가 들어갈 수 <u>없는</u> 것은?

① _____ you please help me?

② _____ you like some coffee?

③ I hoped she _____ get well soon.

④ I was so tired that I _____ not make dinner.

⑤ He _____ go fishing in the river before.

19 두 문장의 빈칸에 공통으로 알맞은 조동사를 쓰시오.

• There _____ be a golf course in this field.

• I _____ listen to heavy metal when I was young.

고난도

20 (A), (B), (C)의 각 네모 안에서 어법에 맞는 표현을 골라 바르게 짝지은 것은?

Many people in modern society (A) <u>shouldn't / cannot</u> do without TV. They call it an idiot box, but it is the best friend to many people. We (B) <u>used to / had better</u> spend free time reading books or listening to good music when we were young. But these days children run to the TV when they feel bored. I think they (C) <u>would / should</u> learn to do other things rather than watch TV all the time.

	(A)	(B)	(C)
①	shouldn't	– used to	– would
②	shouldn't	– used to	– should
③	cannot	– used to	– should
④	cannot	– had better	– would
⑤	cannot	– had better	– should

Grammar for NEAT

Step1

우리말과 같은 뜻이 되도록 빈칸에 알맞은 말을 쓰시오.

(1) 누구나 이 음식을 맛볼 수 있다.
····▷ Anybody _____ try this food.

(2) 너는 일본어를 배울 수 있다.
····▷ You are _____ learn Japanese.

(3) 너는 아무것도 말할 필요가 없다.
····▷ You don't _____ say anything.

(4) 너는 다이어트 하는 것이 좋겠다.
····▷ You'd _____ on a diet.

(5) 그 소문은 분명히 사실임에 틀림없다.
····▷ The rumor _____ true.

Step 2

다음 포스터의 내용을 설명하는 글을 완성하시오.

Italian Cooking Festival
Who: Anybody
What: Learning Italian cooking
Things to Bring: Nothing
P.S. Public Transportation is highly recommended

*It will be a great chance to experience Italian culture!

We will have an Italian Cooking Festival. Anybody _____ this event. You _____ learn Italian cooking. You _____ anything to this festival. We have a small parking lot, so you _____ public transportation to get here. _____ a great chance to experience Italian culture. Come and join!

C·h·a·p·t·e·r 09

수동태

The thief was bitten by the dog.　　The dog bit the thief.

Chapter 09

THE PASSIVE · THE PASSIVE

UNIT 26

수동태의 형태/시제

능동태는 주어가 동작을 행하여 '(주어가) ~하다' 라는 의미를 갖는 문장이고, 수동태는 주어가 동작을 받아 '(주어가) ~당하다, ~되다' 라는 의미를 갖는 문장이다.

❶ 수동태

(1) 형태: be동사+과거분사

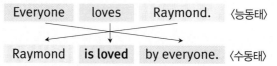

| Everyone | loves | Raymond. | 〈능동태〉 |

| Raymond | **is loved** | by everyone. | 〈수동태〉 |

(능동태의 목적어) be동사+과거분사 by+목적격(능동태의 주어)

① 능동태의 목적어가 수동태의 주어가 된다.
② 동사를 「be동사+과거분사」로 바꾼다.
③ 능동태의 주어를 「by+목적격」으로 쓴다.

(2) 「by+목적격」의 생략

① 행위자가 we, you, they, people, one 등 일반인일 때
Both French and English **are spoken** in Canada.

② 행위자가 불특정인이거나 확실하지 않을 때
A lot of children **were killed** in the war.

❷ 수동태의 시제

(1) 현재: am(are, is)+과거분사
This room **is cleaned** every day.

(2) 과거: was(were)+과거분사
The dog **was hit** by a car yesterday.

(3) 미래: will be+과거분사
The song **will be sung** by us.

(4) 진행형: be동사+being+과거분사
A new bridge **is being built**.
The computer **was being fixed**.

be+-ing
+　　be+과거분사
be+being+과거분사

(5) 완료형: have(has, had)+been+과거분사
The car **has been washed**.

have(has, had)+과거분사
+　　　be　+과거분사
have(has, had)+been+과거분사

(6) 조동사가 있는 수동태: 조동사+be+과거분사
This project **must be finished** by tomorrow by us.

 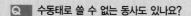

Q 수동태로 쓸 수 없는 동사도 있나요?

A 물론입니다. have(가지다), cost, resemble, meet 등과 같은 동사는 수동태로 쓸 수 없습니다.
I have two pairs of red shoes.
→ Two pairs of red shoes are had by me. (×)

A 두 문장이 같은 뜻이 되도록 빈칸에 알맞은 말을 쓰시오.

1. The window was broken by this little boy.

   = This little boy _____.

2. We found your dog in front of the grocery store.

   = _____ in front of the grocery store by us.

3. Waiters and waitresses serve customers.

   = Customers _____.

> break [breik] 깨뜨리다
> (–broke–broken)
> grocery store 식료품점
> customer [kʌ́stəmər] 손님

B 괄호 안에서 알맞은 것을 고르시오.

1. The store has (be, been) closed for two weeks.

2. A lot of people (were injured, injured) in the train accident.

3. He will (remember, be remembered) by us forever.

4. The house is (being, been) built.

> injure [índʒər] 다치게 하다
> accident [ǽksidənt] 사고

C 우리말과 같은 뜻이 되도록 괄호 안의 동사를 알맞은 형태로 고쳐 쓰시오.

1. 브라질에서는 포르투갈어가 쓰인다.

   → Portuguese _____ in Brazil. (speak)

2. 그 다리는 지금 수리 중이다.

   → The bridge _____ now. (repair)

3. 그 소년은 Jessica의 도움을 받았다.

   → The boy _____ by Jessica. (help)

> Portuguese [pɔːrtʃugíːz] 포르투갈어
> repair [ripɛ́ər] 수리하다

D 틀린 부분을 찾아 바르게 고쳐 쓰시오.

1. My wallet stolen on the bus yesterday.

2. A lot of books are had by me.

3. Halla Mountain can see in everywhere on Jeju-do.

4. He is resembled by his son.

> steal [stiːl] 훔치다
> (–stole–stolen)
> resemble [rizémbl] 닮다

문장 종류에 따른 수동태

능동태를 수동태로 바꿀 수 있는 문장은 목적어가 있는 3, 4, 5형식 문장이다. 4형식 문장의 경우 목적어가 두 개이므로 두 가지의 수동태가 가능하다.

❶ 부정문의 수동태

(1) 부정문의 수동태: be동사+not+과거분사

The letter **was not written** by Tom.

(2) 조동사가 있는 부정문의 수동태: 조동사+not+be+과거분사

This fact **must not be forgotten.**

❷ 의문문의 수동태

(1) 일반 의문문의 수동태: Be동사+주어+과거분사 ~?

Was that book written by him? — Did he write that book?

(2) 의문사가 있는 의문문의 수동태: 의문사+be동사+주어+과거분사 ~?

What is this called in English? ← What do they call this in English?

❸ 4형식의 수동태

(1) 간접목적어 또는 직접목적어를 주어로 하는 두 가지 형태의 수동태가 가능하다.

I gave **her the ring.**

→ She **was given** the ring by me. 〈간접목적어를 주어로 한 경우〉

→ The ring **was given** (to) her by me. 〈직접목적어를 주어로 한 경우〉

(2) 4형식 문장의 수동태에서 직접목적어가 주어로 쓰이면 간접목적어 앞에는 동사에 따라 to나 for 같은 전치사를 쓴다. 단, to는 생략하기도 한다.

They sent me a gift. → A gift **was sent (to)** me.   *to가 쓰이는 동사: give, teach, sell, send, pass, write, read*

She bought me a suit. → A suit **was bought for** me by her.

He asked me some questions.   *for가 쓰이는 동사: make, buy, get, cook*

→ Some questions **were asked of** me by him.   *of가 쓰이는 동사: ask*

(3) buy, make, read, get, sell, write 등의 동사가 쓰인 4형식 문장에서는 직접목적어를 주어로 한 수동태만 가능하다.

She made **me a doll.** → I was made a doll by her. (×)

→ A doll **was made** for me by her. (○)

❹ 5형식의 수동태

5형식 문장에서 목적격보어를 주어로 하는 수동태는 불가능하다. 「be동사+과거분사+목적격보어」의 형태로 쓴다.

I thought him a great musician. 〈5형식〉

→ He **was thought a great musician** by me. 〈2형식〉

A 주어진 문장을 수동태로 바꾸어 쓰시오.

1. What did he make?

   → _____

2. They called him a computer wizard.

   → _____

3. He teaches us English.

   → _____

wizard [wízərd] 마법사, 귀재

B 틀린 부분을 찾아 바르게 고쳐 쓰시오.

1. Beer is sold not in this store.
2. A postcard was sent for me by her.
3. When did the Olympics hold in Korea?

send [send] 보내다
hold [hould] 열다, 개최하다

C 우리말과 같은 뜻이 되도록 빈칸에 알맞은 말을 쓰시오.

1. 그는 Carry의 생일 파티에 초대되었습니까?

   → _____ _____ _____ to Carry's birthday party?

2. 이 탁자는 나무로 만들어졌습니까?

   → _____ _____ _____ _____ of wood?

3. 당신은 어디에서 태어났습니까?

   → Where _____ _____ _____ ?

D 두 문장이 같은 뜻이 되도록 빈칸에 알맞은 말을 쓰시오.

1. What do they call this in English?

   = What _____ this _____ in English?

2. Mom made me a pizza.

   = A pizza _____ _____ _____ me by Mom.

3. Did she accept it?

   = _____ _____ _____ by her?

accept [æksépt] 받아들이다

UNIT 28

주의해야 할 수동태

by 이외의 전치사가 쓰이는 수동태와 동사구의 수동태는 전치사와 동사구에 주의한다. 사역동사와 지각동사의 수동태는 목적격보어인 원형부정사가 to부정사로 바뀌는 데 주의한다.

❶ by 이외의 전치사를 쓰는 수동태

행위자를 나타낼 때 보통 by를 쓰지만, 어떤 동사들은 다른 전치사를 사용한다.

She **was surprised at** the news. (~에 놀라다)

He **is known for** his honesty. (~로 유명하다)

cf. be known as: ~으로 알려지다
be known to: ~에게 알려지다

We **are satisfied with** your good service. (~에 만족하다)

I'm **interested in** movies. (~에 흥미가(관심이) 있다)

The garden **was covered with** fallen leaves. (~로 덮여 있다)

The cup **is filled with** warm cocoa. (~로 가득 차다)

재료의 성질이 변하지 않을 때 → This house **is made of** mud. (~로 만들어지다: 물리적 변화)

원료의 성질이 변할 때 → Wine **is made from** grapes. (~로 만들어지다: 화학적 변화)

His parents **were pleased with** (at) his success. (~에 기뻐하다)

She **is married to** a rich man. (~와 결혼하다)

❷ 사역 / 지각동사의 수동태: be동사+사역/지각동사의 과거분사+to부정사

The doctor made him stop smoking.

→ He **was made to stop** smoking by the doctor.

I saw her enter the room.

→ She **was seen to enter** the room by me.

❸ 동사구의 수동태: 동사구는 수동태로 만들 때 한 단어처럼 취급한다.

She takes good care of my baby.

→ My baby is **taken good care of** by her.

→ 전치사가 두 개 연속으로 오는 것에 주의!

❹ 목적어가 명사절일 때의 수동태

목적어가 that이 이끄는 명사절인 경우에는 가주어 It을 사용해서 수동태로 만든다. 이때 that절은 진주어가 되는 것이다. 명사절의 주어를 문장의 주어로 쓰는 경우 that절의 동사는 to부정사로 바뀐다.

They say that he is the father of modern British music.

~라고 한다 → **It is said that** he is the father of modern British music.

→ **He is said to be** the father of modern British music.

A

틀린 부분을 찾아 바르게 고쳐 쓰시오.

1. My poor cat was run over a blue car.
2. It says that she moved to New York.
3. I am satisfied by the result.
4. Are you interested to joining our team?

run over (차로) 치다

B

괄호 안에서 알맞은 것을 고르시오.

1. The street is crowded (by, with) a lot of cars and buses.
2. I was made (go, to go) there alone.
3. He was seen (to cross, cross) the road.
4. She is said (being, to be) the founder of this company.

alone [əlóun] 홀로
founder [fáundər] 창립자
company [kʌ́mpəni] 회사

C

세 문장이 같은 뜻이 되도록 빈칸에 알맞은 말을 쓰시오.

1. People say that time is money.

= _____ _____ _____ that time is money.

= Time _____ _____ _____ _____ money.

2. In those days, they believed that the earth was flat.

= In those days, _____ _____ _____ that the earth was flat.

= In those days, the earth _____ _____ _____ _____

flat.

believe [bilí:v] 믿다
earth [əːrθ] 지구
flat [flæt] 평평한

D

우리말과 같은 뜻이 되도록 빈칸에 알맞은 말을 쓰시오.

1. 그녀는 아름답다고 소문이 나 있었다.

→ She was well-known _____ her beauty.

2. 그녀의 눈은 눈물로 가득했다.

→ Her eyes were filled _____ tears.

3. 버터는 우유로 만들어진다.

→ Butter is made _____ milk.

beauty [bjú:ti] 아름다움, 미

1 두 문장이 같은 뜻이 되도록 괄호 안의 동사를 알맞은 형태로 고쳐 쓰시오.

You should keep milk in the refrigerator.
= Milk _____ in the refrigerator.
  (keep)

{2~3} 빈칸에 알맞은 것을 고르시오.

2 What _____ in English?

① is called it   ② is it calling
③ is it called   ④ does it be called
⑤ does it called

3 She _____ in the accident.

① wasn't injured
② be not injured
③ didn't be injured
④ wasn't be injured
⑤ was not being injured

4 수동태로 바꿀 수 <u>없는</u> 문장은?

① They speak English in Ireland.
② The man showed me the way.
③ He made me review the lessons.
④ You will be a wonderful husband.
⑤ My daughter is cooking dinner now.

5 ★중요 그림과 일치하도록 할 때 빈칸에 가장 알맞은 것은?

A: What is happening in the picture?
B: A bridge _____.

① building   ② has built
③ is being built   ④ has been built
⑤ is going to build

6 우리말과 같은 뜻이 되도록 할 때 빈칸에 알맞은 것은?

거리는 사람들로 북적였다.
→ The street _____ people.

① was crowded   ② was crowded of
③ was crowded to   ④ was crowded with
⑤ crowded with

{7~9} 다음 문장이 같은 뜻이 되도록 빈칸에 알맞은 말을 쓰시오.

7 Did she write the report?
  = _____ the report _____ by her?

8 The doctor made him stop smoking.
  = He _____ _____ _____
    smoking by the doctor.

9 People say that he is still alive.

= It _____ _____ _____ he is still alive.

= He _____ _____ _____ _____ still alive.

10 다음 문장을 수동태로 바꿀 때 빈칸에 알맞은 것은?

My classmates have completed the project.

→ The project _____ by my classmates.

① was completed

② has completed

③ is being completed

④ has been completed

⑤ have been completed

11 빈칸에 알맞은 말이 순서대로 바르게 짝지어진 것은?

- I'm very interested _____ all foreign languages.
- I wasn't surprised _____ the news.
- The restaurant is well-known _____ its excellent service.

① by – at – to

② in – at – for

③ by – with – to

④ in – by – for

⑤ in – by – from

12 어법상 틀린 문장은?

① The salary is paid every month.

② My bicycle was stolen last night.

③ This letter will be sent to Mrs. Patton.

④ The truck was being checking by him.

⑤ The idea has been suggested by Sally.

{13~14} 다음 문장을 수동태로 바꾸어 쓰시오.

13 Where did she hide the treasure?

→ Where _____?

14 We took care of the babies.

→ The babies _____.

15 대화의 빈칸에 알맞은 것은?

A: Where _____?

B: It was found in the bathroom.

① does the diamond ring find

② did the diamond ring find

③ is the diamond ring found

④ was the diamond ring found

⑤ did the diamond ring be found

16 수동태로 바꿀 수 있는 문장은?

① I met Mr. Jones at the party.

② He resembles his grandmother.

③ This blue skirt really becomes you.

④ The sign on the door reads "Knock."

⑤ They close the window in the evening.

17 빈칸에 with가 들어갈 수 <u>없는</u> 것은?

① It is filled _____ many people.

② I was pleased _____ the result.

③ Are you satisfied _____ your pay?

④ She is married _____ a Frenchman.

⑤ The ground was covered _____ leaves.

18 다음 문장을 부정문으로 바꿀 때 빈칸에 알맞은 말을 쓰시오.

This room has been cleaned already.

→ _____ yet.

고난도

19 (A), (B), (C)의 각 네모 안에서 어법에 맞는 표현을 골라 바르게 짝지은 것은?

　　Today was a terrible day. First, I got up late, and skipped breakfast. I took a bus in a hurry, but I was (A) catching / caught in a traffic jam. When I arrived at my office, I (B) scolded / was scolded by my boss. I was very upset, but I had to work. Many people were (C) waiting / waited for me in a meeting. I don't even remember what I said in that meeting!

	(A)	(B)	(C)
①	catching	– scolded	– waiting
②	catching	– was scolded	– waited
③	caught	– was scolded	– waiting
④	caught	– scolded	– waiting
⑤	caught	– was scolded	– waited

Grammar for NEAT

Step 1

다른 문장을 수동태로 바꿀 때 빈칸에 알맞은 말을 쓰시오.

(1) He has finished the project.
　⋯⋗ The project _____ by him.

(2) She has found the lost dogs.
　⋯⋗ The lost dogs _____ by her.

(3) He is repairing the window.
　⋯⋗ The window _____ by him.

(4) She is washing the dishes now.
　⋯⋗ The dishes _____ by her.

Step 2

아래의 글은 Smith 씨네 가족을 묘사한 것이다. 다음 그림을 보고 (1)~(4)의 빈칸에 각각 10개 이내의 단어를 사용하여 문장을 완성하시오.

　　It's a peaceful Sunday afternoon. Here is Mr. Smith's family. First, look at the flowers and plants. They (1) _____ Mrs. Smith. What happened to the dishes in the kitchen? They (2) _____ Mr. Smith. And what is Mary doing? She's studying math. She looks happy. A difficult math problem (3) _____ by her. Finally, let's look at the living room. It is (4) _____ Matt.

관사

Do you have time?

Do you have the time?

부정관사, 정관사

부정관사는 처음 소개되는 명사에 쓰이며, 정관사는 특정한 명사를 지칭할 때 쓰인다.

> 부정관사는 셀 수 있는 명사 앞에 쓰인다.

❶ 부정관사

a나 an을 말하며, a는 뒤에 오는 명사의 첫소리가 자음일 때, an은 모음일 때 쓰인다.

a girl, **a** phone, **a** year, **a** university ...

an apple, **an** egg, **an** elephant, **an** hour, **an** honest man ...

① 단수 보통명사 앞에서 '(막연한) 하나': 해석하지 않는다.

He is **a** very thoughtful boy.

② one(하나)

How many seasons are there in **a** year?

③ any(어떤 ~라도): 종족 대표(대표단수)

A dog is a faithful animal.

④ per(~당, ~마다): 주로 횟수나 시간, 단위 등을 나타낸다.

I write to my mom once or twice **a** month.

⑤ the same(같은)

Susie and I are of **an** age.

cf. 보통명사 앞이라도 소유격 앞에서는 관사가 생략된다.

That is not their classroom.

❷ 정관사

the를 말하며 모음 앞에서는 [히]로 발음된다.

① 앞에 나온 명사를 다시 반복하여 언급할 때

I bought a new dictionary. **The** dictionary was very expensive.

② 서로 알고 있는 것을 가리킬 때

Students, please look at **the** blackboard.

③ 형용사구(절)의 수식을 받는 명사 앞에서

The water in this glass is not clean.

④ 세상에서 유일한 것을 말할 때

The earth goes around **the** sun.

⑤ 형용사의 최상급, 서수, only, very, same 등을 수식할 때

Tom is **the** tallest boy in his class.

⑥ 종족 전체를 나타낼 때(any의 의미)

The dog is a faithful animal.

⑦ the+형용사=복수 보통명사(~한 사람들)

The seats are reserved for **the** old. (= old people)

⑧ 악기 이름 앞에서

I played **the** drums.

A 괄호 안에서 알맞은 것을 고르시오.

1. (A, An, The) world is changing so rapidly.
2. How many days are there in (a, an, the) week?
3. Our classmates are of (a, an, the) age.
4. (A, An, The) moon is shining brightly in the sky.

rapidly [rǽpidli] 빠르게, 신속하게
classmate [klǽsmeit] 반 친구, 급우
shine [ʃain] 빛나다
brightly [bráitli] 밝게

B 두 문장이 같은 뜻이 되도록 빈칸에 알맞은 말을 쓰시오.

1. A fox is a very cunning animal.
   = _____ fox is a very cunning animal.
2. Rome was not built in one day.
   = Rome was not built in _____ day.
3. I really want to help poor and sick people.
   = I really want to help _____ poor and _____ sick.

cunning [kʌ́niŋ] 교활한
Rome [roum] 로마

C 빈칸에 알맞은 관사를 쓰고, 필요 없는 경우에는 ×표를 하시오.

1. Tom Smith is _____ very kind mailman.
2. My English teacher is _____ Miss Flower.
3. This car goes 100 miles _____ hour.
4. There is a girl on the street. _____ girl is my sister.
5. Do you think that is _____ her house?

mailman [méilmən] 우체부
mile [mail] 마일(길이의 단위)

D 틀린 부분을 찾아 바르게 고쳐 쓰시오.

1. My brother has entered an university.
2. Mike and Jane drink a milk every day.
3. A sun rises in the east and sets in the west.
4. Air in this room is not clean.
5. We are going to meet in front of school.

enter [éntər] 들어가다

Chapter 10

UNIT 30

관사의 위치 / 생략 / 반복

부정관사와 정관사가 오는 위치는 일정하게 정해져 있으며, 이러한 관사가 특정한 이유 때문에 쓰이지 않는 경우도 있다.

❶ 관사의 위치

관사는 「관사(+부사)+형용사+명사」의 순서가 원칙이지만, 예외적인 경우도 있다.

① too, so, as, how+형용사+a (an)+명사

This is **too good an** opportunity to lose.

You are **as smart a** girl as Jennifer.

② such, quite, many, half+a (an)+형용사+명사

You can't finish your homework in **such a short** time.

③ all, both, double+the+명사

All the members attended the party last night.

❷ 관사의 생략

① 호칭이나 가족 관계를 말할 때

Waiter, please give me a cup of coffee.

Father bought me a nice watch for a birthday present.

② 건물이 본래의 목적으로 쓰일 때   *cf.* Mother went to the school to see my teacher.

We go to **school** from Monday to Friday.

③ 교통 수단을 나타낼 때

I went to the department store **by subway.**

We want to go back home **on foot.**

④ 식사, 운동 경기, 질병, 학과 등의 이름 앞에서

What time do you usually have **breakfast**?

We play **soccer** every afternoon.

He died of **cancer.**   She is good at **math.**

❸ 관사의 반복

두 개 이상의 명사가 and로 연결될 때, 관사를 각각 쓰면 별개의 개체를, 한 번만 쓰면 하나의 개체를 나타낸다.   교사 한 사람과 작가 한 사람

A teacher and a writer were present at the meeting. 〈복수 취급〉

A teacher and writer was present at the meeting. 〈단수 취급〉
          교사이자 작가인 한 사람

이것이 궁금해요!

Q   Do you have time?과 Do you have the time?은 다른 의미인가요?

A   네. Do you have time?은 '시간 좀 내줄 수 있니?' 라는 의미이고, Do you have the time?은 '지금 몇 시니?' 라는 의미입니다.

A

a, an 또는 the를 넣어 주어진 문장을 고쳐 쓰시오.

1. All students came to the concert to see him.

   → _____

2. That was too difficult problem for me to solve.

   → _____

3. What amazing story that was!

   → _____

4. I've never seen such beautiful girl in my life.

   → _____

B

밑줄 친 부분을 우리말로 옮기시오.

1. A black and white dog is sleeping.

   A black and a white dog are sleeping.

2. A singer and an actor are waving to the crowd.

   A singer and actor is waving to the crowd.

C

두 문장이 같은 뜻이 되도록 빈칸에 알맞은 말을 쓰시오.

1. We had so romantic a time together that night.

   = We had _____ a romantic time together that night.

2. That program is too difficult for me to use.

   = That is too _____ a _____ for me to use.

3. My brother and I walk to school.

   = My brother and I go to school _____ _____.

D

괄호 안에서 알맞은 것을 고르고, 필요 없는 경우에는 ×표를 하시오.

1. He is a very able man and (a, an, the) father.

2. (A, An, The) Mom, please give me something to eat.

3. I know (all the, the all) members in the group.

4. A musician and a painter (was, were) very happy about the result.

1 빈칸에 관사를 쓸 수 있는 것은?

① This is _____ my friend.
② He is _____ Mike's brother.
③ This is _____ our new neighbor.
④ That man is _____ Mr. Simpson.
⑤ He is _____ elementary school teacher.

{2~3} 빈칸에 알맞은 말이 나머지와 <u>다른</u> 하나를 고르시오.

2 ① She is _____ honest girl.
② I want _____ nice guitar.
③ She is _____ police officer.
④ We have _____ fancy car.
⑤ I have five classes _____ day.

3 ① Bill, will you close _____ door?
② _____ milk in this bottle is sour.
③ She's _____ prettiest girl in school.
④ There are seven days in _____ week.
⑤ English is spoken around _____ world.

4 우리말과 같은 뜻이 되도록 빈칸에 알맞은 말을 쓰시오.

(1) Kelly는 하루에 세 번 이를 닦는다.
    → Kelly brushes her teeth _____
    _____ _____ _____ .

(2) Peter는 일주일에 5일 학교에 간다.
    → Peter goes to school _____
    _____ _____ _____ .

5 보기의 밑줄 친 a와 쓰임이 같은 것은?

> 보기
> We meet each other twice <u>a</u> day.

① Once there lived <u>an</u> old man.
② I think he is <u>a</u> very kind boy.
③ Many people work eight hours <u>a</u> day.
④ <u>A</u> dog is a clever animal.
⑤ Rome was not built in <u>a</u> day.

6 중요 어법상 <u>틀린</u> 문장은?

① I know all the teachers in this school.
② How many seasons are there in a year?
③ My father died of the cancer long ago.
④ He usually plays soccer in the afternoon.
⑤ March is the third month of the year.

7 보기의 밑줄 친 The와 쓰임이 같은 것은?

> 보기
> <u>The</u> computer in my room is very old.

① Father patted me gently on <u>the</u> back.
② Why don't you open all <u>the</u> windows?
③ I usually jog for an hour in <u>the</u> morning.
④ This is <u>the</u> best cake that I've ever tasted.
⑤ This is <u>the</u> book that I bought the other day.

8 밑줄 친 부분의 의미로 알맞지 <u>않은</u> 것은?

① I go to the movies once <u>a</u> week. (= per)
② May I have <u>an</u> apple? (= one)
③ A fox is <u>a</u> cunning animal. (= any)
④ We have four seasons in <u>a</u> year. (= one)
⑤ Birds of <u>a</u> feather flock together. (= a certain)

9 두 문장이 같은 뜻이 되도록 빈칸에 알맞은 말을 쓰시오.

(1) You must be kind to old people.
  = You must be kind to _____ _____.
(2) The cow is a useful animal.
  = _____ _____ is a useful animal.

10 빈칸에 the(The)를 쓸 수 있는 것은?

① I met _____ Mr. Lee around here.
② She thought for _____ while.
③ _____ dog is a very faithful animal.
④ My family goes on a picnic twice _____ month.
⑤ Once upon a time there was _____ very patient man.

11 어법상 옳은 문장은?

① Moon is shining brightly in the sky.
② My daughter can play a violin well.
③ We don't think he is a honest boy.
④ I went to the bed to take a little rest.
⑤ A poet and teacher were present at the meeting.

12 틀린 부분을 찾아 바르게 고쳐 쓰시오.

(1) I want to go to an university next year.
(2) The both children were unharmed in the accident.

13 부정관사 a의 위치로 알맞은 곳을 고르시오.

(1) Your son ① is ② as ③ clever ④ boy as ⑤ mine.
(2) He is ① such ② dishonest ③ man that he always ④ tells ⑤ lies.

★ 중요
14 두 문장이 같은 뜻이 되도록 괄호 안의 단어를 알맞은 순서로 배열하시오.

I've never seen so amazing a sight.
= I've never seen _____.
  (such, amazing, sight, an)

15 밑줄 친 부분의 의미가 나머지와 <u>다른</u> 하나는?

① How many days are there in <u>a</u> week?
② We write to each other once <u>a</u> week.
③ I have to work six and a half days <u>a</u> week.
④ The man drove at the speed of 100 kms <u>an</u> hour.
⑤ Our group has a regular meeting once <u>a</u> month.

16 어법상 <u>틀린</u> 문장은?

① A black and white dog are my dogs.
② The earth moves around the sun.
③ This is very important information.
④ Would you please close the door for me?
⑤ There are so many stars in the sky.

중요
17 빈칸에 알맞은 말이 순서대로 바르게 짝지어진 것은?

My teacher told us _____ interesting story. _____ story was really funny.

① a – The   ② an – The   ③ an – An
④ the – The   ⑤ the – An

고난도
18 다음 글의 빈칸에 the를 쓸 수 <u>없는</u> 것은?

He thought he was perfectly prepared for _____①_____ interview. He had gotten a nice short haircut, new suit and chosen _____②_____ his best tie. He had borrowed Tom's brand new shoes. However, when he started _____③_____ job interview, he found that he hadn't brought his résumé. He couldn't answer _____④_____ questions properly. He was disappointed in himself. He had forgotten _____⑤_____ most important thing!

Grammar for NEAT

Step 1

우리말과 같은 뜻이 되도록 빈칸에 알맞은 말을 쓰시오.

(1) 너는 언제 점심을 먹니?
⋯⋯▶ When do you _____?

(2) 너는 몇 시에 학교에서 돌아오니?
⋯⋯▶ _____ do you _____ from school?

(3) 너는 일주일에 몇 번 수학 공부를 하니?
⋯⋯▶ How many times do you _____?

(4) 너는 하루에 얼마나 많은 빵을 먹니?
⋯⋯▶ How much bread do you _____?

Step 2

건강한 습관에 대한 설문 조사를 하기 위해 설문 조사지를 작성하려고 한다. 다음 그림을 보고, 주어진 단어를 활용하여 알맞은 질문을 완성한 후, 이에 <u>스스로</u> 답하시오.

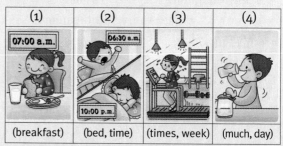

(1)	(2)	(3)	(4)
(breakfast)	(bed, time)	(times, week)	(much, day)

(1) Do you always _____?
  – _____

(2) _____ do you get up and _____?
  – _____

(3) How many times do you _____?
  – _____

(4) How much water do you _____?
  – _____

명사

명사의 종류

사람이나 사물의 이름을 나타내는 말을 명사라고 하는데, 명사는 셀 수 있는 명사와 셀 수 없는 명사로 나눌 수 있다.

❶ 셀 수 있는 명사

> many(많은), a few(약간), few(거의 없는)
> Do you get many visitors?
> I have to buy a few things at the supermarket.

단수와 복수의 구별이 있고, a (an), 수사, **many**, **few** 등과 함께 쓸 수 있다.

(1) 보통명사: 형태가 있는 사물의 이름을 나타내는 명사

  e.g. book, pen, boy, dog, tree 등

  She has *a* **brother**.

  There are *three* **cups** on the table.

  A **whale** is a mammal.

  > a+단수 보통명사/the+단수 보통명사/
  > 복수 보통명사: 종족 전체를 나타낸다.

(2) 집합명사: 사람이나 사물의 집합체를 나타내는 명사

  • 집합체 전체를 하나로 받을 때는 단수 취급, 집합의 구성원 개개인을 말할 때는 복수 취급한다.

  e.g. family(가족), class(학급), people(국민, 민족) 등

  My **family** *is* a large one. 〈가족 전체: 단수 취급〉

  My **family** *are* all healthy. 〈가족 구성원 개개인: 복수 취급〉

  • cattle(소), police(경찰), people(사람들) 등은 단수 형태로 복수 취급한다.

  The **cattle** *are* in the barn.

❷ 셀 수 없는 명사

> much(많은), a little(약간), little(거의 없는)
> I didn't get much sleep last night.
> There is little time to prepare for the exams.

복수로 쓸 수 없고 부정관사, 수사를 붙일 수도 없다. **much**, **little** 등과 함께 쓸 수 있다.

(1) 고유명사: 사람이나 장소, 특정한 사물의 이름을 나타내는 명사로 항상 첫 자를 대문자로 쓴다.

  e.g. Mike, Seoul, America, Monday, June 등

  Jane is my sister.

  I'd like to meet **Mr. Baker**.

(2) 물질명사: 일정한 형태가 없는 물질을 나타내는 명사

  e.g. water, paper, sugar, air, money, cheese, bread 등

  I like **milk** more than **juice**.

  We have a lot of **rain** in summer.

(3) 추상명사: 형태가 없고 추상적인 의미를 나타내는 명사

  e.g. love, beauty, peace, war, youth 등

  We always want **happiness**.

  cf. 추상명사 앞에 a (an)가 붙어 구체적인 행위나 행위자를 나타낼 수 있다.

  He was **a** great **success** as a singer.

A 명사의 종류가 나머지와 <u>다른</u> 하나에 밑줄을 치시오.

1. dog, doll, boy, student, water
2. Korea, John Smith, park, Venus, New York
3. milk, paper, sugar, chair, juice
4. love, peace, war, sister, happiness

peace [piːs] 평화
happiness [hǽpinis] 행복

B <u>틀린</u> 부분을 찾아 바르게 고쳐 쓰시오.

1. Whose are these book?
2. Do you want some cheeses?
3. There are many peoples in the park.
4. We want a peace.

cheese [tʃiːz] 치즈

C 괄호 안에서 알맞은 것을 고르시오.

1. My family (is, are) all diligent.
2. Twenty classes (is, are) in one building.
3. Every nation (has, have) its own flag.
4. The police (has, have) caught the thief.

nation [néiʃən] 국가
flag [flæg] 국기, 깃발
caught [kɔːt] catch(잡다)의
과거형
thief [θiːf] 도둑

D 우리말과 같은 뜻이 되도록 빈칸에 알맞은 말을 쓰시오.

1. 나는 돈이 좀 필요해.
   → I need some _____ .
2. 바구니에는 사과가 세 개 있다.
   → There are three _____ in the basket.
3. 네 가족은 몇 명이니?
   → How many _____ are there in your _____ ?
4. 마실 물을 좀 드릴까요?
   → Would you like some _____ to drink?

need [niːd] 필요하다
basket [bǽskit] 바구니

물질명사의 수량 표시, 명사의 수와 격

명사의 종류에 따라 수를 표시하는 방법이 다르다.

❶ 물질명사의 수량 표시

물질명사의 양은 much, (a) little, a lot of 등으로 나타내며, 수는 용기, 단위, 모양에 따라 여러 가지 단위를 나타내는 말로 표시한다.

We have **much** rain in this season of the year.

There is **a little** milk in the glass.

a cup of coffee (tea)	**a glass of** milk (water, juice)
a pound of sugar	**a bottle of** ink
a piece of paper (pizza, cake)	**a slice of** cheese
a sheet of paper	**a pair of** shoes (socks, pants)

❷ 명사의 복수형

대부분의 명사의 복수형은 -s를 붙인다. 그 이외는 다음과 같다.

-s, -ss, -x, -o, -ch, -sh	-es	bus**es**, dress**es**, box**es**, potato**es**, bench**es**, dish**es** 예외 piano**s**, photo**s**
자음+y	y를 i로 고치고 -es	cit**ies**, stor**ies**, bab**ies** 참고 모음+y: toy**s**, boy**s**
-f, -fe	f(e)를 v로 고치고 -es	lea**ves**, li**ves**, wi**ves** 예외 roof → roof**s**, belief → belief**s**
불규칙 변화		man → men, mouse → mice, foot → feet tooth → teeth, child → children
단·복수가 같은 경우		sheep → sheep, deer → deer, fish → fish

❸ 명사의 소유격

(1) 소유격 표시: 일반적으로 명사의 뒤에 's를 붙이고, s로 끝나는 말은 '만 붙인다.

This is **Cindy's** bag.

I go to Hana **Girls'** Middle School.

My sister goes to a **women's** college.

(2) 무생물의 소유격: 「of+명사」를 써서 소유격을 나타낸다. 시간·거리·무게를 나타내는 경우에는 's를 붙여 소유격을 만든다.

Look at the door **of this classroom**.

today's newspaper / an **hour's** walk / five **miles'** distance

(3) 이중소유격: a (an), this, that, some, any, no 등이 소유격과 같이 쓰일 때는 「명사+of+소유대명사(독립소유격)」의 형태로 쓴다.

He is **a friend of mine**.

This dress of hers is not new.

	단수		복수	
	소유격	소유대명사	소유격	소유대명사
1인칭	my	mine	our	ours
2인칭	your	yours	your	yours
3인칭	his her its	his hers -	their	theirs

A 주어진 명사의 복수형을 쓰시오.

1. book : _____
2. map : _____
3. bus : _____
4. leaf : _____
5. city : _____
6. child : _____
7. potato : _____
8. piano : _____
9. woman : _____
10. foot : _____

potato [pətéitou] 감자
foot [fut] 발

B 빈칸에 알맞은 말을 쓰시오.

1. Would you like a _____ of coffee?
2. Please give me a _____ of paper.
3. I drink three _____ of milk every day.
4. She bought a _____ of shoes yesterday.

paper [péipər] 종이

C 틀린 부분을 찾아 바르게 고쳐 쓰시오.

1. I like Tom's this album.
2. She goes to Hanguk Girl's High School.
3. This is a my brother's hat.
4. The boy broke the house's window.
5. The chair's legs are not strong.

album [ǽlbəm] 앨범
strong [strɔ(ː)ŋ] 튼튼한, 강한

D 우리말과 같은 뜻이 되도록 빈칸에 알맞은 말을 쓰시오.

1. 그는 Jane의 남동생이다.
   → He is _____ little brother.
2. 이 사람은 나의 오랜 친구이다.
   → This is an old friend _____ _____.
3. 너는 오늘 신문 읽었니?
   → Have you read _____ newspaper?
4. 그곳은 걸어서 겨우 5분 거리이다.
   → It's only _____ _____ _____.

only [óunli] 단지, 겨우

1 다음 중 종류가 나머지와 <u>다른</u> 하나는?

① water   ② sugar   ③ milk

④ banana   ⑤ juice

2 빈칸에 알맞지 <u>않은</u> 것은?

I need two _____.

① money   ② books   ③ bags

④ dogs   ⑤ apples

^{중요}
3 빈칸에 가장 알맞은 것은?

She bought a pair of _____.

① papers   ② dolls   ③ socks

④ cups   ⑤ chairs

4 복수형과 단수형의 연결이 <u>잘못된</u> 것은?

① dog – dogs   ② dish – dishes

③ leaf – leaves   ④ lady – ladys

⑤ foot – feet

5 틀린 부분을 찾아 바르게 고쳐 쓰시오.

(1) Will you give me two glass of waters?

(2) A hope is the most precious thing.

(3) He was a friend of my.

6 우리말과 같은 뜻이 되도록 빈칸에 알맞은 말을 쓰시오.

그는 우리 영어 선생님이다.

→ _____ is _____ English teacher.

7 빈칸에 공통으로 알맞은 말을 쓰시오.

• He gave me a _____ of advice.

• He picked up a _____ of chalk.

^{중요}
8 밑줄 친 부분의 형태가 바르지 <u>않은</u> 것은?

① Santa enters houses through <u>chimneys</u>.

② I saw some <u>deers</u> in the mountain.

③ There were some <u>safes</u> in his house.

④ They have many kinds of <u>dictionaries</u>.

⑤ We grow lots of <u>potatoes</u> in the garden.

9 괄호 안에 주어진 단어를 알맞은 형태로 바꾸어 쓰시오. (단, 현재시제로 쓸 것)

• My family ⓐ (be) a large one.

• My family ⓑ (be) all tall.

{10~11} 다음 문장을 복수형으로 바꿀 때, 빈칸에 알맞은 말을 쓰시오.

10 This is a very cute child.

→ _____ _____ very cute _____ .

11 That is a really handsome gentleman.

→ _____ _____ really handsome _____ .

12 빈칸에 알맞은 말이 순서대로 바르게 짝지어진 것은?

• He is _____ brother.
• Kate is _____ sister.

① I – you ② my – her
③ her – him ④ him – his
⑤ your – mine

13 두 문장이 같은 뜻이 되도록 빈칸에 알맞은 말을 쓰시오.

This pen belongs to me.
= This pen is _____ .

{14~15} 밑줄 친 부분의 쓰임이 **잘못된** 것을 고르시오.

14 ① Is this <u>your</u> bag?
② Mina is <u>my</u> friend.
③ I like <u>him</u> very much.
④ This is <u>them</u> house.
⑤ <u>I</u> am a middle school student.

15 ① I drink <u>a glass of</u> milk every day.
② Please give me <u>a cup of</u> black tea.
③ He wants to get <u>a slice of</u> paper.
④ My father bought <u>a pair of</u> blue jeans.
⑤ Sam keeps <u>a piece of</u> chalk in his pocket.

16 우리말과 같은 뜻이 되도록 빈칸에 알맞은 말을 쓰시오.

그는 신발 한 켤레를 샀다.
→ He _____ .

{17~18} 어법상 **틀린** 문장을 고르시오.

17 ① He has three eggs in his hand.
② I bought a pound of sugar.
③ She ordered a cup of coffee.
④ Do you have any moneys?
⑤ How many people are there in the room?

18 ① Whales are not fish but mammals.

② She wasn't a success as an actress.

③ I'd like to enter a women's university.

④ Her this dress goes well with her shoes.

⑤ There is nothing interesting in today's newspaper.

중요
19 다음 대화 중 어법상 틀린 것은?

① A: What are you doing now?

② B: I'm writing a little sentences for my English composition homework.

③ A: When are you going to finish the sentences?

④ B: Please wait a minute. We can go out together after I finish.

⑤ A: Okay. We don't need to rush.

고난도
20 다음 글의 밑줄 친 부분 중, 어법상 틀린 것은?

① New Year's Day is a very important national holiday. People usually spend time with their friends and ② family members. When the clock strikes twelve, they hug and kiss each other. Most of them do not work and stay home all day. On this day, ③ lots of people decide to change ④ their bad habits. Some promise to spend ⑤ fewer money, and others promise to stop smoking. However, they come to forget about these promises soon.

Grammar for NEAT

Step 1

우리말과 같은 뜻이 되도록 괄호 안의 말을 이용하여 문장을 완성하시오.

(1) 우리는 많은 종류의 쿠키를 만든다.

⋯⋙ We make _____. (cookies)

(2) 땅콩은 비타민 E가 많이 들어있어 우리 건강에 좋다.

⋯⋙ Peanuts _____ and _____ our health. (vitamin E)

(3) 나는 피자 두 조각과 주스 한 잔을 먹었다.

⋯⋙ I had _____ and _____. (pizza, juice)

Step 2

다음은 Jerry가 친구인 Bill에게 제빵 동아리 가입을 권유하려고 보낸 이메일이다. 주어진 내용을 참고하여 이메일을 완성하시오.

> **Subject** : Why don't you join the baking club?
> **Activities:** make many kinds of bread
> have a piece of cake with a glass of milk

Hi, how are you doing?

I want to ask you something. How about _____? I know you love bread, right? We make _____. Bread has _____ sugar and is good for our teeth. Sometimes we make cake. When it's done, we can eat some. We enjoy _____ _____. If you're interested, please text me. Bye!

대명사

They are looking at themselves.

They are looking at each other.

UNIT

인칭대명사, 지시대명사

명사를 대신하는 말을 대명사라고 하는데, 인칭을 나타내는 대명사를 인칭대명사, 사람이나 사물을 가리키는 대명사를 지시대명사라고 한다.

❶ 인칭대명사

		주격 (~은 / 는 / 이 / 가)	소유격 (~의)	목적격 (~을 / 에게)	소유대명사 (~의 것)
1인칭	단수	I	my	me	mine
	복수	we	our	us	ours
2인칭 (단수 · 복수)		you	your	you	yours
3인칭	단수	he she it	his her its	him her it	his hers –
	복수	they	their	them	theirs

❷ 지시대명사

(1) this(복수형은 these)

① 가까이에 있는 사람이나 사물을 가리킬 때 쓴다.

This is a watch. (이것)

These are socks. (이것들)

② 뒤에 나올 구나 문장을 가리킬 때 쓴다.

The problem is **this**: I have no money.
　　　　　　　└───── = ─────┘

cf. 뒤에 오는 명사를 수식하는 지시형용사로도 쓰인다.

this picture / **these** pens (이 ~)

(2) that(복수형은 those)

① 떨어져 있는 사람이나 사물을 가리킬 때 쓴다.

That is a clock. (저것)

Those are shoes. (저것들)

② 앞에 나온 명사의 반복을 피하기 위해 쓴다.

The tail of a rabbit is shorter than **that** of a mouse.
　　　　　　　　　　　　　　　　(= the tail)

The ears of rabbits are longer than **those** of dogs.
　　　　　　　　　　　　　　　　(= the ears)

cf. 뒤에 오는 명사를 수식하는 지시형용사로도 쓰인다.

that camera / **those** books (저 ~)

UNIT TEST

A 괄호 안에서 알맞은 것을 고르시오.

1. Is this (you, your, yours) bike?
2. (This, These) are my puppies.
3. She wants to see (his, him).
4. It's (their, them) problem, not (our, ours).

problem [prάbləm] 문제

B 그림을 보고, 빈칸에 알맞은 인칭대명사를 쓰시오.

1. This is Emma. _____ is a middle school student. _____ eyes are very large.
2. She has a brother. _____ name is Clark.
3. _____ parents are very kind and good. She loves _____ very much.

C 밑줄 친 부분을 한 단어의 대명사로 바꾸어 쓰시오.

1. A: Is this your umbrella?
   B: No, it's not my umbrella.
2. I gave her my telephone number, and she gave me her telephone number.
3. The voice of a woman is softer than the voice of a man.

umbrella [ʌmbrélə] 우산
soft [sɔ(ː)ft] 부드러운
voice [vɔis] 목소리

D 틀린 부분을 찾아 바르게 고쳐 쓰시오.

1. He lives with him family.
2. That computer is my.
3. Look at that birds.
4. This is my dictionaries.

dictionary [díkʃənèri] 사전

UNIT 34

it, 재귀대명사

인칭대명사 it의 다양한 쓰임과 인칭대명사의 소유격이나 목적격에 -self, -selves를 붙여 '~ 자신'
이라는 뜻이 되는 재귀대명사를 알아두자.

❶ it

(1) 인칭대명사: 앞에 나온 특정한 명사, 구, 절을 대신한다.

Dad bought a watch and gave **it** to me. 〈it = the watch〉

I tried solving the puzzle, but **it** was impossible. 〈it = solving the puzzle〉

cf. one: 앞에 나온 불특정한 명사를 대신한다.

(2) 비인칭 주어: 날씨, 시간, 날짜, 요일, 계절, 거리, 명암, 상황 등을 가리킬 때 사용한다.

It's nice and warm. 〈날씨〉

What time is **it**? 〈시간〉

(3) 가주어, 가목적어로 쓰인다.

<u>**It's**</u> easy <u>to ride a bicycle.</u>
　가주어　　　　　진주어

I found **it** easy <u>to ride a bicycle.</u>
　　가목적어　　　　진목적어

❷ 재귀대명사

(1) 「인칭대명사의 소유격(목적격)+-self(selves)」의 형태로 '~ 자신'의 뜻이다.

	단수	복수
1인칭	myself	ourselves
2인칭	yourself	yourselves
3인칭	himself herself itself	themselves

I love **myself**.　　　　　　　We enjoyed **ourselves**.

You have to love **yourself**.　　Did you enjoy **yourselves**?

He is looking at **himself**.　　　She is looking at **herself**.

They are looking at **themselves**.

(2) 재귀대명사의 용법

① 재귀 용법: 주어의 동작이 주어 자신에게 돌아가는 경우

She killed **herself**.

Jimmy was proud of **himself**.

② 강조 용법: '자신이, 직접'의 뜻으로 주어, 목적어, 보어의 의미를 강조하는 경우(생략 가능)

He made pizza **himself**. = He **himself** made pizza.

(3) 재귀대명사의 관용 표현

by oneself(홀로), for oneself(혼자 힘으로, 스스로), of itself(저절로), in itself(본래),
help oneself to(~을 마음껏 먹다), enjoy oneself(즐기다)

She lives all **by herself**.

I like to do everything **for myself**.

A 괄호 안에서 알맞은 것을 고르시오.

1. Mom bought a puppy. I liked (it, one) very much.
2. (It, This) is true that she broke her arm.
3. I'm not angry with you. I'm angry with (me, myself).
4. When people are alone, they often talk to (ourselves, themselves).

true [tru:] 사실의
be angry with ~에게 화나다

B 우리말과 같은 뜻이 되도록 빈칸에 알맞은 말을 쓰시오.

1. 오늘은 월요일이다.
   → _____ Monday today.
2. 얼음 위를 걷는 것은 위험하다.
   → _____ is dangerous to walk on the ice.
3. 케이크를 마음껏 드세요.
   → Help _____ to the cake.

dangerous [déindʒərəs] 위험한

C 두 사람의 대화가 자연스럽게 되도록 빈칸에 알맞은 말을 쓰시오.

1. A: Who helped Jack make the robot?
   B: Jack did it for _____.
2. A: What's the weather like?
   B: _____ sunny and warm.
3. A: Did you have a good time at the party?
   B: Sure. I really enjoyed _____.

robot [róubət] 로봇
really [ríːəli] 정말로

D 두 문장이 같은 뜻이 되도록 빈칸에 알맞은 말을 쓰시오.

1. I went on vacation alone.
   = I went on vacation by _____.
2. To learn how to swim is important.
   = _____ is important to learn how to swim.
3. What time do you have?
   = What time is _____?

go on vacation 휴가 가다
alone [əlóun] 홀로
important [impɔ́ːrtənt] 중요한

UNIT 35

부정대명사

특정하게 정해지지 않은 막연한 대상을 가리키는 대명사를 부정대명사라고 한다.

❶ one: 불특정한 의미의 보통명사를 받는다.

I need a pen. Do you have **one**? ⟨one = a pen⟩

These shoes have worn out. I need to buy some new **ones**.

cf. I bought a pencil yesterday. But I lost **it**. ⟨it = the pencil⟩

❷ other / another

(1) one ~ the other ...: (둘 중에서) 하나는 ~ 다른 하나는 …

    cf. one ~ the others ...: (많은 것 중에서) 하나는 ~ 나머지 전부는 …

    She has two caps. **One** is white, and **the other** is blue.

(2) one ~ another ... the other (the third) –

    : (셋 중에서) 하나는 ~ 또 하나는 … 나머지 하나는 –

    She has three brothers. **One** is a doctor, **another** is
    a businessman, and **the other** is a student.

(3) some ~ others ...: 어떤 것들은 ~ 다른 것들은 …

    cf. some ~ the others ...: 어떤 것들은 ~ 나머지 전부는 …

    Some like summer; **others** like winter.

(4) each other: 서로(= one another)

    They love **each other**.

    They helped **one another**.

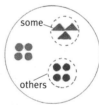

❸ some / any

'몇 개, 얼마, 어느 정도' 라는 뜻의 부정의 수량을 나타낸다.

Some of the books are interesting. ⟨some: 긍정문, 권유형 의문문⟩

I don't want **any** of these. ⟨any: 부정문, 의문문⟩

❹ every / each / both / all

Every student has this book. ⟨모든 ~: 단수 취급⟩

Each of the boys has his own bike. ⟨각자, 각각: 단수 취급⟩

All of the boys have their own bikes. ⟨전부, 모두: 복수 취급⟩

Both the brothers are alive. ⟨둘 다: 복수 취급⟩

❺ no one / none

No one (**Nobody**) knows the fact. ⟨아무도 ~않다: 단수 취급⟩

None of them have a dog. ⟨~ 중 아무것도(아무도) ~않다: 보통 복수 취급⟩

A 괄호 안에서 알맞은 말을 고르시오.

1. They didn't make (some, any) mistakes.
2. These cups are dirty. Let's clean (them, ones).
3. (Each, All) of the girls has a hat.
4. I like the brown coat better than the black (it, one).

make mistakes 실수하다
dirty [dá:rti] 더러운

B 빈칸에 알맞은 말을 보기에서 골라 쓰시오.

보기
one   ones   other   the other   others   another

1. I don't like the red shoes, but I like the green _____.
2. Some people like baseball; _____ like soccer.
3. Which car is yours? – This _____.

C 틀린 부분을 찾아 바르게 고쳐 쓰시오.

1. I lost my umbrella, so I bought a new it.
2. Would you like to drink any tea?
3. Every of you is a good student.
4. I have two wallets. One is brown and another is pink.

lost [lɔ(:)st] lose(잃다)의 과거형

D 두 문장이 같은 뜻이 되도록 빈칸에 알맞은 말을 쓰시오.

1. John plays the piano. Mike plays the guitar. Sue plays the violin.
   = _____ of them play a musical instrument.
2. Bob knows Ann and Ann knows Bob.
   = Bob and Ann know each _____.
3. He has no money.
   = He doesn't have _____ money.
4. Jane and Linda don't eat meat. Karl doesn't eat meat, either.
   = _____ of them eat meat.

musical instrument 악기
meat [mi:t] 고기

1 빈칸에 공통으로 알맞은 한 단어를 쓰시오.

- Yesterday _____ snowed a lot.
- I found _____ useful to use a computer.

중요
2 빈칸에 알맞은 말을 쓰시오.

I have two cameras; one is domestic, and _____ _____ is foreign.

{3~5} 빈칸에 가장 알맞은 것을 고르시오.

3 The price of the car stereo is higher than _____ of the car.

① it   ② this   ③ that
④ one   ⑤ any

4 If you want some more food, help _____.

① me   ② myself   ③ us
④ ourselves   ⑤ yourselves

5 A: Which flowers do you want?
B: The white _____.

① them   ② some   ③ none
④ ones   ⑤ others

6 밑줄 친 부분 중 생략할 수 있는 것은?

① I was very proud of <u>myself</u>.
② Sally solved the puzzle <u>herself</u>.
③ They should learn to love <u>themselves</u>.
④ He went to see a movie by <u>himself</u>.
⑤ She's looking at <u>herself</u> in the mirror.

{7~8} 두 문장이 같은 뜻이 되도록 빈칸에 알맞은 말을 쓰시오

7 They had a good time at the party.
= They enjoyed _____ at the party.

중요
8 To talk with her is not easy.
= _____ is not easy to talk with her.

9 어법상 틀린 문장은?

① I don't have some stamps.
② Do you know any hotels in L.A.?
③ If I have any money, I'll lend you some.
④ There are some puppies in his house.
⑤ I'm thirsty. Can I have some water, please?

10 두 사람의 대화가 <u>어색한</u> 것은?

① A: What day is it?
  B: It's Thursday.
② A: What's the weather like?
  B: I like rainy weather.
③ A: How much money do you have?
  B: None.
④ A: Would you like some tea?
  B: No, thanks.
⑤ A: Is there a bank near here?
  B: Yes, there's one on the corner.

{11~12} 빈칸에 알맞은 말이 순서대로 바르게 짝지어진 것을 고르시오.

11 _____ of the students are good at math and _____ are good at English.

① Each – other   ② One – another
③ One – the other   ④ Some – others
⑤ These – those

12 • This is too small for me. Please show me _____.
  • Three of them agreed to the idea, but _____ didn't.

① other – others   ② another – others
③ other – the others ④ another – the others
⑤ the other – the others

고난도

13 어법상 올바른 문장은?

① I think nobody isn't perfect.
② Every players have their uniforms.
③ This pen is cheaper than that one.
④ The people there helped one other.
⑤ The ears of a rabbit is longer than that of a dog.

{14~15} 빈칸에 알맞지 <u>않은</u> 것을 고르시오.

14 I am going to play tennis with _____.

① his   ② her   ③ them
④ Jenny   ⑤ my teacher

중요

15 _____ of these girls like the handsome actor.

① All   ② Most   ③ Some
④ Each   ⑤ None

{16~18} 우리말과 같은 뜻이 되도록 빈칸에 알맞은 말을 쓰시오.

16 각각의 학생들은 사물함이 있다.
  → _____ _____ has a locker.

17 나는 거짓말하는 것이 나쁘다고 생각한다.
  → I think _____ wrong _____ _____ a lie.

18 그 컵은 Jane의 것이다. 그것을 그녀에게 주어라.

→ The cup is Jane's. Give _____ to _____.

19 그림을 보고, 빈칸에 알맞은 말을 쓰시오.

I have three brothers. _____ is a soldier, _____ is a doctor, and _____ _____ is a soccer player.

고난도

20 다음 글의 밑줄 친 부분 중, 어법상 **틀린** 것은?

There are lots of stories about ① the brave. Men, women, and children sometimes do very brave things. ② Some rush into a burning house to save their family. ③ Others people fight a dangerous animal to save their kids. What do you think makes them do ④ these things? It is love for their family. We can ⑤ do anything for the ones we love because we have love for them. Isn't it amazing?

Grammar for NEAT

Step 1

우리말과 같은 뜻이 되도록 빈칸에 알맞은 말을 쓰시오.

(1) 각각의 사람들은 자신만의 생각을 가지고 있다.

⋯⋯▷ _____ has his own idea.

(2) 아무도 그 집에 귀신이 존재한다고 생각하지 않는다.

⋯⋯▷ _____ that there are ghosts in the house.

(3) 그 쌍둥이 중 한 명은 조용하고, 나머지 한 명은 활발하다.

⋯⋯▷ _____ of the twins is quiet, and _____ is outgoing.

(4) 우리 반의 몇몇만 그의 생각에 동의했고, 나머지는 그렇지 않았다.

⋯⋯▷ Only some of my class agreed with him, and _____ didn't.

Step 2

다음은 민수네 반 학생들에게 가장 중요한 것에 대해 조사한 결과를 도표로 나타낸 것이다. 이를 설명하는 글을 완성하시오.

Number of students

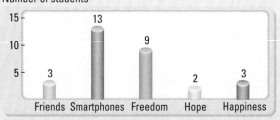

Today, Minsu's class took a survey. The question was "What is the most important to you?" There are 30 students in the class. _____ expressed his own _____. Sad to say, _____ said that family is the most important. There were two major answers. _____ was smartphones, and _____ was _____. _____ said that friends, happiness, and hope are important to them.

형용사와 부사

Unit 36 형용사
Unit 37 부정 수량형용사, 수사
Unit 38 부사
Review Test

Rabbits are quick, but this rabbit is walking slowly.

Turtles are slow, but this turtle is walking quickly.

UNIT 36

형용사

형용사는 사람이나 사물의 상태, 성질, 수량 등을 나타내는 말로 문장 내에서 명사나 대명사를 꾸며준다.

❶ 형용사의 용법

(1) 한정적 용법: 명사·대명사의 앞이나 뒤에서 명사·대명사를 직접 수식

We saw a **tall** tree.

I want something **hot** to drink. 〈-thing, -body, -one+형용사〉

한정적 용법으로만 쓰이는 형용사: elder, main, only 등

(2) 서술적 용법: 주어나 목적어의 상태를 설명하는 보어로 쓰이는 경우

She is **afraid** of dogs.

I think him **clever**.

서술적 용법으로만 쓰이는 형용사: afraid, alike, awake, alone, alive 등

❷ 형용사의 어순

형용사가 두 개 이상 쓰이는 경우 「지시+수량+대·소+모양+성질·상태+신·구+색깔+재료+명사」의 순서로 쓰인다.

She has **two pretty** daughters.

Look at the **large round heavy old brown** table.

❸ 용법에 따라 의미가 달라지는 형용사

• Raise your **right** hand. (오른쪽의)

You are **right**. (옳은)

• The **late** Mr. Brown was a good teacher. (작고한)

I was **late** for the meeting. (늦은)

❹ the+형용사 = 복수 보통명사

The rich are not always happy.
(= Rich people)

The old often think of the past.
(= Old people)

 이것이 궁금해요!

Q '너 행복해 보인다.'를 영어로 표현할 때 형용사와 부사 중 어느 것을 써야 하나요?

A 이럴 땐 You look happy.라고 해야 합니다. '행복해 보인다'란 우리말 때문에 부사를 쓰는 실수를 범하기 쉬우니 주의하세요. '~하게 보이다, 들리다, 느껴지다' 등과 같은 표현에서는 항상 형용사를 써야 합니다.

A 주어진 두 문장을 한 문장으로 바꾸어 쓰시오.

1. It's milk. It's very hot.

   → _____

2. Nancy is a doctor. She is very thoughtful.

   → _____

3. This is a dictionary. It is very useful.

   → _____

thoughtful [θɔ́ːtfəl] 사려 깊은
dictionary [díkʃəneri] 사전
useful [júːsfəl] 유용한

B 괄호 안에서 알맞은 것을 고르시오.

1. The math questions were (easy, easily).
2. Your idea sounds (strangely, strange).
3. Don't wake up the (asleep, sleeping) baby.
4. You look (healthy, healthily) today.

wake up 깨우다
asleep [əslíːp] 잠든
healthy [hélθi] 건강한

C 우리말과 같은 뜻이 되도록 괄호 안의 단어를 바르게 배열하시오.

1. 쓰레기로 가득 찬 네 방을 보아라.

   → Look at (trash, room, of, full, your).

2. 누가 이 아름다운 빨간 장미를 너에게 주었니?

   → Who gave you (beautiful, this, rose, red)?

3. 이 보고서에는 뭔가 잘못된 점이 있다.

   → There is (with, wrong, this, something, report).

4. 그녀는 뱀을 두려워한다.

   → She (of, snakes, is, afraid).

trash [træʃ] 쓰레기
snake [sneik] 뱀

D 우리말과 같은 뜻이 되도록 빈칸에 알맞은 말을 쓰시오.

1. 당신의 현주소는 무엇입니까?

   → What is your _____ address?

2. 그는 혼자 방 안에 남겨졌다.

   → He was left _____ in the room.

3. 젊은이들은 노인들을 공경해야 한다.

   → The _____ should respect _____ old.

address [ədrés] 주소
respect [rispékt] 공경하다

부정 수량형용사, 수사

부정 수량형용사란 막연한 수나 양의 정도를 나타내는 말이고, 수사에는 개수를 나타내는 기수와 순서를 나타내는 서수가 있다.

❶ 부정 수량형용사

(1)

	거의 없는 (부정)	조금 있는 (긍정)	많은	
셀 수 있는 명사	few	a few	many	a lot of, lots of, plenty of
셀 수 없는 명사	little	a little	much	

A few people were present at the meeting.
There is **little** water in the bottle.
How **much** money have you spent?

(2)

some	긍정문	약간의, 몇몇의
	의문문(권유형)	
any	의문문 / 조건문	약간의, 몇몇의
	부정문	조금도, 하나도

I'm going to buy **some** oranges.
Do you have **any** pen to write with?

❷ 수사

(1) 기수

14 → fourteen/40 → forty/526 → five hundred (and) twenty-six
hundreds(thousands/millions) of ~ (수백(수천, 수백만)의)

(2) 서수

first, second, third... fifth... ninth... twelfth... twentieth 등

(3) 여러 가지 수 읽기

① 분수: 분자는 기수로, 분모는 서수로 읽으며, 분자가 2 이상이면 분모에 복수형 어미 -s를 붙여 읽는다.

$\frac{1}{3}$ → one-third / $\frac{3}{4}$ → three-fourths(three quarters)

② 월일, 시각

9월 15일 → September (the) fifteenth, the fifteenth of September
10:45 → ten forty-five, a quarter to eleven

③ 연도: 일반적으로 끝에서 두 자리씩 끊어 읽는다.

1997 → nineteen ninety-seven   2004 → two thousand (and) four

⑤ 기타
• World War Ⅱ → World War Two (the Second World War)
• Elizabeth Ⅱ → Elizabeth the second

④ 전화번호

208-7593 → two O eight seven five nine three

UNIT TEST

A 우리말과 같은 뜻이 되도록 빈칸에 알맞은 말을 보기에서 골라 쓰시오.

> ● 보기 ●
>
> few   a few   little   a little   many   much

1. 그가 회복할 희망은 거의 없다.
   → There is _____ hope of his recovery.
2. 그 방에는 가구가 많지 않다.
   → There isn't _____ furniture in the room.
3. 서두르지 마! 우리는 약간의 시간이 있어.
   → Don't hurry! We've got _____ time.
4. 그 사고로 부상당한 승객은 거의 없었다.
   → _____ passengers were injured in the accident.

recovery [rikʌ́vəri] 회복
furniture [fə́ːrnitʃər] 가구
passenger [pǽsəndʒər] 승객
injure [índʒər] 상처를 입히다

B 틀린 부분을 찾아 바르게 고쳐 쓰시오.

1. His ideas are very difficult, but few people understand them.
2. How many butter are there in the refrigerator?
3. There are two hundreds people in the hall.
4. There was hardly some food left by the time we got there.

refrigerator [rifrídʒəreitər] 냉장고

C 아래 숫자를 영어로 쓰시오.

1. 40   → _____
2. 1,713   → _____
3. 12th   → _____
4. 10,329,410 → _____

D 다음을 영어로 바꿀 때, 읽는 방식대로 풀어 쓰시오.

1. 1859년   → _____
2. $\frac{2}{5}$ → _____
3. Henry 5세 → _____
4. 8월 20일   → _____

부사

부사는 동사, 형용사, 다른 부사나 문장 전체를 꾸며 주며 그 동작이나 상태를 설명한다.

❶ 부사의 형태

(1) 원래 부사인 것: well, now, then, here, there 등
(2) 형용사+-ly: quickly, kindly 등
　　　-y → -ily (easy → easily) / -le → -ly (gentle → gently)
　　　-ue → -uly (true → truly) / -ll → -lly (full → fully)
　　cf. -ly로 끝나는 형용사: 명사+-ly
　　　　friendly(친근한), lovely(사랑스러운) 등

❷ 부사의 용법

주로 동사, 형용사, 다른 부사를 수식하며 때때로 문장 전체를 수식하기도 한다.
Finish your work **quickly**. 〈동사 수식〉
My boyfriend is **very** handsome. 〈형용사 수식〉
You need not leave **so** soon. 〈다른 부사 수식〉
Certainly he told a lie. 〈문장 전체 수식〉
Five years is long **enough** to wait.　enough는 부사로서 다른 형용사나 부사를 수식할 때 수식하는 말 뒤에 위치한다.
cf. enough(형용사)+명사: They don't drink **enough** water.

❸ 빈도부사

sometimes(때때로), often(자주, 종종), usually(대개), always(항상, 늘) 등
빈도나 부정을 나타내는 부사는 be동사나 조동사 뒤, 일반동사 앞에 쓰인다.
The door is **always** open.
She will **never** follow your advice.
I **usually** study in the library.

❹ 주의해야 할 부사

early(이른 / 일찍), late(늦은 / 늦게), high(높은 / 높게) 등
(1) 형용사와 형태가 같은 부사
　　• She is a **fast** swimmer. 〈형용사: 빠른〉
　　　She swims **fast**. 〈부사: 빨리〉
　　• Habits are **hard** to break. 〈형용사: 어려운〉
　　　He studied **hard** in his school days. 〈부사: 열심히〉
(2) 의미에 주의해야 할 부사
　　She could **hardly** work. (거의 ~ 않는)
　　I haven't seen any plays **lately**. (최근에)
　　It took **nearly** two hours to get here. (거의)
　　She is a **highly** educated young woman. (매우)

A 두 문장이 같은 뜻이 되도록 빈칸에 알맞은 말을 쓰시오.

careful [kέərfəl] 주의 깊은
examiner [igzǽmənər] 검사관, 조사관

1. He is a good swimmer. = He swims _____ .
2. Jane is a fast learner. = Jane learns _____ .
3. We're careful examiners. = We examine _____ .
4. He's a slow worker. = He works _____ .

B 괄호 안의 부사가 들어갈 위치에 ∨표 하시오.

go climbing 등산 가다
stay awake 깨어 있다

1. My sister is busy on Mondays. (always)
2. My family went climbing on Sundays. (usually)
3. I'm so tired I can stay awake. (hardly)
4. It rains here in April. (often)

C 빈칸에 알맞은 말을 보기에서 골라 쓰시오.

receive [risíːv] 받다
gain [gein] 얻다, 늘리다
weight [weit] 체중

> ● 보기 ●
>
> yet   easily   too   nearly   much   already

1. She had _____ left when I arrived.
2. I haven't received a letter from him _____ .
3. It's been _____ two months since my last haircut.
4. He's gaining weight. He eats too _____ .

D 우리말과 같은 뜻이 되도록 빈칸에 알맞은 말을 쓰시오.

1. 일찍 끝내면 너는 집에 갈 수 있다.
    → If you finish _____ , you can go home.
2. 너는 공을 아주 높이 쳐야 할 것이다.
    → You'll have to hit the ball quite _____ .
3. 나는 최근에 그를 보지 못했다.
    → I haven't seen him _____ .
4. 나는 당신을 거의 알지 못한다.
    → I _____ know you.

REVIEW TEST   Unit 36~38

1 대화의 빈칸에 알맞은 말을 쓰시오.

A: How _____ glasses of water do you drink a day?

B: Five glasses of water.

2 형용사와 부사가 <u>잘못</u> 짝지어진 것은?

① early – early   ② good – well

③ fast – fastly   ④ easy – easily

⑤ quick – quickly

3 밑줄 친 부분을 바꾸어 쓸 수 있는 것은?

We haven't got <u>a lot of</u> time to do the work.

① many   ② much   ③ some

④ a few   ⑤ enough

4 다음 문장의 밑줄 친 ①~⑤ 중 clearly가 수식하는 것은?

<u>Fortunately</u>, <u>she</u> <u>remembers</u> clearly <u>his</u>
          ①   ②   ③   ④

<u>answer</u> to <u>her question</u>.
   ④   ⑤

5 짝지어진 두 단어의 관계가 나머지와 <u>다른</u> 하나는?

① happy – happily   ② simple – simply

③ friend – friendly   ④ pretty – prettily

⑤ careful – carefully

6 밑줄 친 부분의 쓰임이 나머지와 <u>다른</u> 하나는?

① Michael is running very <u>fast</u>.

② You don't have to leave so <u>soon</u>.

③ We came back home a little <u>late</u>.

④ Elizabeth studies Korean really <u>hard</u>.

⑤ I'm surprised that you are quite <u>early</u>.

{7~9} 빈칸에 가장 알맞은 것을 고르시오.

7 A: How _____ do you have your hair cut?

B: About once a month.

① many   ② much   ③ long

④ often   ⑤ usually

8 A: Where is Tommy?

B: He's _____ on the sofa.

① sleep   ② asleep   ③ slept

④ sleeps   ⑤ sleeper

9 I can _____ expect him to lend me money again.

① hard   ② well   ③ hardly

④ enough   ⑤ very

{10~11} 괄호 안의 단어를 알맞은 곳에 넣어 문장을 다시 쓰시오.

10 Two years is long to wait for somebody.

(enough)

→ _____

11 I have been to New Zealand. (never)

→ _____

{12~13} 어법상 **틀린** 문장을 고르시오.

중요

12 ① We had little snow this winter.

② A few people are coming for tea.

③ She was not yet sure if she could trust him.

④ I've never seen such a beautiful woman ago.

⑤ There is something mysterious in this house.

13 ① He is very fond of basketball.

② I was very interested in music.

③ I've already finished my lunch.

④ Have you heard good news? You look happily.

⑤ These two photographs are almost alike.

14 다음 우리말을 영어로 옮길 때, 알맞은 것은?

귀신의 존재를 믿는 사람은 거의 없다.

① Few people believe in ghosts.

② A few people believe in ghosts.

③ Little people believe in ghosts.

④ A little people believes in ghosts.

⑤ A lot of people believe in ghosts.

{15~16} 우리말과 같은 뜻이 되도록 빈칸에 알맞은 말을 쓰시오.

15 그의 부주의한 행동이 나를 화나게 만들었다.

→ His careless behavior made me _____.

16 우리는 점심으로 먹기에 충분한 샌드위치가 있니?

→ Have we got _____ sandwiches for lunch?

17 **틀린** 부분을 찾아 바르게 고쳐 쓰시오.

(1) It is terrible to kill alive things.

(2) The children are flying kites very highly.

{18~19} 우리말과 같은 뜻이 되도록 괄호 안의 말을 바르게 배열하시오.

중요
18 넌 왜 항상 손톱을 깨무니?

→ Why _____ your nails?

(biting, are, always, you)

19 그 신문에는 어떤 흥미로운 것도 없다.

→ _____ in the newspaper.

(is, there, interesting, nothing)

고난도
20 (A), (B), (C)의 각 네모 안에서 어법에 맞는 표현을 골라 바르게 짝지은 것은?

In the Middle Ages, (A) rich / the rich in Europe had a very strange idea. They didn't think taking a bath was a good thing. They thought they needed no bath because they didn't have to work. They believed not taking a bath meant that they were rich. So many of them talked very (B) proud / proudly about never having bathed since birth! That's why perfume was so (C) popular / popularly in the continent.

	(A)	(B)	(C)
①	rich	— proud	— popularly
②	rich	— proudly	— popular
③	the rich	— proud	— popular
④	the rich	— proud	— popularly
⑤	the rich	— proudly	— popular

Step 1

우리말과 같은 뜻이 되도록 빈칸에 알맞은 말을 쓰시오.

(1) 겨울은 가난한 사람들에게는 힘든 계절이다.

⋯⋯▷ _____ is a difficult _____ _____ the _____.

(2) 그 축제는 10월 13일에 있을 것이다.

⋯⋯▷ The festival will be on _____ of _____.

(3) 그 선물 가게는 우리 집 옆에 있다.

⋯⋯▷ The gift shop is _____.

Step 2

다음은 한 회사의 메신저로 전송된 공지 사항이다. 이를 설명하는 문장을 완성하시오.

```
To all the members

Subject: volunteer work
  - When: Sept. 15
  - Where: at the Ace Hospital near the
           company
  - What: help sick and poor people

* It will be difficult but our help will be
  very helpful to everyone at the hospital.
```

We are planning to help the _____ at the Ace Hospital on the _____ of _____. The hospital is _____. We are going to volunteer for a whole day. It won't _____, but our help will be _____. We hope many people show an interest in our activity.

C·h·a·p·t·e·r 4

비교 구문

Jane

Cindy

Betty

Cindy is taller than Jane.

Betty is the tallest player of the three.
Betty is taller than all the other players.

UNIT 39

비교, 원급을 이용한 표현

형용사와 부사의 비교 표현에는 원급, 비교급, 최상급의 세 가지 변화형이 있다.

- 원급: 비교되지 않은 원래의 형태
- 비교급: 둘을 비교할 때 쓰는 말로 '(…보다) 더 ~한'의 뜻
- 최상급: 셋 이상을 비교할 때 쓰는 말로 '(… 중에서) 가장 ~한'의 뜻

❶ 비교급 · 최상급 만들기

규칙	보통 -er, -est	tall – taller – tallest fast – faster – fastest
	-e로 끝나는 단어: -r, -st	large – larger – largest late – later – latest
	단모음+단자음: 자음을 한 번 더 쓰고 -er, -est	big – bigger – biggest hot – hotter – hottest
	자음+y: y를 i로 고치고 -er, -est	busy – busier – busiest easy – easier – easiest
	-ful, -ous, -less 등으로 끝나는 일부 2음절 단어 및 3음절 이상 단어: more+원급, most+원급	beautiful – more beautiful – most beautiful famous – more famous – most famous interesting – more interesting – most interesting
불규칙	good(well) – better – best many(much) – more – most	bad(ill) – worse – worst little – less – least

This doll is **the prettiest** of all.

He has **more** books than you.

This is **worse** than that.

❷ 원급을 이용한 비교 표현 (동등비교)

(1) as+원급+as: ~만큼 …한

Betty is **as attractive as** Judy.

Jane is **as busy as** a bee.

as와 as 사이에 명사가 올 경우에는, 명사 앞에 형용사가 와야 한다.
I have as many books as you.

(2) not+as(so)+원급+as: ~만큼 …하지 못한

It is **not as(so) easy as** you think.

Danny is**n't as old as** John. = Danny is **younger than** John.

(3) as+원급+as possible = as+원급+as+주어+can: 가능한 한 ~하게

Please come back home **as soon as possible**.

= Please come back home **as soon as you can**.

can은 문장의 시제에 따라 변한다.

(4) 배수(분수)+as+원급+as: 배수(분수)만큼 ~한

She has **twice as** many books **as** I have.

This room is **five times as** large **as** mine.

A 주어진 단어의 비교급과 최상급의 형태를 쓰시오.

1. bad (ill)   – _____ – _____
2. careful   – _____ – _____
3. thin   – _____ – _____
4. expensive – _____ – _____
5. happy   – _____ – _____
6. little   – _____ – _____

careful [kέərfəl] 신중한
thin [θin] 마른, 여윈

B 두 문장을 한 문장으로 표현할 때, 빈칸에 알맞은 말을 쓰시오.

1. Mina is 155cm. Her sister is 155cm, too.
   → Mina is _____ _____ _____ her sister.
2. I am 45kg. My brother is 45kg, too.
   → I am _____ _____ _____ my brother.
3. I have one thousand won. You have one thousand won, too.
   → I have _____ _____ money _____ you do.

C 두 문장이 같은 뜻이 되도록 빈칸에 알맞은 말을 쓰시오.

1. I am younger than she is.
   = I am not _____ _____ _____ she is.
2. She can play the piano better than me.
   = I _____ _____ the piano as _____ _____ her.
3. I studied as hard as possible to pass the test.
   = I studied as hard as I _____ to pass the test.
4. The woman is more beautiful than me.
   = I am not _____ _____ _____ the woman.

D 우리말과 같은 뜻이 되도록 빈칸에 알맞은 말을 쓰시오.

1. 나의 개는 너의 개만큼 크지 않다.
   → My dog is _____ _____ big _____ yours.
2. 이 다리는 저 다리의 3배만큼 길다.
   → This bridge is _____ _____ as _____ as that one.
3. 나는 너만큼 수학을 잘하지 못한다.
   → I am not so _____ at math _____ you are.

be good at ~을 잘하다

비교급을 이용한 표현

UNIT 40

비교급은 두 가지 대상의 성질이나 특성을 비교하는 것으로 '더 ~한' 이라는 의미이다.

❶ 비교급의 용법

(1) A ~ 비교급+than+B: A가 B보다 더 ~하다
John is **stronger than** Scott.

(2) A ~ less+원급+than+B: A가 B보다 덜 ~하다(=A ~ not as(so)+원급+as B)
He is **less tall than** Danny. 〈열등비교〉
= He is **not as(so) tall as** Danny.
= Danny is **taller than** he.

(3) 비교급의 강조: much, even, far, still, a lot 등을 사용
He studies English **much(even)** harder than his classmates.
This cell phone is **much** better than that one.
cf. very는 원급을 수식한다.
This is a **very** useful site.

❷ 비교급을 이용한 표현

(1) get(grow, become)+비교급+and+비교급: 점점 더 ~해지다
It is **getting warmer and warmer.**
The story is **getting more and more interesting.**

(2) Which(Who) ~ 비교급, A or B?: A와 B 중 어느 쪽이 더 ~한가?
Which is **larger,** the sun **or** the moon?
Who do you like **better,** Mike **or** Tom?

(3) the+비교급, the+비교급: ~하면 할수록 점점 더 …하다
The older we grow, **the weaker** our memory becomes.

(4) no longer = not ~ any longer: 더 이상 ~ 아닌
I could wait for him **no longer.**
I **can't** stay here **any longer.**

Q 열등비교 문장에서 왜 less 다음에 원급이 오나요? 또 열등비교 문장은 주로 어떤 때에 사용되나요?

A less는 little의 비교급이므로 다음에는 항상 원급이 와야 합니다. 열등비교 문장은 우리말로 옮기면 다소 어색할 수는 있으나, 직접적으로 말하기보다 우회적으로 표현할 목적으로, 즉 듣는 사람의 기분을 고려해야 하는 경우에 주로 사용됩니다.
e.g. You are shorter than me. 〈직접적 표현〉
= You are not so tall as me. 〈완곡한 표현〉

A 필요한 경우 괄호 안의 단어를 알맞은 형태로 바꾸어 쓰시오.

1. Today is a lot (hot) than yesterday.
2. She isn't so (smart) as you think.
3. My father is much (tall) than I am.
4. My backpack is less (expensive) than yours.

backpack [bǽkpæk] 배낭
expensive [ikspénsiv] 비싼

B 틀린 부분을 찾아 바르게 고쳐 쓰시오.

1. This book is very more interesting than that one.
2. The higher we go up, the cold it becomes.
3. He is less faster than his friends.
4. Which is the best, this computer or that one?

go up 올라가다

C 세 문장이 같은 뜻이 되도록 빈칸에 알맞은 말을 쓰시오.

1. Mary plays the violin better than Jenny.
   = Jenny _____ play the violin as _____ as Mary.
   = Jenny plays the violin _____ _____ than Mary.
2. Namsu is more careful than Mike.
   = Mike is _____ so careful _____ Namsu.
   = Mike is _____ _____ than Namsu.

careful [kέərfəl] 신중한

D 우리말과 같은 뜻이 되도록 빈칸에 알맞은 말을 쓰시오.

1. 진수는 그의 형보다 덜 바쁘다.
   → Jinsu is _____ _____ _____ his elder brother.
2. 사람들은 더 많이 가지면 가질수록, 더 많이 원한다.
   → _____ _____ people have, the more they want.
3. Leonardo와 Sean 중 누가 더 잘생겼는가?
   → Who is _____ _____, Leonardo or Sean?

elder brother 형, 오빠

UNIT 41

최상급을 이용한 표현

최상급은 셋 이상을 비교하는 것으로 '가장 ~한' 이라는 의미이다.

❶ 최상급의 쓰임

(1) 형용사의 최상급 앞에는 반드시 the를 쓴다.

He is **the busiest** man in my company.

This is **the most difficult** problem.

(2) 부사의 최상급 앞에는 the를 생략하기도 한다.

What color do you like **best**?

Mina studies **hardest** in my school.

(3) the+최상급+in+단수명사 / the+최상급+of+복수명사

She is **the best** student **in my school**.

This is **the most interesting** book **of the five**.

(4) 최상급의 강조: much, the very, by far 등을 사용

He is **by far** the tallest boy in our class.

This is **the very** best dictionary.

❷ 최상급의 의미를 나타내는 여러 가지 표현

원급, 비교급을 이용하여 최상급의 의미를 나타내는 문장으로 만들 수 있다.

Kelly is **the prettiest** girl in her class. 〈최상급〉

= Kelly is **prettier than any other girl** in her class.

  〈비교급+than any other+단수명사〉

= Kelly is **prettier than all the other girls** in her class.

  〈비교급+than all the other+복수명사〉

= **No other girl** in her class is **so(as) pretty as** Kelly.

  〈부정주어+so(as)+원급+as〉

= **No other girl** in her class is **prettier than** Kelly.

  〈부정주어+비교급+than〉

❸ one of the+최상급+복수명사: 가장 ~한 ···들 중의 하나

The Mississippi is **one of the longest rivers** in the world.

Julie is **one of the best English speakers** in my school.

A 괄호 안의 단어를 알맞은 형태로 바꾸어 쓰시오.

1. Nothing in the world is (precious) than time.
2. Seoul is the (large) city in Korea.
3. I am the (young) in my whole family.
4. It is one of the (good) movies made in Korea.

precious [préʃəs] 소중한
whole [houl] 전체의

B 틀린 부분을 찾아 바르게 고쳐 쓰시오.

1. He was one of the richer men in the world.
2. Jack is the brightest than any other boy in the group.
3. Jimmy runs most fastest in the class.
4. The Nile is longest river in the world.

bright [brait] 총명한

C 네 문장이 같은 뜻이 되도록 빈칸에 알맞은 말을 쓰시오.

1. Love is the most important thing for us.
    = _____ is more _____ _____ love for us.
    = _____ is as _____ _____ love for us.
    = Love is more important _____ _____ _____ thing for us.
2. Judy is the kindest girl in my class.
    = _____ other girl in my class is _____ _____ Judy.
    = _____ other girl in my class is as _____ _____ Judy.
    = Judy is kinder _____ _____ _____ girl in my class.

important [impɔ́ːrtənt] 중요한

D 우리말과 같은 뜻이 되도록 빈칸에 알맞은 말을 쓰시오.

1. 그녀는 그 모임에서 가장 활발한 소녀들 중의 하나이다.
    → She is _____ _____ _____ liveliest girls in the group.
2. 이것은 이제껏 내가 본 가장 흥미진진한 영화이다.
    → This is the _____ _____ _____ I've ever seen.
3. 그는 다른 어떤 남자보다도 자존심이 더 강하다.
    → He is prouder _____ _____ _____ _____.

lively [láivli] 활발한
proud [praud] 자존심이 강한

1 비교급과 최상급이 잘못 짝지어진 것은?

① little – less – least
② early – earlier – earliest
③ pretty – prettier – prettiest
④ quickly – quicklier – quickliest
⑤ useful – more useful – most useful

2 빈칸에 알맞은 것은?

The fresher milk is, _____ it tastes.

① good
② the best
③ the worse
④ the worst
⑤ the better

3 괄호 안의 단어를 알맞은 형태로 바꾸어 쓰시오.

(1) That's the (big) shark I've ever seen.
(2) Mike swims as (fast) as Paul.
(3) The interview was much (bad) than he had expected.

4 두 문장이 같은 뜻이 되도록 빈칸에 알맞은 말을 쓰시오.

This problem is not so difficult as that one.
= This problem is _____ _____ than that one.

5 우리말과 같은 뜻이 되도록 할 때 빈칸에 알맞은 것은?

한나는 그녀의 자매들보다 훨씬 더 우아하다.
→ Hanna is _____ graceful than her sisters.

① very more
② much very
③ very much
④ much more
⑤ more much

6 대화의 빈칸에 알맞지 <u>않은</u> 것은?

A: Which color do you like better, black or white?
B: _____

① White.
② White is.
③ I like white.
④ I like white better.
⑤ I like white better than black.

7 다음 중 그 의미가 나머지와 <u>다른</u> 하나는?

① Jack is the smartest boy in his class.
② Jack is smarter than any other boy in his class.
③ No other boy in his class is smarter than Jack.
④ No other boy in his class is as smart as Jack.
⑤ Jack is not as smart as other boys in his class.

8 우리말과 같은 뜻이 되도록 괄호 안의 말을 바르게 배열하시오.

그의 사무실은 내 사무실보다 두 배 더 넓다.
→ His office is _____ mine.
  (as, large, twice, as)

9 우리말과 같은 뜻이 되도록 빈칸에 알맞은 말을 쓰시오.

(1) 시간이 지남에 따라, 그녀는 더욱 더 아름다워지고 있다.
→ As time goes by, she gets _____ _____ _____ beautiful.

(2) 그녀는 그녀의 학교에서 가장 아름다운 소녀들 중 한 명이다.
→ She is one of _____ _____ _____ in her school.

(3) 그 당시에, 나는 가능한 한 일찍 일어나려고 애썼다.
→ At that time, I tried to get up as early _____ _____ _____.

10 빈칸에 알맞지 <u>않은</u> 것은?

You're _____ wiser than I am.
① far   ② still   ③ even
④ very   ⑤ much

11 밑줄 친 부분 중 어법상 <u>틀린</u> 것은?

① Eric is <u>as diligent as</u> Mary.
② You should be <u>more careful</u>.
③ I got up <u>early than</u> my sister.
④ Korean is <u>as important as</u> English.
⑤ This box is <u>much heavier than</u> that one.

12 빈칸에 알맞은 말이 순서대로 바르게 짝지어진 것은?

• Nancy is the most famous _____ them.
• This is the oldest book _____ the world.
• The meeting is at the same time _____ the one last week.

① of – for – like   ② of – in – as
③ than – of – with   ④ than – in – as
⑤ in – of – with

13 대화의 내용과 일치하지 <u>않는</u> 것은?

Tom: Yesterday we had a race.
Ann: Did you? Who won the race?
Tom: Well, Mike was second, Sangmin was third, and Minsu was fourth.
Ann: How about you?
Tom: I could run faster than Mike.

① Minsu was the slowest.
② Tom was the fastest of the four.
③ Mike was slower than Sangmin.
④ Mike didn't run faster than Tom.
⑤ Sangmin was faster than Minsu.

14 우리말에 맞도록 괄호 안에 주어진 단어를 이용하여 영작하시오. (필요한 경우 단어의 형태를 바꿀 수 있음)

나는 나이가 들면 들수록, 더 행복하다. (old, get, happy)
→ _____

15 어법상 <u>틀린</u> 문장은?

① There will be more chances to win.
② She speaks French as well as Spanish.
③ There were three times as more people as we expected.
④ Restaurants are getting more and more expensive.
⑤ Andy is the most intelligent, but Sue works hardest.

16 ^{중요} 두 문장의 뜻이 같지 <u>않은</u> 것은?

① I ran as fast as possible.

= I ran as fast as I could.

② Ann is not taller than Jane.

= Jane is taller than Ann.

③ Bill is less brave than Mark.

= Mark is not as brave as Bill.

④ No other thing is as precious as health.

= Health is the most precious thing.

⑤ Nothing is more important than love.

= Nothing is as important as love.

17 틀린 부분을 찾아 바르게 고쳐 쓰시오.

(1) This book is more thick in the library.

(2) Who do you like better, Sally and Nicole?

^{고난도}

18 다음 글의 밑줄 친 부분 중, 어법상 틀린 것은?

Once upon a time, the Wind and the Sun argued. The Wind said, "I'm ①<u>stronger</u> than you." The Sun said, "I am stronger. See the man down there? Let's see which one of us can make him ②<u>take off</u> his coat."

So, the Wind blew and blew. He could't take off the man's coat. The Wind blew harder. The man ③<u>wrapped his coat hardlier.</u> The Wind gave up.

"I'll have him do it," the Sun said, and grew warmer. The man ④<u>felt very warm.</u> The Sun shone ⑤<u>brighter and brighter.</u> The man felt very hot and took off his coat.

Grammar for NEAT

Step 1

우리말과 같은 뜻이 되도록 괄호 안의 말을 이용하여 빈칸을 채우시오.

(1) 네가 빠르게 움직이면 움직일수록 결과는 더 좋아질 것이다.

⋯⋙ _____ you move, the better the results will be. (fast)

(2) 여행보다 더 즐거운 것은 없다.

⋯⋙ Nothing is _____ than traveling. (pleasant)

(3) 그는 비록 경험은 가장 적지만 가장 훌륭한 선생님이다.

⋯⋙ He's the best teacher, even though he has _____ experience. (little)

(4) 저쪽에 있는 돌은 이것보다 두 배 더 무겁다.

⋯⋙ The stone over there is _____ as this one. (heavy)

Step 2

아래 표의 내용을 설명하는 글을 완성하시오.

	Country A	Country B	Country C	Country D
Annual income* per person (in $US)	11,100	15,760	160	130
Life expectancy* at birth	76	78	51	47
Literacy rate*(%)	99	80	62	40

*annual income 연간 수입 *life expectancy 기대 수명
*literacy rate 글을 아는 비율

Look at the table above. The annual income per person in Country A and Country B _____ than that of the other countries. As you can see, the richer the country is, _____. Country B reported _____ life expectancy (78 years). The literacy rate in Country B is _____ in Country D.

C · h · a · p · t · e · r 15

관계사

te has three sons, who became musicians.　　He has three sons who became musicians.

관계대명사의 역할 / 종류

관계대명사는 접속사와 대명사 역할을 함께하는 말로, 관계대명사 앞에 위치하는 선행사를 수식한다.
관계대명사의 종류는 선행사의 격에 따라 주격, 소유격, 목적격으로 나뉜다.

❶ 관계대명사의 역할

두 문장을 연결하는 접속사의 역할과 앞에 나온 명사(선행사)를 가리키는 대명사의 역할을 한다.

This is the boy. + He speaks English well.

→ This is the boy **who** speaks English well.
　　　　　　선행사　관계대명사

❷ 관계대명사의 종류

선행사	주격	소유격	목적격
사람	who	whose	who(m)
사물 / 동물	which	whose (of which)	which
사람 / 사물 / 동물	that	–	that

(1) 주격 관계대명사

    I saw **the man.** + **He** stole the bag.

    → I saw the man **who** stole the bag.

    These are **the animals.** **They** live in the water.

    → These are the animals **which** live in the water.

(2) 소유격 관계대명사

    He is **the boy.** + **His** father is a doctor.

    → He is the boy **whose** father is a doctor.

    Look at **the house.** The roof **of it** is red.

    → Look at the house **whose** roof is red.
                 = of which the roof

(3) 목적격 관계대명사

    This is **the woman.** + I met **her** at the party.

    → This is the woman **who(m)** I met at the party.

    This is **the music.** I like **it** the most.

    → This is the music **which** I like the most.

> 전치사의 목적어로 쓰인 경우에는 전치사를 관계대명사 앞으로 보낼 수 있다.
> She is the girl about whom I've been talking. (= She is the girl whom I've been talking about.)

Q 관계대명사와 의문사는 어떻게 다른가요?

A 형태는 같지만 쓰임은 완전히 다릅니다. 의문사는 문장의 한 요소로서 의문의 의미를 가지며 선행사가 없습니다. 관계대명사는 두 문장을 연결시키는 연결사로 앞에 선행사를 취하며, 의문의 의미가 없습니다.

Do you know **who** the boy is? 〈의문대명사〉

I don't know the boy **who** is sitting on the bench. 〈관계대명사〉

A 괄호 안에서 알맞은 관계대명사를 고르시오.

1. She is a teacher (who, whom, which) teaches us English.

2. Is this the bag (who, whose, which) your mother bought for you?

3. Jane is the girl (who, whose, which) mother is a pianist.

pianist [piǽnist] 피아니스트

B 두 문장을 관계대명사를 이용하여 한 문장으로 바꾸어 쓰시오.

1. I know the boy. He sings very well.

   → _____

2. Mina is the girl. Her father is a scientist.

   → _____

3. He bought a book. It was full of interesting stories.

   → _____

4. This is the house. My uncle lives in the house.

   → _____

be full of ~으로 가득 차다

C 우리말과 같은 뜻이 되도록 빈칸에 알맞은 관계대명사를 쓰시오.

1. 너는 벤치에 앉아 있는 소녀를 아니?

   → Do you know the girl _____ is sitting on the bench?

2. 표지가 빨간색인 책은 Mike의 것이다.

   → The book _____ cover is red is Mike's.

3. 저것은 내가 사고 싶었던 시계이다.

   → That is the watch _____ I wanted to buy.

4. 나는 그녀의 아버지가 가수인 소녀를 알고 있다.

   → I know a girl _____ father is a singer.

sit [sit] 앉다
cover [kʌ́vər] 표지

D 주어진 문장을 우리말로 옮기시오.

1. Look at the boy whose hair is yellow.

2. I have a friend who lives in America.

3. She is wearing a skirt which her mother made.

관계대명사 that, what

UNIT 43

선행사에 따라 관계대명사 that을 써야 하는 경우가 있고, 선행사를 포함하는 관계대명사 what은 '~하는 것'의 의미이다.

❶ 관계대명사 that

(1) 선행사에 관계없이 관계대명사 who와 which 대신 쓸 수 있다.

This is the boy **that(= who)** plays soccer well.

She bought a bag **that(= which)** was made of leather.

(2) 관계대명사 that의 특별 용법: 다음의 경우는 주로 that을 쓴다.

> ③ 선행사가 -thing으로 끝나는 경우
> He remembered something **that** his mother had said.

① 선행사가 「사람+사물」 또는 「사람+동물」일 때

Look at the boy and his dog **that** are running over there.

② 선행사 앞에 최상급, 서수, the only, the very, the same, all, no, every, any 등이 올 때

She is the prettiest girl **that** I've ever seen.

He is the first man **that** reached the North Pole.

The only problem **that** we have is money.

(3) 관계대명사 that을 쓸 수 없는 경우

① 소유격이나 전치사의 목적어로 쓰일 수 없다.

This is the house in **that** he was born.　　(×)

This is the house in **which** he was born.　　(○)

This is the house **which** he was born in.　　(○)

This is the house **that** he was born in.　　(○)

> 전치사 뒤에는 which를 쓰든지, 아니면 전치사를 뒤로 옮겨야 한다.

② 계속적 용법으로 쓰일 수 없다.

I bought a storybook, **that** was very interesting.　　(×)

I bought a storybook, **which** was very interesting.　(○)

❷ 관계대명사 what

선행사를 포함하는 관계대명사로, '~하는 것'이라는 의미이며, 문장에서 주어, 목적어, 보어로 쓰인다.

The thing that I said is true. = **What** I said is true. 〈주어〉

Show me **what** is in your pocket. 〈목적어〉

This is the thing which I wanted to buy.

= This is **what** I wanted to buy. 〈보어〉

Q 관계대명사 what과 의문사 what이 어떻게 다른가요?

A 의문사 what은 '무엇'이라는 의미로 의문문을 만들지만, 관계대명사 what은 두 문장을 연결하는 연결사로 선행사를 포함하고 있고 '~하는 것'이라는 의미를 갖습니다.
What did you buy? 〈의문대명사: 무엇〉
Please show me **what** you bought. 〈관계대명사: ~하는 것〉

A 괄호 안에서 알맞은 관계대명사를 고르시오.

1. He is the tallest boy (which, that) I've ever seen.
2. This is the same watch (who, that) she gave me.
3. I can't believe (that, what) he said.
4. This is all (that, what) I know.

ever [évər] 이제까지, 지금까지
same [seim] 똑같은
believe [bilíːv] 믿다

B 틀린 부분을 찾아 바르게 고쳐 쓰시오.

1. She is the smartest girl what goes to this school.
2. Please show me that you have in your pocket.
3. Look at the boy and his dog which are running in the park.
4. This is the house in that he lives.

show [ʃou] 보여 주다
pocket [pákit] 호주머니

C 밑줄 친 부분의 의미 차이의 유의하여 주어진 문장을 우리말로 옮기시오.

1. <u>What</u> did you say?
2. This is <u>what</u> he gave me yesterday.

D 우리말과 같은 뜻이 되도록 빈칸에 알맞은 말을 쓰시오.

1. 이것이 내가 지금 갖고 있는 전부이다.
   → This is all _____ I have now.
2. 이것이 그가 나에게 가르쳐 준 것이다.
   → This is _____ he taught me.
3. 그가 말한 것은 사실이 아니다.
   → _____ he said is not true.
4. 그녀는 우리가 알고 싶어 했던 그 어떤 것도 말해 주지 않았다.
   → She didn't say anything _____ we wanted to know.

true [truː] 사실의

Chapter 15 R E L A T I V E S · R E L A T I V E S

관계대명사의 용법 / 생략

관계대명사절이 선행사를 수식하여 그 의미를 한정하는 것을 제한적 용법이라고 하고, 관계대명사절이 선행사의 의미를 보충 설명하는 것을 계속적 용법이라고 한다. 그리고 목적격 관계대명사와 「주격 관계대명사+be동사」는 생략할 수 있다.

❶ 관계대명사의 두 가지 용법

제한적 용법	계속적 용법
콤마 없음	콤마 있고, 「접속사＋대명사」로 대치 가능
선행사 수식	선행사 보충 설명
관계대명사절부터 해석	앞에서부터 순서대로 해석
모든 관계대명사 가능	that, what은 계속적 용법으로 쓸 수 없음

(1) 제한적 용법

I'm looking for the person **who** first spread the rumor.

Look at the deer **whose** color is white.

(2) 계속적 용법

I have two friends, **who** can speak English well. 〈친구가 둘 뿐임〉

= I have two friends, **and they** can speak English well.

cf. I have two friends **who** can speak English well. 〈친구가 둘 이상〉

Yesterday I bought a shirt, **which** was too small for me.

= Yesterday I bought a shirt, **but it** was too small for me.

I like Mike, **who** is smart and handsome.

= I like Mike, **for he** is smart and handsome.

John came home late, **which** made his mother angry.

= John came home late, **and it** made his mother angry.

〈선행사는 앞 문장 전체: it = John came home late〉

❷ 관계대명사의 생략

(1) 목적격 관계대명사의 생략

동사나 전치사의 목적어로 쓰인 관계대명사는 생략할 수 있다.

She is the girl (**whom**) I know well.

The chair (**which**) he is sitting on is broken.

cf. The chair **on which** he is sitting is broken.

목적격 관계대명사가 「전치사+관계대명사」로 쓰일 경우에는 생략할 수 없다.

(2) 「주격 관계대명사+be동사」의 생략

「주격 관계대명사+be동사」가 생략되어 분사가 직접 명사를 수식할 수 있다.

Look at the people (**who are**) singing merrily.

This is the book (**which was**) written by Mr. Kim.

A 두 문장의 차이에 유의하여 주어진 문장을 우리말로 옮기시오.

1. She has two brothers who are doctors.

2. She has two brothers, who are doctors.

B 두 문장이 같은 뜻이 되도록 빈칸에 알맞은 말을 쓰시오.

1. He bought a new car, which was very expensive.

= He bought a new car, _____ _____ was very expensive.

2. Everyone likes Jane, who is pretty and kind.

= Everyone likes Jane, _____ _____ is pretty and kind.

3. He wrote her a long letter, which she sent back unopened.

= He wrote her a long letter, _____ she sent _____ back unopened.

4. I have two daughters, who are studying Chinese.

= I have two daughters, _____ _____ are studying Chinese.

> unopened [ʌ̀nóupənd] 개봉하지 않은

C 생략할 수 있는 부분에 괄호를 치시오.

1. This is the doll which she made.

2. The man who is wearing glasses is my father.

3. My school which was built 30 years ago is still good.

4. I bought the same watch that Mike has.

> wear [wɛər] 입다, 쓰다, 신다
> still [still] 아직도, 여전히

D 우리말과 같은 뜻이 되도록 빈칸에 알맞은 말을 쓰시오.

1. 피아노를 치고 있는 소녀는 내 여동생이다.

→ The girl _____ _____ playing the piano is my sister.

2. 운동장에서 조깅을 하고 있는 소년을 보아라.

→ Look at the boy _____ _____ jogging in the playground.

3. 나는 스위스산 시계를 가지고 있다.

→ I have a watch _____ _____ made in Switzerland.

관계부사

UNIT 45

선행사가 장소, 시간, 이유, 방법 등을 나타낼 때, 관계부사 where, when, why, how를 쓸 수 있다.

❶ 관계부사의 역할 및 종류

관계부사는 「전치사+관계대명사」를 대신하는 말로, 접속사와 부사의 역할을 한다.

	선행사	관계부사	전치사+관계대명사
장소	the place(house, city) 등	where	in(on, at) which
시간	the time(day, year) 등	when	at(on, in) which
이유	the reason	why	for which
방법	(the way)	how	in which

(1) where: 선행사가 장소를 나타낼 때

This is the house. He lives in the house.

= This is the house which he lives in.

= This is the house *in which* he lives.

= This is the house **where** he lives. 〈관계부사=전치사+관계대명사〉

(2) when: 선행사가 시간을 나타낼 때

Today is the day **when** we start the new semester.

= Today is the day *on which* we start the new semester.

(3) why: 선행사가 이유를 나타낼 때

Do you know the reason **why** he was angry?

= Do you know the reason *for which* he was angry?

(4) how: 선행사가 방법을 나타낼 때

Please tell me **how** you solved the problem.

❷ 선행사의 생략

관계부사 앞에 the place, the time, the reason과 같은 일반적 의미의 선행사가 오는 경우, 선행사나 관계부사 중 하나를 생략할 수 있다.

This is (the place) **where** children can play.

I don't know (the reason) **why** she left.

관계부사 how는 the way와 how 중 어느 하나를 반드시 생략해야 한다.

Can you show me **the way** you dance?

= Can you show me **how** you dance?

cf. Can you show me the way how you dance? (×)

A 괄호 안에서 알맞은 관계사를 고르시오.

1. That is the place (which, where, when) I want to live.

2. I remember the day (which, where, when) my son was born.

3. Do you know the reason (which, when, why) she is crying?

4. Tell me (what, how, which) you won the prize.

B 두 문장을 관계부사를 이용하여 한 문장으로 바꾸어 쓰시오.

1. I visited the office. My father works in the office.

   → I visited the office _____ my father works.

2. Summer is a season. We can go to the beach in this season.

   → Summer is the season _____ we can go to the beach.

3. I don't know the reason. He went away for that reason.

   → I don't know the reason _____ he went away.

4. This is the way. He walks in this way.

   → This is _____ he walks.

C 틀린 부분을 찾아 바르게 고쳐 쓰시오.

1. This is the hotel where my favorite actor stayed at.

2. Do you know the time at when the train left?

3. That's which he was upset.

4. I don't like the way how he talks.

D 우리말과 같은 뜻이 되도록 빈칸에 알맞은 말을 쓰시오.

1. 이곳이 우리가 함께 공부하는 장소이다.

   → This is the place _____ we study together.

2. 그것이 바로 내가 행복한 이유이다.

   → That's _____ I'm happy.

3. 나는 우리가 터키로 여행을 갔던 날짜를 기억하지 못한다.

   → I can't remember the date _____ we took a trip to Turkey.

be born 태어나다
reason [ríːzən] 이유

office [ɔ́(ː)fis] 사무실
season [síːzən] 계절
go away 떠나다

left [left] leave(떠나다)의 과거
upset [ʌpsét] 화난, 짜증난

together [təgéðər] 함께
first [fəːrst] 처음으로

복합관계사

복합관계사는 「관계사+-ever」의 형태로, any의 뜻을 갖거나 양보절을 이끌며, 선행사의 역할을 겸한다.

❶ 복합관계대명사

「관계대명사+-ever」의 형태로 명사절이나 부사절을 이끈다.

복합관계대명사	명사절	양보의 부사절
who(m)ever	anyone who(m) (~한 누구든지)	no matter who(m) (누가 ~하든)
whichever	any one (thing) that (~한 어느 쪽이든지)	no matter which (어느 쪽이 ~하든)
whatever	anything that (~한 무엇이든지)	no matter what (무엇을 ~하든)

(1) 명사절을 이끌 때

　　Whoever comes will be welcomed.

　　= **Anyone who** comes will be welcomed.

　　Choose **whichever** you like.

　　= Choose **any one that** you like.

(2) 부사절을 이끌 때

　　Whatever you say, I'll not listen to you.

　　= **No matter what** you say, I'll not listen to you.

❷ 복합관계부사

「관계부사+-ever」의 형태로 부사절을 이끈다.

복합관계부사	시간 · 장소의 부사절	양보의 부사절
whenever	at any time when (~할 때는 언제든지)	no matter when (언제 ~하든)
wherever	at any place where (~하는 곳은 어디든지)	no matter where (어디서 ~하든)
however	–	no matter how (아무리 ~해도)

Come to see me **whenever** you like.

= Come to see me **at any time when** you like.

However humble it may be, there is no place like home.

= **No matter how** humble it may be, there is no place like home.

UNIT TEST

A 밑줄 친 부분을 한 단어로 바꾸어 쓰시오.

1. <u>Anyone who</u> sees her may fall in love with her.
2. Choose <u>any one that</u> you want to have.
3. I'll do <u>anything that</u> is good for you.
4. I'll not tell the news to <u>anyone whom</u> I know.

fall in love 사랑에 빠지다
choose [tʃuːz] 선택하다

B 밑줄 친 관계사를 바르게 고쳐 쓰시오.

1. You can invite <u>whichever</u> you like.
2. I will keep my promise, <u>whenever</u> happens.
3. He told the story to <u>whomever</u> wanted to listen.
4. <u>Whomever</u> comes late will be scolded.

invite [inváit] 초대하다
keep one's promise 약속을 지키다
scold [skould] 꾸짖다

C 빈칸에 알맞은 말을 보기에서 골라 쓰시오.

> 보기
>
> whenever   whoever   wherever   whatever   however

1. _____ comes first will be served first.
2. He does _____ he wants.
3. Please call _____ you are free.
4. Children will play _____ there's no traffic.

serve [səːrv] 대접하다
free [friː] 한가한
traffic [trǽfik] 교통

D 주어진 문장을 우리말로 옮기시오.

1. You can visit me whenever you like.
2. Choose whichever you want to have.
3. I'll find whomever you want to meet.
4. Whatever you give me, I can't forgive you.

visit [vízit] 방문하다
forgive [fərgív] 용서하다

★중요
1 빈칸에 공통으로 알맞은 말을 쓰시오.

- This is the place in _____ the boys play.
- I went to a village, _____ is famous for its scenic beauty.

{2~3} 두 문장이 같은 뜻이 되도록 빈칸에 알맞은 말을 쓰시오.

2 Sena went out to meet Tony, but he didn't show up.
= Sena went out to meet Tony, _____ didn't show up.

3 Hand me the book whose cover is red.
= Hand me the book _____ _____ _____ _____ is red.

4 어법상 옳은 문장은?

① James is the person with that we want to work.
② Do you know the time which we met?
③ He is the first man which reached the North Pole.
④ Please show me the thing what you have in your hand.
⑤ I want to live in Seoul, which is the biggest city in Korea.

{5~6} 두 문장을 한 문장으로 바꾸어 쓸 때 빈칸에 알맞은 말을 쓰시오.

5 She is a woman. Her son is a famous artist.
→ She is a woman _____ son is a famous artist.

6 Winter is a season. We can go skiing at that time.
→ Winter is the season _____ we can go skiing.

7 우리말과 같은 뜻이 되도록 괄호 안의 말을 바르게 배열하시오.

네가 이해하지 못할 문제가 있다.

(understand, don't, there's, a problem, you).

→ _____

★중요
8 보기의 밑줄 친 what과 쓰임이 같은 것은?

> ● 보기 ●
> Show me <u>what</u> you have in the box.

① <u>What</u> are you doing now?
② <u>What</u> flower do you like the most?
③ <u>What</u> he said is not true.
④ I'm not sure <u>what</u> to do.
⑤ Can you tell me <u>what</u> it is?

★중요
9 어법상 틀린 문장은?

① I like the way how he talks.
② This is where my father lives.
③ Do you know the time when she started?
④ I remembered the day when you were born.
⑤ I don't know the reason why he was angry.

10 빈칸에 알맞은 말이 순서대로 바르게 짝지어진 것은?

> • I'll tell you something _____ will surprise you.
> • She kept falling over, _____ made everybody laugh.
> • Jim Hamilton, _____ writes children's stories, lives on our street.

① what – who – that
② who – what – who
③ that – who – which
④ that – which – who
⑤ what – which – that

11 우리말을 영어로 옮길 때 알맞지 <u>않은</u> 것은?

여기가 우리가 머물렀던 곳이다.

① This is where we stayed.
② This is the place we stayed.
③ This is the place in we stayed.
④ This is the place where we stayed.
⑤ This is the place in which we stayed.

12 두 문장이 같은 뜻이 되도록 할 때 빈칸에 알맞은 것은?

No matter what you may say, I won't believe it.
= _____ you may say, I won't believe it.

① Whoever   ② Whichever
③ Whomever   ④ Whatever
⑤ Whosever

{13~14} 우리말과 같은 뜻이 되도록 빈칸에 알맞은 말을 쓰시오.

13 집에 먼저 오는 사람이면 누구든지 저녁 준비를 시작한다.
→ _____ gets home first starts cooking dinner.

14 이것이 내가 말하고 싶었던 것이다.
→ This is _____ I wanted to say.

고난도
15 밑줄 친 부분이 어법상 틀린 것은?

① I don't like <u>the way</u> he looks at me.
② My memory is not <u>what</u> it used to be.
③ <u>Whatever</u> you do, don't mention my name.
④ I will never forget the day <u>when</u> we first met.
⑤ I gave him a glass of water, <u>that</u> he drank at once.

{16~17} 밑줄 친 부분을 한 단어로 바꾸어 쓰시오.

16 I'll do <u>anything that</u> you tell me to do.
(= _____)

17 <u>Anyone who</u> comes first will get this concert ticket. (= _____)

18 밑줄 친 부분 중 생략할 수 <u>없는</u> 것은?

① He is the man <u>whom</u> I talked to.

② This is the picture <u>that</u> he painted.

③ She is the teacher <u>whom</u> everyone likes.

④ Do you know the house in <u>which</u> he lives?

⑤ Look at the boys <u>who are</u> playing over there.

19 우리말과 같은 뜻이 되도록 할 때 빈칸에 알맞은 것은?

내가 어디에 가든지 나는 항상 네 생각을 할 거야.

_____ , I'll always think of you.

① Wherever I go   ② Where I go

③ Whenever I go   ④ When I go

⑤ Whichever I go

고난도

20 (A), (B), (C)에서 어법에 맞는 표현을 순서대로 바르게 짝지은 것은?

    Nature is (A) where / what we live and breathe. But it is not an ordinary place but a very special place. It gives us (B) whatever / wherever we want. It gives us food, clothing and the shelter where we sleep. Nature is just like our mother. That's (C) why / how we call it Mother Nature.

(A)	(B)	(C)
① where	— whatever	— why
② where	— wherever	— why
③ where	— wherever	— how
④ what	— whatever	— how
⑤ what	— wherever	— how

Grammar for NEAT

Step 1

괄호 안에서 알맞은 말을 고르시오.

(1) She pointed to (that, what) looked like a bird.

(2) This is Jim's Gift Shop, (when, where) you can buy postcards.

(3) He snored during class, (who, which) made everybody laugh.

(4) (Whenever, Whatever) you buy, I'll buy the same thing.

(5) The person (who, what) robbed you has been arrested.

Step 2

아래 글은 여름 캠프에서 찍은 사진을 설명한 것이다. 다음 사진을 보고 글을 완성하시오.

    Eric and his friends went camping last summer. In this picture, Frank is looking at _____ like bananas. Minsu and Tom are _____ , _____ everyone spent the night comfortably. Next to them, Eric is _____ , _____ was quite delicious. Actually _____ , you will enjoy it at a camp site. The boys _____ badminton are Jihun and Ben.

Chapter 16

전치사

UNIT 47

시간의 전치사

전치사란 명사나 대명사 앞에 붙어서 그 명사나 대명사와 앞의 말과의 관계를 나타내는 말이다.

❶ at, on, in

'~에' 라는 뜻으로 at은 시각이나 특정 시점을 나타내고, on은 날짜, 요일, 특정한 날이나 수식어가 붙을 때 사용한다. in은 연도, 월, 계절 같은 긴 기간이나 시간의 경과를 나타낸다.

School is over **at** 4 o'clock.

A surprising event happened **on** the morning of May 5.

I was a famous baseball player **in** my youth.

The report will be ready **in** a week.

❷ until, by

'~까지' 라는 의미로 until(till)은 계속되어 온 동작이나 상태의 계속을 나타내고, by는 특정 시점에서의 완료를 나타낸다.

I waited for his call **until** midnight.

He didn't come home **until** next morning. → not ~ until ...: …이 되어서야 (비로소) ~하다

You must finish this work **by** noon.

You have to be back **by** 9 o'clock.

❸ for, during, through

'~ 동안' 이라는 뜻으로 for는 기간의 길이를 나타내고, during은 특정 기간을 나타낸다. through는 '~ 동안 내내' 라는 뜻이다.

He has worked in the company **for** two weeks.

I stayed at my grandparents' **during** the vacation.

She looked after me **through** my long illness.

❹ before, after

before는 '~ 전에', after는 '~ 후에' 라는 뜻이다.

We left for the airport **before** sunrise.

I watched TV **after** dinner.

❺ since, from ~ to ...

since는 '~ 이래로 (계속해서)' 라는 의미로 현재완료와 함께 사용되며, 이전부터 현재까지의 동작이나 상태의 계속을 나타낸다. from ~ to ...는 '~부터 …까지' 의 뜻이다.

I haven't eaten **since** breakfast.

My boss will be gone to Sydney **from** Monday **to** Wednesday.

A 괄호 안에서 알맞은 전치사를 고르시오.

1. She will learn to drive (in, at) three weeks.
2. I haven't seen him (for, during) two years.
3. Only two days have passed (since, by) his arrival.
4. (Until, By) now I have always lived alone.
5. I invited my close friends (on, in) my birthday.
6. I'm always at home (during, for) the afternoon.

arrival [əráivəl] 도착
invite [inváit] 초대하다

B 빈칸에 알맞은 말을 보기에서 골라 쓰시오.

gather [gǽðər] 모이다

> 보기
>
> at   on   in   since   from   by   until   through

1. Can you finish the work _____ next Monday?
2. All the family members gather _____ New Year's Day.
3. We're open _____ 8 a.m. to 7 p.m. every day.
4. The children are too young to sit _____ a long concert.
5. It has been raining _____ last Sunday.

C 우리말과 같은 뜻이 되도록 빈칸에 알맞은 말을 쓰시오.

extra [ékstrə] 여분의, 임시의
seaside [síːsaid] 해변
ought to have+과거분사: ~했
어야만 했다
company [kʌ́mpəni] 회사

1. 여름 동안 해변으로 가는 임시 열차가 있다.
   → There are extra trains to the seaside _____ the summer.
2. 그는 금요일이 되어서야 그 편지를 읽었다.
   → He didn't read the letter _____ Friday.
3. 지금까지는 그가 도착했어야 했어.
   → He ought to have arrived _____ now.
4. 나는 2010년에 이 회사에서 일하기 시작했다.
   → I started working at this company _____ 2010.
5. 나는 7월 30일부터 휴가야.
   → I'm on holiday _____ July 30.

장소 · 방향의 전치사

❶ at, in

'~에' 의 뜻으로 지점, 위치를 나타내는 at 뒤에는 비교적 좁은 장소가, in 뒤에는 나라, 도시 등 비교적 넓은 지역이 쓰이지만, 좁은 장소라도 '~ 안에' 라는 느낌이 포함되면 in을 쓴다.

I met her **at** a fast-food restaurant.
The girl lives **in** an old house **in** a small village.

❷ on, over, above

'~ 위에' 라는 의미로 on은 '표면에 접촉한 위에', over는 '~ 바로 위에', above는 '~보다 위에' 라는 뜻으로 차이가 있다.

We sat **on** the floor. 〈표면에 접한 위에〉
She wore a coat **over** the sweater. 〈~ 바로 위에, ~ 위를 덮어〉
We were flying **above** the clouds. 〈~보다 위에〉

❸ under, below

'~ 아래에' 라는 뜻으로 under는 '~의 바로 아래에', below는 '~보다 아래에' 라는 의미 차이가 있다.

She hid **under** the bed. 〈~의 바로 아래에〉
Please do not write **below** this line. 〈~보다 아래에〉

❹ by, beside, next to, near

by, beside, next to(~ 옆에)는 거의 비슷한 의미로 쓰인다. near는 '~에서 가까이' 라는 의미로 좀 더 거리가 떨어진 경우에 쓴다.

Come and sit **by**(**beside, next to**) me.
Her house is **beside** the river.
Don't go too **near** the fire.

❺ in front of, behind

in front of는 '~의 앞(정면)에', behind는 '~의 뒤에' 라는 뜻으로 구체적인 장소를 가리킬 때 쓴다.

The bus stops right **in front of** my house.
Stay close **behind** me in the crowd.

❻ between, among

'~ 사이에, ~ 중에' 의 뜻으로 둘 사이에는 between을, 셋 이상의 사이에는 among을 쓴다.

Peter sat **between** Mary and Jane. 〈둘 사이일 때〉
He found it **among** a pile of old books. 〈셋 이상일 때〉

A 괄호 안에서 알맞은 것을 고르시오.

1. We landed (at, on) a small airport.
2. The sun rose (above, below) the horizon.
3. I lost my key somewhere (between, among) the car and the house.
4. The telephone is (by, next) the window.
5. The car (over, in front of) me stopped suddenly and I had to brake hard.
6. There are a number of islands (at, in) the Pacific Ocean.

land [lænd] 착륙하다
horizon [həráizən] 지평선, 수평선
brake [breik] 브레이크를 걸다
a number of 수많은
the Pacific Ocean 태평양

B 빈칸에 알맞은 말을 보기에서 골라 쓰시오.

> 보기
> at on in above under beside between among

1. Can you see the dog _____ the picture?
2. There was a sticker _____ her car.
3. She pushed all her hair _____ a head scarf.
4. The sky _____ us was filled with huge brown birds.
5. I keep a dictionary _____ me when I'm doing crosswords.

be filled with ~으로 가득 차다
huge [hju:dʒ] 거대한
crossword [krɔ́:swə:rd] 크로스워드 퍼즐

C 우리말과 같은 뜻이 되도록 빈칸에 알맞은 말을 쓰시오.

1. Tom 뒤에 서 있는 소녀는 누구니?
   → Who's the girl standing _____ Tom?
2. 그는 도움이 필요한 많은 사람들 중 한 명일 뿐이었다.
   → He was only one _____ many people who needed help.
3. 그녀는 잠든 아이 위에 담요를 덮었다.
   → She put a rug _____ the sleeping child.
4. 최근에 기온이 평균 기온을 밑돌았다.
   → The temperature has been _____ average recently.

rug [rʌg] 깔개, 담요
temperature [témpərətʃər] 기온
average [ǽvəridʒ] 평균(의)
recently [rí:səntli] 최근에

그 밖의 전치사

❶ 원인, 이유의 전치사

I was surprised **at** the result. 〈원인: ∼을 보고(듣고)〉
Jane couldn't speak **for** laughing. 〈이유: ∼한 이유로, ∼ 때문에〉
She felt sick **from** tiredness. 〈이유〉
I'm pleased **with** her gift. 〈이유〉
He died **of** a fever. 〈die of: (질병·노령)으로 죽다〉
The man died **from** the traffic accident. 〈die from: (사고)로 죽다〉

❷ 수단, 도구, 재료의 전치사

He earns his living **by** writing. 〈∼함으로써〉
I came here **by** subway. 〈∼을 타고〉
He went to school **on** foot. 〈걸어서〉
cf. 단, 교통 수단 앞에 수식어구가 붙으면 **by**를 쓰지 않는다.
　　 I came here **by** my car. (×)
　　 I came here **in** my car. (○)
Please cut the bread **with** a knife. 〈with+도구: ∼으로, ∼을 써서〉
The robber came in **through** the window. 〈∼을 통해서〉
Would you please speak **in** English? 〈in+언어: ∼로〉
Pinocchio was made **of** wood. 〈물리적 변화: ∼으로〉
Wine is made **from** grapes. 〈화학적 변화: ∼으로〉

❸ 꼭 알아두어야 할 전치사

at school(work, table): 수업(근무, 식사) 중
sell **by** the meter: 미터 단위로 팔다
vote **for**(against): ∼에 찬성(반대) 투표를 하다
be(come) **from** Seoul: 서울 출신이다
a woman **in** a white dress: 하얀 드레스를 입은 여자
in time: 시간에 맞게, 늦지 않게
on time: 정각에
of no value: 가치없는 〈of+명사=형용사〉
prefer A **to** B: B보다 A를 더 좋아하다

A 괄호 안에서 알맞은 것을 고르시오.

1. We were sad (at, on) the news.
2. I will contact you (by, of) telephone.
3. She prefers walking (with, to) cycling.
4. Are you (on, for) or against his proposal?
5. He caught the crabs (with, on) a large net.
6. They went there (by, in) bus.

contact [kántækt]
연락(접촉)하다
cycle [sáikl] 자전거를 타다
proposal [prəpóuzəl] 제안
crab [kræb] (동물) 게
net [net] 그물

B 빈칸에 알맞은 말을 보기에서 골라 쓰시오.

> 보기
>
> by   for   in   from   of   on   at

1. Tom's sick. He isn't _____ work today.
2. You switch the radio on _____ pressing this button.
3. The children shouted _____ joy.
4. The accident resulted _____ his carelessness.
5. A man _____ a dark blue suit came out of the bank.

switch on 켜다
press [pres] 누르다
shout [ʃaut] 소리지르다
carelessness [kέərlisnis]
부주의

C 우리말과 같은 뜻이 되도록 빈칸에 알맞은 말을 쓰시오.

1. 너는 그 천을 야드 단위로 살 수 있다.
   → You can buy the cloth _____ the yard.
2. 1시 기차는 정각에 도착했다.
   → The 1 o'clock train arrived _____ time.
3. 그의 손은 추위로 얼었다.
   → His hands froze _____ cold.
4. 내 방 친구는 프랑스 출신이다.
   → My roommate is _____ France.
5. 버터는 우유로 만들어진다.
   → Butter is made _____ milk.

cloth [klɔ(:)θ] 천
freeze [friːz] 얼다
(– froze – frozen)

{1~2} 빈칸에 공통으로 알맞은 말을 쓰시오.

1
- Please come here and sit _____ me.
- I traveled through Europe _____ bicycle.

2
- I became a teacher because I preferred books and people _____ politics.
- My daughter was married _____ a Frenchman.
- He is not yet used _____ walking a long distance.

중요

3 어법상 옳은 것을 <u>모두</u> 고르면?

① She went to school by foot.
② Mom will be back in an hour.
③ We have studied Chinese at five years.
④ He enjoyed playing soccer on the playground.
⑤ The bank is between the post office or the hospital.

4 밑줄 친 전치사와 의미상 반대되는 말을 한 단어로 쓰시오.

He stood <u>in front of</u> the coffee shop.

5 빈칸에 들어갈 말이 나머지와 <u>다른</u> 하나는?

① Her dress is made _____ silk.
② He is a good friend _____ mine.
③ It contained information _____ no use to anyone.
④ How can we stand by and watch people die _____ hunger?
⑤ Much of our butter comes _____ New Zealand.

{6~9} 빈칸에 알맞은 것을 고르시오.

6
A: Was he the man wearing the blue shirt?
B: No, he was the man _____ the white shirt.

① of   ② on   ③ under
④ in   ⑤ with

7
A: Shall we go there?
B: Yes, I'm _____ going there.

① to   ② by   ③ for
④ from   ⑤ against

8
A: Did you fly below the clouds?
B: No, I flew _____ the clouds.

① under   ② above   ③ on
④ along   ⑤ with

9 There were no females _____ the five puppies.

① at　　　② of　　　③ from

④ between　⑤ among

{10~11} 밑줄 친 부분 중 어법상 <u>틀린</u> 것을 고르시오.

중요
10 ① We saw them <u>at</u> the bus stop.

② She lives <u>in</u> New York.

③ There was still a lot of snow <u>on</u> the ground.

④ I haven't seen him <u>since</u> last Monday.

⑤ Wear a sweater <u>below</u> your jacket.

중요
11 ① It'll be warmer <u>in</u> the spring.

② Tom is in bed <u>with</u> a cold.

③ She's <u>in</u> work in the garden.

④ He will not live <u>through</u> the night.

⑤ He stopped three times <u>during</u> his speech.

12 빈칸에 공통으로 알맞은 것은?

> • I can't talk now. I'm _____ the train.
>
> • Where will you be _____ New Year's Eve?
>
> • Have you read the article _____ page 16?

① in　　　② on　　　③ at

④ by　　　⑤ from

{13~14} 괄호 안에 주어진 어구와 올바른 전치사를 함께 써서 문장을 완성하시오.

13 I have known you _____.
(a long time)

14 They are paid _____. (the week)

고난도
15 빈칸에 알맞은 말이 순서대로 바르게 짝지어진 것은?

> • I woke up several times _____ the night.
>
> • You must bring it back _____ six o'clock at the latest.
>
> • Support for the president has fallen _____ 50% for the first time since 2010.

① during – by – under

② for – until – under

③ for – by – below

④ during – until – below

⑤ during – by – below

{16~18} 우리말과 같은 뜻이 되도록 빈칸에 알맞은 말을 쓰시오.

16 그들은 다음 날이 되어서야 그 아이를 찾았다.

→ They didn't find the child _____ the next day.

17 다행히, 우리는 시간에 맞게 공항에 도착했다.

→ Fortunately, we got to the airport _____ time.

18 나는 이 근처에 주유소가 있을 거라고 확신해. 분명 멀지 않을 거야.

→ I'm sure there's a gas station _____ here. It can't be far away.

19 (A), (B), (C)의 각 네모 안에서 어법에 맞는 표현을 골라 바르게 짝지은 것은?

All kinds of weird and wonderful head-dresses passed in and out of fashion in Europe (A) for / during the Middle Ages. Some hats were shaped like animals' horns. Others were like butterflies' wings. (B) In / On the 1400s women began wearing tall hats called "hennins." Getting (C) by / through a doorway must have been tricky*—some hennins were nearly a meter high!   * tricky (하기·다루기) 힘든

(A)	(B)	(C)
① for	— In	— by
② for	— On	— through
③ during	— In	— by
④ during	— In	— through
⑤ during	— On	— through

Grammar for NEAT

Step 1

빈칸에 알맞은 말을 보기에서 골라 쓰시오.

(1) We stayed there _____ May to July.

(2) I didn't see you _____ Sunday.

(3) We're playing _____ the league champions next week.

> ─● 보기 ●─
>
> on   from   to   against

Step 2

다음 포스터를 참고하여 바자회에 친구들을 초대하는 편지를 쓰려고 한다. 문장을 완성하시오.

Hope Bazaar

* When: Sunday, May 1st
  10 a.m. - 6 p.m.
* Where: Maple Valley Community Center
* Main items: unique handmade things
  (They will be good gifts for Mother's Day and Father's Day.)
* Some of the profits will be used for Sadie Lynn. She is fighting against brain cancer.

Dear Friends!

I'm pleased to invite you to a special bazaar, the Hope Bazaar. It's scheduled to be held at _____ from _____ _____, May 1st. You can find _____ _____. Some of the profits will be used for Sadie Lynn, who ___ _____. I'm looking forward _____ all then.

With love,
Liz

접속사

UNIT 50

등위접속사, 상관접속사

문법적으로 대등한 두 부분을 이어 주는 것을 등위접속사라고 하고, 두 개의 요소가 짝을 이루어 하나의 접속사 역할을 하는 것을 상관접속사라고 한다.

> Tim loves Ann and Ann loves Tim.

❶ 등위접속사

(1) and: '~와, ~과, 그리고'의 의미로 앞뒤 내용을 연결한다.
You **and** I have to do that work. 〈단어와 단어〉
Dad goes to work by bus **and** by subway. 〈구와 구〉
He won first prize, **and** he was really happy. 〈절과 절〉

• 명령문+and ...: ~해라, 그러면 ...할 것이다
Hurry up, and you'll be in time.
= If you hurry up, you'll be in time.

(2) but: '그러나, ~이지만'의 의미로 대조를 이룬다.
He is a small **but** strong man.
I got up early, **but** I was late for school.
It's true that she is pretty, **but** she is not kind.

(3) or: '또는, 혹은, ~이거나'의 의미로 둘 중 선택의 의미를 갖는다.
Which is faster, a lion **or** a cheetah?
cf. They ran three miles, **or** about five kilometers. (즉, 다시 말해서)

• 명령문+or ...: ~해라, 그렇지 않으면 ...할 것이다
Hurry up, or you'll be late.
= If you don't hurry up, you'll be late.

(4) so: '그래서'의 의미로 결과나 결론을 나타낸다.
He is very rich, **so** he can buy whatever he wants.

(5) for: '왜냐하면'의 의미로 앞의 내용에 대한 근거나 부가적인 이유를 설명할 때 사용한다.
She doesn't drink coffee, **for** it keeps her awake at night.

❷ 상관접속사

(1) both A and B: A와 B 둘 다
The movie is **both** funny **and** scary.

(2) not A but B: A가 아니라 B
She's **not** a nurse **but** a doctor. ──→ B에 인칭과 수를 일치한다.

(3) not only A but (also) B = B as well as A: A뿐만 아니라 B도
Not only you **but also** he is invited.

(4) either A or B: A나 B 중의 하나
Either dad **or** mom may come to school today.

(5) neither A nor B: A와 B 어느 쪽도 아닌
I have **neither** a brother **nor** a sister.

A 괄호 안에서 알맞은 것을 고르시오.

1. She is a poor (and, but) happy girl.

2. You must tell either your parents (or, nor) your teacher.

3. Not only I but also my brother (am, are, is) busy today.

4. He got up late, (so, for) he didn't go jogging.

poor [puər] 가난한
jogging [dʒágiŋ] 조깅, 달리기

B 빈칸에 알맞은 접속사를 쓰시오.

1. Everybody likes him, _____ he is kind and good-looking.

2. Study hard, _____ you'll succeed.

3. Which do you like better, soccer _____ basketball?

4. I'd like to play the game longer, _____ I have to be home by 5.

good-looking [gùdlúkiŋ] 잘
생긴
succeed [səksí:d] 성공하다

C 틀린 곳을 찾아 바르게 고쳐 쓰시오.

1. Neither he or I am to blame.

2. The water was too dirty, for we didn't go swimming.

3. It's a nice house, and it doesn't have a garage.

4. Baseball, and football, and basketball are popular sports in America.

blame [bleim] 비난하다
garage [gərá:ʒ] 차고
popular [pápjulər] 인기 있는

D 다음 문장을 주어진 말로 시작하여 다시 쓰시오.

1. If you start early, you will not miss the school bus.

   → Start early, _____.

2. If you don't do your homework, you'll be punished.

   → Do your homework, _____.

3. Because she was sick, she didn't go to school.

   → She was sick, _____.

4. This dress is not only beautiful but also inexpensive.

   → This dress is inexpensive _____.

miss [mis] 놓치다
be punished 벌 받다
inexpensive [ìnikspénsiv]
비싸지 않은

명사절을 이끄는 종속접속사

명사처럼 주어, 목적어, 보어, 동격 역할을 하는 종속절을 이끄는 접속사를 명사절을 이끄는 종속접속사라고 한다.

❶ that: ~라는 것

(1) 주어: 주어 역할을 하며 '~라는 것은' 이라는 의미이다.

That the earth is round is true.

It is clear **that** he will come. 〈It: 가주어 / that he will come: 진주어〉

(2) 목적어: know, think, believe, hope, say 등의 목적어로 쓰여 '~라는 것을, ~라고'의 의미이다.

I hope (**that**) she will be back soon.

(3) 보어: 문장에서 be동사의 보어로 쓰이며 '~라는 것이다' 라는 의미이다.

The truth is **that** he is blind.

(4) 동격: fact, news, idea, rumor 등의 단어 뒤에서 이런 명사와 동격의 의미를 가지며 '~라는 (사실, 소식, 생각, 소문)' 을 의미한다.

The fact that he couldn't drive surprised them.

→ 절 끝에 or not을 동반할 수 있다.

❷ if와 whether: ~인지 아닌지

I wonder **if** he will win the race.

We don't know **if** it will rain tomorrow.

I don't know **whether** she is going to join us (or not).

The problem is **whether** he has money.

❸ 명사절을 이끄는 의문사

「의문사+주어+동사」의 어순으로 문장에서 주어, 목적어, 보어로 쓰일 수 있는데, 이것을 간접의문문이라고 한다.

who, what, when, where, why, how ...

Do you know?+When does the movie start? 〈의문사+동사+주어〉

→ Do you know **when** the movie starts? 〈의문사+주어+동사〉

Do you know **where** she lives?

He asked me **how** I went to school.

의문사가 think, believe, imagine, suppose 등의 목적어로 쓰일 때는 의문사는 문장의 맨 앞에 위치한다.

Do you think?+When does the movie start?

→ **When** do you think the movie starts? 〈의문사+do you think+주어+동사 ~?〉

A 괄호 안에서 알맞은 것을 고르시오.

1. I don't know (that, whether) my friend will call me or not.
2. Do you know (that, what) happened last night?
3. (It, That) I didn't love you was true.
4. (It, That) is not true that he is sick.

happen [hǽpən] (사건이) 일어
나다, 발생하다

B 빈칸에 알맞은 말을 쓰시오.

1. She asked me _____ it would rain or not.
2. I think _____ health is very important.
3. She wanted to know _____ long it took to get there by subway.
4. At first he didn't know the fact _____ she was married.

health [helθ] 건강
by subway 지하철로
at first 처음에는

C 틀린 곳을 찾아 바르게 고쳐 쓰시오.

1. This is clear that she is rich.
2. I'm not sure that the rumor is true or not.
3. I don't know what does it mean.
4. He lost his parents is true.

clear [kliər] 분명한
rumor [rú:mər] 소문

D 두 문장을 하나로 연결하여 다시 쓰시오.

1. Do you know? + Why didn't she come?
   → Do you know _____ ?
2. I wonder. + Who will win the game?
   → I wonder _____ .
3. Do you think? + What does he have in his hand?
   → _____ ?

wonder [wʌ́ndər] 궁금하다

UNIT 52

부사절을 이끄는 종속접속사

시간·이유·조건·목적 등을 나타내는 종속절을 이끄는 접속사를 부사절을 이끄는 종속접속사라고 한다.

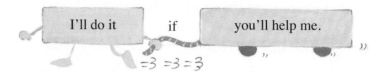

I'll do it   if   you'll help me.

❶ 시간의 접속사   since(~ 이래로), after(~ 후에), before(~ 전에), until(till)(~할 때까지), whenever(~할 때마다)

시간과 조건의 부사절에서는 현재가 미래를 대신한다.

When I grow up, I will be a movie star. (~할 때)

As soon as he saw me, he ran away. (~하자마자)

Be quiet **while** I am speaking. (~하는 동안)

cf. **While** Tom wanted to marry Jane, his parents were against it. (~이지만)

❷ 원인, 이유의 접속사

Because I caught a cold, I couldn't go to school. (~ 때문에, ~이므로)

As she often tells lies, I can't trust her. (~ 때문에)

as는 이외에도 '~함에 따라' 라는 비례의 의미를 나타내기도 한다.

Since he didn't enjoy his work, he was not happy. (~이므로)

❸ 조건, 양보의 접속사

I will buy it **if** it is cheap. (~라면)

If it rains tomorrow, I'll stay home.

Unless you stop eating, you will get fat. (~하지 않는다면)

= **If** you **don't** stop eating, you will get fat.

Though (**Although**) he is poor, he is happy. (비록 ~일지라도)

= even though

❹ 목적, 결과의 접속사

(1) 목적: so that + 주어 + may (can) ~ = in order that + 주어 + may (can) ~ (~하기 위하여, ~할 수 있도록)

He ran to the bus stop **so that** he **might** catch the bus.

= He ran to the bus stop **so as to** (**in order to**) catch the bus.

(2) 결과: so ~ that ... (너무 ~해서 …하다)

I am **so** tired **that** I **can't** walk anymore. (너무 ~해서 …할 수 없다)

= I am **too** tired **to** walk anymore.

cf. 콤마(,) 다음에 오는 so that은 '그래서, 그 결과' 라는 의미이다.

I did my best, **so that** I could pass the exam.

UNIT TEST

A 괄호 안에서 알맞은 것을 고르시오.

1. The clock struck four (since, as, because) I got home.
2. (If, Unless) you are here by 5, I will leave without you.
3. I'll call you when I (finish, will finish) my work.
4. (Because, Though) he got up late, he wasn't late for school.

struck [strʌk] strike(치다, 때리다)의 과거형
leave [liːv] 떠나다
be late for ~에 늦다

B 빈칸에 알맞은 말을 쓰시오.

1. This bag is _____ heavy that I can't carry it by myself.
2. As _____ _____ the child saw his mother, he started crying.
3. She is hungry _____ she didn't have breakfast.
4. _____ my brother grew older and older, he became less and less talkative.

heavy [hévi] 무거운
by oneself 혼자
talkative [tɔ́ːkətiv] 수다스러운

C 두 문장이 같은 뜻이 되도록 빈칸에 알맞은 말을 쓰시오.

1. I'll help you if I am not busy.
   = I'll help you _____ I am busy.
2. I got up early so as to go jogging with my dad.
   = I got up early _____ _____ _____ _____ go jogging with my dad.
3. Though he is old, he can do the work.
   = _____ though he is old, he can do the work.

D 우리말과 같은 뜻이 되도록 빈칸에 알맞은 접속사를 쓰시오.

wait for ~을 기다리다

1. 그녀는 John을 기다리는 동안 선생님을 만났다.
   → _____ she was waiting for John, she met her teacher.
2. 오랜만이다.
   → A long time has passed _____ I saw you last.
3. 난 비록 아주 피곤했지만 잠을 잘 수 없었다.
   → I couldn't sleep _____ I was very tired.

1 밑줄 친 ①~⑤ 중 쓰임이 잘못된 것은?

If the weather will be nice tomorrow, we can
　①　　　　②　　　　③

go to the beach in the afternoon.
　④　　　　　　　⑤

{2~3} 빈칸에 알맞은 말을 쓰시오.

2 I hope _____ we will meet again soon.

3 Exercise is good for both body _____
mind.

4 빈칸에 공통으로 알맞은 것은?

• She has been staying in this hotel
_____ she arrived in London.

• We need computer skills _____ we live
in the information age.

① if 　　② since 　　③ when
④ though 　　⑤ that

5 빈칸에 알맞은 것은?

Either he or I _____ always late for the
meeting.

① am 　　② is 　　③ are
④ will be 　　⑤ will not

6 밑줄 친 that의 쓰임이 나머지 넷과 다른 것은?

① She said that the story was true.
② I've told you everything that I could get.
③ It is true that diamond is harder than iron.
④ The general opinion is that French wines
are the best.
⑤ The fact that he is younger than me is not
important.

7 어법상 틀린 문장은?

① I don't like curry because it's too spicy.
② Despite she was ill, Nicole went to work.
③ It must be very cold, for the lake is frozen.
④ She doesn't know if Tom will join the club.
⑤ I'll look after him until you get back.

{8~9} 두 문장이 같은 뜻이 되도록 빈칸에 알맞은 말을 쓰시오.

8 ⭐중요 He gave up not only smoking but also
drinking.

= He gave up drinking as _____
_____ smoking.

9 ⭐중요 Unless you drive slowly, I will be sick.

= Drive slowly, _____ I will be sick.

10 빈칸에 들어갈 말이 순서대로 바르게 짝지어진 것은?

> • Dad prefers comedies, _____ Mom prefers soap operas.
> • _____ time goes by, she seems to be getting prettier.
> • _____ the traffic was bad, we arrived on time.

① after – Since – Unless
② after – If   – Although
③ while – Since – Unless
④ while – As   – Although
⑤ until – As   – When

중요

11 다음 중 쓰임이 옳은 문장은?

① I wonder what he will come to school or not.
② Do you know when will she get up?
③ The car is neither fast or safe.
④ As soon as she saw me, she ran away.
⑤ Take this medicine, or you'll get better.

12 빈칸에 알맞은 말을 <u>모두</u> 고르면?

I don't know _____ he will do it.

① if   ② though   ③ whether
④ how   ⑤ because

13 밑줄 친 <u>As</u> 대신에 쓸 수 있는 것은?

<u>As</u> I called her, there was no answer.

① If   ② That   ③ Whether
④ Because   ⑤ When

14 두 문장이 같은 뜻이 되도록 빈칸에 알맞은 것은?

I can remember his face, but I can't remember his name.

→ _____ I can remember his face, I can't remember his name.

① If   ② When   ③ Since
④ Though   ⑤ Because

{15~16} 빈칸에 공통으로 알맞은 말을 쓰시오.

15
> • I saw Jim, _____ he didn't see me.
> • David is not an American _____ an Englishman.

16
> • There was _____ much dust that we couldn't see what was happening.
> • I'll give her a key _____ she can get into the house whenever she likes.
> • She spoke very quietly, _____ nobody could hear a word.

17 밑줄 친 부분의 쓰임이 보기와 같은 것은?

> **보기**
> We can use English <u>when</u> we meet some people from abroad.

① I don't know <u>when</u> to go.
② Time goes fast <u>when</u> I am busy.
③ Ask him <u>when</u> she will come back.
④ Please tell me <u>when</u> you will leave.
⑤ <u>When</u> did she promise to meet him?

18 빈칸에 because(Because)를 쓸 수 없는 것은?

① I opened the window _____ it was too hot.

② We didn't swim _____ the water was dirty.

③ I was lost. _____ I bought a street map.

④ Don't call me _____ I won't be at home this evening.

⑤ Most of the stores are closed _____ today is a holiday.

19 우리말과 같은 뜻이 되도록 빈칸에 알맞은 말을 쓰시오.

그녀는 나를 보지도 않았고 아무 말도 하지 않았다.

→ She _____ looked at me _____ said anything.

고난도

20 (A), (B), (C)에서 어법에 맞는 표현을 골라 바르게 짝 지은 것은?

At night, you can sometimes see a meteor* (A) [when / because] there are no bright lights nearby. We call it a "falling star." Most meteors die as they enter the earth's atmosphere. The friction of the meteors passing through the atmosphere burns them up, (B) [while / though] they are made of rock and metal. When a meteor hits the earth, it is then (C) [called / calling] a meteorite.* Most are very small. However, sometimes large meteorites hit the earth and make huge carters.　　　　* meteor 유성　* meteorite 운석

	(A)	(B)	(C)
①	when	— though	— called
②	when	— while	— calling
③	when	— though	— called
④	because	— though	— calling
⑤	because	— while	— called

Grammar for NEAT

우리말과 같은 뜻이 되도록 빈칸에 알맞은 말을 쓰시오.

(1) 나는 재활용이 지구를 보호하는 또 다른 방법이라고 생각 한다.

⋯⟩ _____ recycling is another way to protect the earth.

(2) 나는 그녀가 아이였을 때부터 그녀를 알았다.

⋯⟩ I have known her _____ she was a child.

(3) 네가 나에게 연락할 수 있도록 네게 전화번호를 줄 것이다.

⋯⟩ I'll give you my phone number _____ you can contact me.

Step 2

다음은 David가 자신의 장래 희망에 대하여 쓴 글이다. 다음 내용을 포함하여 글을 완성하시오.

– what do you want to be: a fashion designer

– what is your plan to make your dream come true: to go to art school in New York or London

In the future, I _____.
I have been interested in fashion since _____. I think fashion designing _____. I also love drawing sketches of dresses. I'm planning _____ so that I can get a chance to work for a world-famous clothing company.

C·h·a·p·t·e·r 8

가정법

If I had hurried up,
I could have caught
the bus.

UNIT

가정법 과거 / 과거완료

가정법은 사실과 반대되는 것을 가정하거나 상상하는 표현으로 사실을 있는 그대로 표현하는 직설법과 비교되는 구문이다. 가정법 과거는 현재에 대한 가정, 가정법 과거완료는 과거에 대한 가정이다.

❶ 가정법 과거

(1) 의미: 만일 ~라면, …할 텐데 〈현재 사실의 반대〉 ──▶ would, should, could, might

(2) 형태: If+주어+동사의 과거형 ~, 주어+<u>조동사의 과거형</u>+동사원형 ….

If I <u>were</u> a bird, **I could fly** to you. ──── be동사가 쓰일 때에는 인칭에 관계없이 were를 쓰지만, 구어체에서는 was를 쓰기도 한다.

가정법 과거 = 직설법 현재, 긍정과 부정이 반대가 된다.

If I had a lot of money, **I could buy** a large house.

= **As I don't have** a lot of money, **I cannot buy** a large house.

If I were not so busy today, **I could go** to the movies with you.

= **As I am** so busy today, **I can't go** to the movies with you.

❷ 가정법 과거완료

(1) 의미: 만일 ~했더라면, …했을 텐데 〈과거 사실의 반대〉

(2) 형태: If+주어+had+과거분사 ~, 주어+조동사의 과거형+have+과거분사 ….

If I had been more diligent, **I could have succeeded** in life.

= **As I wasn't** more diligent, **I couldn't succeed** in life.

가정법 과거완료 = 직설법 과거, 긍정과 부정은 반대가 된다.

앞의 had는 과거완료를 나타내는 조동사이고, 뒤의 had는 '가지다' 라는 의미의 본동사 have의 과거분사형이다.

If I <u>had had</u> money, **I could have bought** a nice car.

= **As I didn't have** money, **I couldn't buy** a nice car.

If she had worked hard, **she could have been promoted.**

= **As she didn't work** hard, **she couldn't be promoted.**

 이것이 궁금해요!

Q 가정법의 주절에 사용되는 조동사의 과거형은 사용하는 때가 각각 다른가요?

A 말하고자 하는 사람이 어떤 의미로 전달하는가에 따라 조금씩 다르지만, 큰 차이는 없고 서로 바꾸어 쓸 수 있는 경우가 많습니다. '만일 ~했다면, …할 수 있었을 텐데'와 같은 가능성에 초점을 둔다면 could를, 주어의 의지를 말하고자 한다면 would를, 추측이나 상상의 의미에 초점을 둔다면 might나 should를 사용합니다. 하지만 이러한 차이는 그다지 크지 않고, 네 가지 조동사 중 어느 것이 와도 어법상으로 가정법을 이루는 데는 크게 문제가 되지 않습니다.

A 괄호 안에 주어진 동사를 알맞게 바꾸어 빈칸을 완성하시오.

1. If I _____ a little harder, I could have passed the exam. (study)
2. If I _____ his phone number, I could call him right now. (know)
3. If you _____ any money, you could have had something to eat. (have)
4. If you _____ in my place, what would you do first? (be)

B 두 문장이 같은 뜻이 되도록 빈칸에 알맞은 말을 쓰시오.

1. If they had tried their best, they could have succeeded in the interview.
   = As they _____ their best, they _____ succeed in the interview.
2. If we had had enough food, we could have gone camping that day.
   = As we _____ enough food, we _____ camping that day.
3. As I am a lazy man, I can't do what I have to do.
   = If I _____ a lazy man, I _____ what I have to do.
4. If he were here with me, I could be very happy.
   = As he _____ here with me, I _____ be very happy.

succeed [səksíːd] 성공하다
interview [íntərvjuː] 인터뷰, 면접
lazy [léizi] 게으른

C 우리말과 같은 뜻이 되도록 빈칸에 알맞은 말을 쓰시오.

1. 만일 내가 좀 더 생각이 깊었더라면, 그를 이해할 수 있었을 텐데.
   → If I _____ _____ more thoughtful, I could have understood him.
2. 만일 내가 너의 비밀을 알고 있다면, 너는 어떻게 할래?
   → If I _____ your secret, what _____ you _____?
3. 만일 그녀가 아름답지 않다면, 그녀는 연예인이 될 수 없을 것이다.
   → If she _____ _____ beautiful, she _____ be an entertainer.
4. 만일 내가 돈이 있다면, 그 가방을 살 수 있을 텐데.
   → If I _____ money, I _____ buy the bag.

thoughtful [θɔ́ːtfəl] 사려 깊은
secret [síːkrit] 비밀
entertainer [entərtéinər] 연예인

UNIT 54

if의 생략, if절 이외의 가정법

가정법에서는 if가 생략되는 경우도 있다. '~이 없다면, ~이 없었다면'의 의미로 가정할 때는 If it were not(Had it not been) for나 Without(But for)을 쓴다.

❶ if의 생략

가정법에서 if를 생략할 경우 주어와 동사가 도치된다.

(1) were가 쓰인 가정법 과거: Were+주어 ~, 주어+조동사의 과거형+동사원형 ….

If David were here now, he would explain the whole story.

= **Were David** here now, he would explain the whole story.

(2) 가정법 과거완료: Had+주어+과거분사 ~, 주어+조동사의 과거형+have+과거분사 ….

If you had asked me, I would have told you the answer.

= **Had you asked** me, I would have told you the answer.

❷ if절 이외의 가정법

주절의 형태로 가정법 과거인지,
가정법 과거완료인지 구분한다.

(1) but for(without): ~이 없다면 / ~이 없었다면

① If it were not for ~, 주어+조동사의 과거형+동사원형 …. 〈가정법 과거〉

But for(Without) your help, I could not do the work.

= **If it were not for** your help, I could not do the work.

= **Were it not for** your help, I could not do the work.

② If it had not been for ~, 주어+조동사의 과거형+have+과거분사 …. 〈가정법 과거완료〉

But for(Without) your kindness, I would have been lost.

= **If it had not been for** your kindness, I would have been lost.

= **Had it not been for** your kindness, I would have been lost.

(2) It is time (that)+주어+동사의 과거형: ~할 때이다

It is time (that) we **went** to bed.

= It is time (that) we should go to bed.

= It is time for us to go to bed.

Q 가정법에서 if절이 아닌 주절이 생략되는 경우는 없나요?

A 문맥상 주절을 생략해도 그 의미가 잘 전달될 수 있을 때에는 주절을 생략하기도 합니다.

e.g. If I had a week off (how happy I would be)!

내가 일주일만 쉰다면 (얼마나 행복할까)?

What (should I do) if he did not come?

그가 오지 않는다면 (어떻게 해야 할까)?

UNIT TEST

A 주어진 문장을 if를 생략하여 바꿔 쓸 때, 빈칸에 알맞은 말을 쓰시오.

1. If it were not for your assistance, I would soon fail.

   → _____ _____ not for your assistance, I would soon fail.

2. If you had hurried, you could have arrived in time for the play.

   → _____ _____ hurried, you could have arrived in time for the play.

3. If I were in your place, I would choose to accept it.

   → _____ _____ in your place, I would choose to accept it.

assistance [əsístəns] 도움, 원조
fail [feil] 실패하다
hurry [hə́:ri] 서두르다
in time 시간에 맞게
in one's place ~의 입장에서
choose [tʃu:z] 고르다
accept [æksépt] 받아들이다

B 자연스러운 문장이 되도록 서로 연결하시오.

1. Were he healthy,   •   • a. I would ask her for a date.
2. Were I you,   •   • b. he would play outside.
3. Had I worked harder, •   • c. she would have employed you.
4. Had you been honest, •   • d. I would have succeeded.

employ [implɔ́i] 고용하다

C 주어진 문장을 if를 사용하여 바꿔 쓸 때, 빈칸에 알맞은 말을 쓰시오.

1. But for your support, I could not have won the election.

   → If _____, I could not have won the election.

2. But for his kind advice, I wouldn't know what to do now.

   → If _____, I wouldn't know what to do now.

3. Without music, my life would be very boring.

   → _____, my life would be very boring.

support [səpɔ́:rt] 지지
election [ilékʃən] 선거

D 우리말과 같은 뜻이 되도록 빈칸에 알맞은 말을 쓰시오.

1. 이제 점심식사를 할 때이다.

   → _____ _____ _____ we had lunch.

2. 네가 회의에 왔더라면, 그가 매우 기뻐했을 것이다.

   → _____ _____ come to the meeting, he would have been very happy.

3. 내가 만일 너라면, 그러한 남자와 결혼하지 않겠다.

   → _____ _____ you, I would not marry such a man.

marry [mǽri] 결혼하다

I wish+가정법, as if+가정법

가정법 중에는 if로 시작하는 형식을 취하지 않고 관용적으로 가정의 의미를 나타내는 「I wish+가정법」과 「as if+가정법」이 있다.

❶ I wish+가정법

(1) I wish+가정법 과거

: I wish+주어+동사의 과거형(~라면 좋을 텐데) 〈현재에 이룰 수 없는 소망〉

I wish I were a bird.　　　I wish+가정법 과거 = I'm sorry+현재시제(~라서 유감이다)

= I'm sorry (that) I'm not a bird.

I wish he agreed with her.

= I'm sorry he doesn't agree with her.

(2) I wish+가정법 과거완료

: I wish+주어+had+과거분사(~했더라면 좋았을 텐데) 〈과거에 이루지 못한 소망〉

I wish I had been at the meeting.

= I'm sorry I was not at the meeting.　→ I wish+가정법 과거완료 = I'm sorry+과거시제

I wish he had studied hard in his school days.

= I'm sorry he didn't study hard in his school days.

❷ as if+가정법

(1) as if+가정법 과거

: as if+주어+동사의 과거형(마치 ~인 것처럼)

He acts **as if he were** crazy.

= In fact, he isn't crazy.　→ as if+가정법 = In fact, ~(사실은 ~이다)

I feel **as if I were** dreaming.

(2) as if+가정법 과거완료

: as if+주어+had+과거분사(마치 ~이었던 것처럼)

He talks **as if he had seen** the accident.

= In fact, he didn't see the accident.

You look **as if you had been** sick.

 이것이 **궁금해요!**

Q He talked as if he knew everything.과 He talked as if he had known everything.의 차이는 무엇인가요?

A He talked as if he knew everything.
(그는 모든 것을 아는 것처럼 말했다. – 알고 있는 것과 말한 것의 시제가 일치)
He talked as if he had known everything.
(그는 모든 것을 알고 있었던 것처럼 말했다. – 알았던 것이 말하는 것보다 앞선 시제)

A 괄호 안에 주어진 동사를 알맞게 바꾸어 빈칸을 완성하시오.

1. I wish I _____ a little taller than now. (be)

2. I wish I _____ the movie with you last night. (see)

3. He talks as if he _____ all the books in the library. (read)

4. You look as if you _____ busy for the past few days. (be)

a little 조금, 약간
past [pæst] 지난

B 두 문장이 같은 뜻이 되도록 빈칸에 알맞은 말을 쓰시오.

1. I wish I had enough time now.

= I'm sorry I _____ enough time now.

2. I wish Mom were here with us now.

= I'm sorry Mom _____ with us now.

3. They look as if they had fought just now.

= In fact, they _____ just now.

4. He talked as if he were friendly with her.

= In fact, he _____ friendly with her.

fight [fait] 싸우다
just now 방금 전에
friendly [fréndli] 친한

C 틀린 부분을 찾아 바르게 고쳐 쓰시오.

1. I wish my daughter studies as hard as yours.

2. You talk as if you met the famous singer.

3. I wish I listened to your advice at that time.

4. He looks as if he is in poor health right now.

famous [féiməs] 유명한
be in poor health 건강하지 못하다

D 우리말과 같은 뜻이 되도록 빈칸에 알맞은 말을 쓰시오.

1. 네가 어제 약속을 지켰더라면 좋을 텐데.

→ I wish you _____ your promise yesterday.

2. 네가 지금보다 조금 더 부지런하면 좋을 텐데.

→ I wish you _____ a little more diligent than now.

3. 너는 마치 어젯밤에 무서운 꿈을 꾼 것처럼 보인다.

→ You look as if you _____ about something terrible last night.

keep one's promise 약속을 지키다
terrible [térəbl] 무서운

1 대화의 빈칸에 알맞은 것은?

A: What a nice bike! Is this yours?

B: Yes, it is.

A: _____, I would buy such a bike.

① As I am rich

② If I had a nice bike

③ If I had lots of money

④ If I have much money

⑤ Though I have much money

{2~3} 주어진 문장과 뜻이 같은 것을 고르시오.

2 I am sorry I didn't come to the party on time.

① I wish I come to the party on time.

② I wish I came to the party on time.

③ I wish I had come to the party on time.

④ I wish I don't come to the party on time.

⑤ I wish I didn't come to the party on time.

3 I am sorry I can't speak French.

① I am happy to speak French.

② I wish I can speak French.

③ I wish I could speak French.

④ I wish I could had spoken French.

⑤ I wish I could have spoken French.

4 다음 빈칸에 알맞은 것끼리 바르게 짝지어진 것은?

She is very busy. If she _____ time, she _____ out with me.

① have – will go   ② has – would go

③ has – will go   ④ had – would go

⑤ had – will go

5 두 문장의 의미가 <u>다른</u> 것은?

① I am sorry I can't fly.

= I wish I could fly.

② I am sorry I didn't learn Spanish.

= I wish I had learned Spanish.

③ As I don't know his address, I can't write to him.

= If I had known his address, I could have written to him.

④ As I am so sick, I can't do it.

= If I weren't so sick, I could do it.

⑤ As he is not here now, I can't help him.

= If he were here now, I could help him.

6 우리말과 같은 뜻이 되도록 빈칸에 알맞은 말이 바르게 짝지어진 것은?

만일 그가 친절했더라면, 그녀는 상처 받지 않았을 것이다.

→ If he _____ kind, she _____ been hurt.

① had been – would have

② had been – would not

③ had been – would not have

④ has been – would not have

⑤ has been – would have

7 다음 문장의 내용으로 보아, 일치하는 사실은?

If I had not got up early yesterday, I would have missed the bus.

① I got up early yesterday.

② I did not get up early yesterday.

③ I missed the bus.

④ I will not miss the bus.

⑤ I didn't take the bus.

8 틀린 부분을 찾아 바르게 고쳐 쓰시오.

He's twenty years old, so please don't treat him as if he is a child.

9 어법상 옳은 문장을 모두 고르면?

① I wish I am a movie star now.

② If he had known about it, what would he have said?

③ If I studied hard then, I would not have failed the test.

④ Had he seen the movie, he would have been satisfied with it.

⑤ You look as if something great is happening to you.

10 빈칸에 알맞은 말이 순서대로 바르게 짝지어진 것은?

- I _____ I were better-looking.
- He would have played _____ for a knee injury.
- He behaved _____ if nothing had happened.

① wish – but – even

② wish – but – as

③ wish – except – as

④ hope – but – even

⑤ hope – except – as

11 우리말과 같은 뜻이 되도록 괄호 안의 단어를 바르게 배열하시오.

우리가 그를 좀 더 일찍 발견했더라면, 그의 생명을 구할 수 있었을 것이다.

→ _____ , _____ saved his life. (found, have, had, could, we, we, earlier, him)

12 어법상 틀린 문장은?

① It's time you found a regular job.

② I'll take the job unless the pay is too low.

③ I feel sick. I wish I had not eaten so much cake.

④ If I were five years old, I had no worries at all.

⑤ If I hadn't been so tired, I might have realized what was happening.

13 밑줄 친 부분을 대신하여 쓸 수 있는 것은?

The earth would be a frozen ball if it were not for the radiant heat of the sun.

① with   ② without

③ except for   ④ as though

⑤ because of

14 빈칸에 알맞은 것은?

I would go out, _____. But it is raining heavily.

① if it rains   ② if it doesn't rain

③ if it isn't raining   ④ if it rained

⑤ if it were not raining

중요

15 As I didn't know your birthday, I couldn't send you a present.

= If I _____ _____ your birthday, I _____ _____ _____ you a present.

16 Without your wake-up call, I couldn't have got up so early.

= If _____ _____ _____ _____ _____ your wake-up call, I couldn't have got up so early.

17 우리말과 같은 뜻이 되도록 빈칸에 알맞은 말을 쓰시오.

나는 네가 그와 이야기를 나눠야 할 때라고 생각한다.

→ I think _____ _____ _____ you _____ a word with him.

고난도

18 다음 글의 밑줄 친 부분 중, 어법상 틀린 것은?

TV is ① one of the most important inventions. Would it be good or bad if ② there were no television? I think it would be bad. TV does a lot of good. We can get news from all over the world and ③ a lot of useful information through TV. It brings us entertainment ④ from comedies and dramas to concerts and movies. There are many good educational TV programs for children. We can watch sports games, and even live matches ⑤ what may be taking place in another part of the world.

Grammar for NEAT

Step 1

우리말과 같은 뜻이 되도록 빈칸에 알맞은 말을 쓰시오.

(1) 네 도움이 없다면, 나는 이것을 끝낼 수 없을 것이다.
⋯▶ _____ your help, I _____ not finish this.

(2) 내가 그의 주소를 알고 있다면 좋을 텐데.
⋯▶ I wish I _____ his address.

(3) 내가 너라면, 집 주위에 나무를 심겠다.
⋯▶ If I _____ you, I _____ plant some trees around the house.

(4) 내가 그의 충고를 받아들였더라면 좋았을 텐데.
⋯▶ I wish I _____ his advice.

Step 2

다음은 친구가 토요일에 같이 공연을 보러 가자고 권유하는데, 이를 거절해야 하는 상황이다. 아래에 제시된 세 가지 상황 중 하나를 선택한 후, 주어진 단어나 어구를 활용하여 그림의 상황에 맞게 거절하는 대답을 완성하시오.

(1)	(2)	(3)
take care of / stay home	afford / allowance	birthday / prepare

(1) Sorry, but I _____ my little sister. Without me, she _____ alone.

(2) I'd love to, but I _____ it. I wish I _____ _____ buying new clothes.

(3) I wish _____, but this Saturday is _____ _____. I have to _____ for the party.

C·h·a·p·t·e·r 19

일치와 화법

주어와 동사의 일치

주어에 따라 동사가 결정되는 것을 주어와 동사의 일치라고 한다.

❶ 복수형 동사

둘 이상의 사람이나 사물이 주어가 되면 동사도 복수형이 되어야 한다.

The black dog and the white dog **were** hers. 〈검은 개와 흰 개 두 마리: 복수 주어〉

cf. The black and white dog **was** hers. 〈검고 흰 얼룩 개 한 마리: 단수 주어〉

Both John and Bob **like** baseball. 〈both A and B: 복수 주어〉

The rich **are** not always happy. 〈the+형용사 = 복수 보통명사〉

Your new shoes **are** very nice. 〈쌍으로 된 물건: 복수 주어〉

❷ 단수형 동사

(1) every와 each는 내용은 복수이지만 단수 취급한다.

Every boy and girl **likes** computer games.

Each student **has** his own desk and chair.

(2) 복수 형태를 취하고 있지만 하나의 단위로 생각하여 단수로 취급하는 주어들이 있다.

Curry and rice **is** his favorite food. 〈전체가 하나를 나타낼 때〉

Ten years **is** a long time. 〈10년이라는 세월〉

cf. Ten years **have** passed since he died. 〈10개의 해, 년: 복수 취급〉

Economics **is** my favorite subject. 〈-s로 끝나는 학문명〉

Romeo and Juliet **was** written by Shakespeare. 〈작품 이름: 단수 취급〉

No news **is** good news. 〈news: 단수 취급〉

(3) 명사구나 명사절이 주어로 쓰이면 단수 취급한다.

Remembering people's names **is** difficult. 〈명사구〉

What they want **is** a short rest. 〈명사절〉

❸ 상관접속사의 주어와 술어 일치

상관접속사로 이어지는 주어인 경우 주로 뒤의 주어에 일치시킨다.

① either A or B: A나 B 중의 하나〈B에 일치〉

Either you or he **has** to go there.

② neither A nor B: A와 B 어느 쪽도 아닌〈B에 일치〉

Neither you nor I **am** young.

③ not only A but also B = B as well as A: A뿐만 아니라 B도〈B에 일치〉

Not only you but also he **is** brave.

= He as well as you **is** brave.

A

괄호 안에서 알맞은 동사를 고르시오.

1. I (was, were) a member of the Boy Scouts a few years ago.
2. You and I (am, are) classmates.
3. Every girl in this town (like, likes) him.
4. Ham and eggs (is, are) my favorite breakfast.

member [mémbər] 회원
Boy Scouts 보이 스카우트
classmate [klǽsmeit] 급우
town [taun] 마을

B

틀린 부분을 찾아 바르게 고쳐 쓰시오.

1. Either you or she have to do the work.
2. Neither he nor I are going on a trip.
3. Not only Jane but also you is in charge of the project.
4. I as well as you are worried about the matter.

go on a trip 여행 가다
be in charge of ~을 맡고 있다
project [prάdʒekt] 계획, 사업

C

우리말과 같은 뜻이 되도록 빈칸에 알맞은 말을 쓰시오.

1. 너와 나는 친한 친구 사이다.
   → You and I _____ close friends.
2. 10km는 먼 거리이다.
   → Ten kilometers _____ a long distance.
3. 모든 학생이 일요일을 좋아한다.
   → Every student _____ Sunday.
4. 로미오와 줄리엣은 비극이다.
   → *Romeo and Juliet* _____ a tragedy.

close [klous] 친한, 다정한
distance [dístəns] 거리
tragedy [trǽdʒədi] 비극

D

두 문장을 비교하면서 우리말로 옮기시오.

1. A teacher and poet came to the party.
   → _____

   A teacher and a poet came to the party.
   → _____

2. Not only you but also I joined the club.
   → _____

   You as well as I joined the club.
   → _____

poet [póuit] 시인
join [dʒɔin] 가입하다

UNIT

시제의 일치

한 문장이 두 개 이상의 절로 구성될 때, 주절과 종속절의 동사는 시제를 일치시켜야 한다.

❶ 시제의 일치

(1) 주절의 시제가 현재, 현재완료, 미래: 종속절의 시제는 어느 것이나 가능

He **say**s that Jane **is** right.

That's not what I **meant** to say.

There **is** no possibility that he **will be** released.

They **will know** that he **lived** in Japan.

(2) 주절의 현재시제 → 과거: 종속절의 시제도 과거 혹은 과거완료로 전환

I think that he is honest.

→ I **thought** that he **was** honest.

I know that he will come.

→ I **knew** that he **would** come.

I know that he was sick.

→ I **knew** that he **had been** sick.

❷ 시제 일치의 예외

주절의 시제가 현재에서 과거로 바뀔지라도 종속절의 시제가 변하지 않는 경우가 있다. 이러한 것들을 시제 일치의 예외라고 한다.

(1) 항상 현재로 쓰는 경우

We learned that the earth **moves** around the sun. 〈불변의 진리〉

He said that he usually **eats** breakfast at seven. 〈현재의 습관〉

They said that blood **is** thicker than water. 〈격언, 속담〉

cf. We won't go on a picnic **if** it **rains** tomorrow.

〈시간·조건의 부사절에서는 현재시제가 미래시제를 대신 함〉

(2) 항상 과거로 쓰는 경우

He learned that Columbus **discovered** America. 〈역사적 사실〉

The teacher said that World War Ⅱ **broke** out in 1939.

(3) 시제가 변하지 않고 그대로 쓰는 경우

He said that he wished he **were** young again. 〈가정법〉

A 다음 문장을 주어진 말로 시작하여 다시 쓰시오.

1. I know that he is sick.
   → I knew that _____ .
2. We hope that the player will win the prize.
   → We hoped that _____ .
3. He thinks that he was smart in his childhood.
   → He thought that _____ .

childhood [tʃáildhùd] 어린 시절

B 밑줄 친 부분에서 <u>틀린</u> 부분을 찾아 바르게 고쳐 쓰시오.

1. I thought <u>that he is kind</u>.
2. People say <u>that the earth was round</u>.
3. He told me <u>that he can go there with me</u>.

earth [əːrθ] 지구
round [raund] 둥근

C 우리말과 같은 뜻이 되도록 괄호 안의 동사를 알맞은 형태로 바꾸어 쓰시오.

1. 우리는 한국 전쟁이 1950년에 일어났다고 배웠다.
   → We (learn) that the Korean War (break) out in 1950.
2. 그는 항상 아침에 일찍 일어난다고 나에게 말했다.
   → He (tell) me that he always (get) up early in the morning.
3. 아버지는 정직이 최선의 방책이라고 말씀하셨다.
   → Father (say) that honesty (be) the best policy.
4. 그들은 해가 동쪽에서 뜬다는 것을 알았다.
   → They (know) that the sun (rise) in the east.

break out (전쟁이) 발발하다
honesty [ánisti] 정직
policy [páləsi] 방책, 정책

D 대화의 흐름으로 보아, 괄호 안의 단어를 알맞은 형태로 바꾸어 쓰시오.

A: Mom, I'm starving. Please give me some food.
B: I've just made mushroom soup. Do you want to eat it?
A: Why not? I could eat a horse.
B: But you don't like mushroom soup.
A: Grandpa told me that hunger (be) the best sauce.

starve [stáːrv] 굶주리다
mushroom [mʌ́ʃru(ː)m] 버섯
hunger [hʌ́ŋgər] 시장, 배고픔
sauce [sɔːs] 소스, 반찬

화법 전환

본인이나 타인이 한 말을 인용 부호를 사용하여 그대로 전달하는 것을 직접화법이라고 하고, 전달하는 사람의 입장으로 바꾸어 전달하는 방법을 간접화법이라고 한다.

	전달동사	연결어	부사(구) · 대명사의 일치
평서문	say → say say to → tell	that	today → that day yesterday → the day before now → then tomorrow → the next (following) day ago → before here → there this → that
의문문	say (to) → ask	의문사 if(whether)	
명령문	say (to) → tell, order, ask	to부정사	

❶ 평서문의 화법 전환

전달동사 say → say, say to → tell로 바꾸고, 콤마와 인용부호를 없애고 접속사 that을 쓴다. 인칭과 수, 시제의 일치, 부사(구)의 변화 등에 유의한다.

He said, "I am happy."

→ He **said (that) he was** happy.

She said to me, "I met your sister yesterday."

→ She **told** me **(that) she had met my** sister **the day before.**

❷ 의문문의 화법 전환

전달동사 say (to)를 ask로 바꾸고, 접속사는 의문사를 그대로 사용하거나, 의문사가 없는 경우에는 if(whether)를 쓴다. 종속절은 「의문사+주어+동사」의 어순이 된다.

She said to me, "Where are you going?"

→ She **asked** me **where I was** going.

I said to her, "Do you like sports?"

→ I **asked** her **if(whether) she liked** sports.

❸ 명령문의 화법 전환

전달동사 say (to)를 tell, order 등으로 바꾸고, 명령문의 동사를 to부정사로 바꾼다.

She said to me, "Sit down."

→ She **told** me **to sit** down.

I said to him, "Please open the window."
→ I asked him to open the window.

Let's ~ 구문의 화법 전환: say, say to → suggest, propose 등으로 바꾸고, 접속사 that으로 연결한다. 피전달문은 「주어+(should)+동사원형」의 어순이 된다.

He said to me, "Let's go to a movie after school."

→ He **suggested that we (should) go** to a movie after school.

• 부정 명령문의 화법 전환
: not+to부정사
She said to the children,
"Don't run so fast."
→ She told the children not
to run so fast.

A 틀린 부분을 찾아 바르게 고쳐 쓰시오.

1. She asked me how I was old.

2. I told him that I had seen the movie a week ago.

3. He told me to not smoke there.

4. She asked him where was he from.

smoke [smouk] 담배를 피우다
be from ~ 출신이다

B 직접화법을 간접화법으로 바꿀 때, 빈칸에 알맞은 말을 쓰시오.

1. He said, "I'm happy now."

→ He said that he was happy _____.

2. The man said to me, "Please give me some candies."

→ The man _____ me _____ him some candies.

3. He said to us, "Let's have dinner together."

→ He suggested that _____ have dinner together.

candy [kǽndi] 캔디, 사탕

C 직접화법을 간접화법으로 바꾸어 쓰시오.

1. He said to me, "I'm very tired."

→ He _____.

2. I said to her, "Where do you live?"

→ I _____.

3. The teacher said to me, "Stand up."

→ The teacher _____.

4. She said to him, "Do you like music?"

→ She _____.

stand up 일어서다

D 간접화법을 직접화법으로 바꾸어 쓰시오.

1. She said that she was sad then.

→ She said, _____.

2. He asked me if I could play basketball.

→ He said to me, _____

then [ðen] 그때

{1~2} 빈칸에 알맞은 것을 고르시오.

1 You and I _____ middle school students.

① am   ② are   ③ is
④ was   ⑤ have

2 Either you or he _____ to stay home.

① has   ② are   ③ have
④ be   ⑤ were

{3~4} 밑줄 친 부분의 쓰임이 옳지 않은 것을 고르시오.

3 ① Ten miles is a long distance.
② *Romeo and Juliet* was written by Shakespeare.
③ A poet and teacher were invited to the party.
④ A black and a white dog are running over there.
⑤ Three years have passed since he left.

중요
4 ① He as well as you is right.
② Neither you nor she are rich.
③ Tony and I are good friends.
④ Each student has his own locker room.
⑤ Not only Jim but also Sam speaks Korean well.

5 우리말과 같은 뜻이 되도록 빈칸에 알맞은 말을 쓰시오.

이 교실의 모든 소년들은 운동을 좋아한다.
→ Every _____ in this classroom _____ sports.

중요
6 괄호 안의 단어가 알맞은 형태로 바르게 짝지어진 것은?

- He asked me what time I (will) start.
- Jane learned that the French Revolution (break) out in 1789.
- Talking with his twin sisters (be) great fun.

① would – had broken – are
② would – broke – are
③ would – broke – is
④ will – had broken – is
⑤ will – broke – is

7 틀린 부분을 찾아 바르게 고쳐 쓰시오.

Whether he will accept the offers are not important.

8 괄호 안의 단어를 바르게 배열하시오.

I asked _____.
(would, many, buy, books, how, he)

9 밑줄 친 부분의 쓰임이 잘못된 것은?

① I think that he is smart.
② He said that he was tired.
③ She believed that she is right.
④ They said that they were happy then.
⑤ We know that the girl wrote the letter.

10 빈칸에 told가 들어갈 수 없는 것은?

① He _____ you weren't ready yet.
② Have you _____ the doctor about it?
③ The teacher _____ the kids to sit down.
④ Alex _____ me he was very happy in London.
⑤ Mary _____ her mother she was going to the office.

{11~12} 주어진 문장을 다음과 같이 바꾸어 쓸 때, 빈칸에 알맞은 말을 쓰시오.

11 I think that he is lucky.
→ I thought that he _____ lucky.

12 She says that she was upset.
→ She said that she _____ upset.

{13~14} 주어진 문장을 간접화법으로 바르게 바꾸어 쓴 것을 고르시오.

13 She said to me, "I'm an English teacher."

① She said that she is an English teacher.
② She said that she was an English teacher.
③ She told me that she is an English teacher.
④ She told me that she was an English teacher.
⑤ She said me that she was an English teacher.

14 _{중요} I said to him, "Do you have a cell phone?"

① I asked him if had he a cell phone.
② I asked him if he had a cell phone.
③ I told him that he has a cell phone.
④ I told him that he had a cell phone.
⑤ I said to him that he has a cell phone.

15 우리말과 같은 뜻이 되도록 빈칸에 알맞은 말을 쓰시오.

Diane은 나에게 내가 Brian을 좋아하는지 물었다.
→ Diane asked me _____.

16 어법상 틀린 문장은?

① The teacher said that the earth is round.
② Linda told Stuart to not complain about the meal.
③ What we need most is your help.
④ When he comes back tomorrow, I'll tell him everything.
⑤ Jane as well as her friends was invited to the party.

{17~19} 주어진 문장을 간접화법으로 바꾸어 쓸 때, 빈칸에 알맞은 말을 쓰시오.

17 He said to me, "Where do you want to live?"

→ He _____ me where _____ _____ to live.

중요

18 I said to him, "Don't play computer games all night."

→ I _____ him _____ _____ play computer games all night.

19 He said, "Let's go for a walk."

→ He _____ that we _____ go for a walk.

고난도

20 다음 글의 밑줄 친 부분 중, 어법상 틀린 것은?

I was pleased when my boss asked me ① to accompany him to lunch with an important client. Shortly after ② being shown to our table at a nice restaurant, a well-dressed man ③ approached our table and exchanged a warm greeting with my boss. I stood up, introduced myself and offered him my business card, telling him I ④ am looking forward to working with him. He looked a bit puzzled but smiled and ⑤ said he would be right back — with the menus.

Step 1

우리말과 같은 뜻이 되도록 괄호 안의 단어를 활용하여 빈칸을 완성하시오.

(1) 그는 나에게 몇 시에 런던으로 떠나는지 물었다. (what time, leave for)

⋯⋯⋗ He asked me _____.

(2) 그녀는 너무 피곤해서 갈 수 없다고 말했다. (too tired to go)

⋯⋯⋗ She said _____.

(3) 나는 그에게 그 소문은 사실이 아니라고 말했다. (rumor, true)

⋯⋯⋗ I told _____.

Step 2

다음은 지훈(Jihun)이가 친구 세진(Sejin)이와 나눈 대화이다. 대화문을 토대로 지훈이의 일기를 완성하시오.

> Jihun: How did you improve your English listening skills?
>
> Sejin: I keep a listening diary.
>
> Jihun: What is a listening diary?
>
> Sejin: It is a record of my listening, including the kind of material, my listening strategies, and what I learned from it.
>
> Jihun: Maybe I should do that too.
>
> Sejin: Yes, give it a try.

Tuesday, September 25th

Today I asked Sejin _____. He said _____. I asked _____. He told me _____, including the kind of material, his listening strategies, and _____. I thought I should do that too. Sejin also told me _____.

C·h·a·p·t·e·r **20**

특수구문

UNIT 59

도치, 강조

문장은 보통 「주어+동사」의 어순인데, 문장의 특정한 부분을 강조하기 위해서 또는 관용적으로 어순을 바꾸는 경우가 있다. 이를 도치라고 한다.

❶ 도치

(1) 부정어의 도치: 부정어(never, hardly, seldom 등)+동사+주어

일반동사의 경우에는 do를 이용하여 「부정어+do /does /did+주어+본동사」로 쓴다.

only가 포함된 부사구가 문두에 와도 도치가 된다.

I never saw such a strange fellow.

= **Never did I** see such a strange fellow.

(2) There is(are)~: 동사 is(are) 뒤의 명사가 주어이다.

There is a house on the hill.

주어가 대명사인 경우에는 도치되지 않는다.

(3) 장소 · 방향을 나타내는 부사(구)의 도치: 부사(구)+동사+주어

The taxi comes here. = **Here** comes the taxi.

An old man stood on the platform.

= **On the platform** stood an old man.

cf. He fell down. = Down he fell.

(4) 관용적인 도치: So(Neither)+동사+주어(~도 역시 그렇다)

He is very tired. **So am I.**

She doesn't like sports. **Neither(Nor) do I.**

❷ 강조

(1) It is ~ that 강조 구문: 강조할 주어, 목적어, 부사(구)를 It is와 that 사이에 놓는다.

I met Miss Kim in the park yesterday.
  ①   ②   ③   ④

It is ~ that 강조구문에서 강조되는 어구가 사람일 때에는 that 대신 who(m)를, 장소를 나타낼 때에는 where를, 때를 나타낼 때에는 when을, 사물을 나타낼 때에는 which를 쓸 수 있다.

① **It was I that(who)** met Miss Kim in the park yesterday.

② **It was Miss Kim that(whom)** I met in the park yesterday.

③ **It was in the park that(where)** I met Miss Kim yesterday.

④ **It was yesterday that(when)** I met Miss Kim in the park.

(2) 동사의 강조: 강조의 do를 이용한다. (do/does/did+동사원형)

I **do love** you forever.

(3) 명사의 강조: the very+명사

This is **the very book** I have been looking for.

(4) 부정어의 강조: 부정문에서 at all, in the least, whatever 등을 쓴다.

I don't like Japanese music **at all.** (전혀(조금도) ~하지 않는)

(5) 의문사 강조: 의문사 뒤에 on earth, in the world(도대체)를 쓴다.

What on earth(in the world) are you doing here?

(6) 동일 어구의 반복에 의한 강조

The door opened **very, very** slowly.

A 틀린 부분을 찾아 바르게 고쳐 쓰시오.

1. Never I did see him again.

2. My sister does likes dogs.

3. On the table beside me a lamp burned.

4. Here the bus comes.

burn [bəːrn] 타다, 태우다

B 밑줄 친 부분을 강조하여 문장을 다시 쓰시오.

1. I believe that he will pass the entrance exam.

→ _____

2. I met her in the subway station last night.

→ _____

3. The machine did not help us do the work.

→ _____

4. What are you talking about now?

→ _____

entrance exam 입학 시험
subway station 지하철역
machine [məʃíːn] 기계

C 두 문장이 같은 뜻이 되도록 빈칸에 알맞은 말을 쓰시오.

1. Nancy is kind. You are kind, too.

= Nancy is kind. _____ _____ _____.

2. I cannot play the violin. John cannot play it, either.

= I cannot play the violin. _____ _____ _____.

D 우리말과 같은 뜻이 되도록 빈칸에 알맞은 말을 쓰시오.

1. 그 구멍 속으로 그 토끼가 뛰어들었다.

→ _____ _____ _____ _____ the rabbit.

2. 나는 그렇게 무례한 사람을 본 적이 없다.

→ Never _____ I _____ such a rude man.

3. 그가 반지를 잃어버린 것은 이 운동장에서였다.

→ It was on this playground _____ he lost his ring.

rude [ruːd] 무례한, 예의 없는
playground [pléigraund] 운동장

UNIT

부정, 생략, 삽입, 동격

부분부정과 전체부정의 의미에 유의한다. 또 영어에서는 반복되는 말을 생략하기도 하고, 부가적인 설명을 위해 필요한 말을 중간에 넣기도 한다.

❶ 부분부정과 전체부정

all, every, both 등이 not과 결합하면 '모두(둘 다) ~인 것은 아니다'의 뜻으로 부분부정을 나타낸다. any, either가 not과 결합하거나, nothing, none, neither, never 등이 쓰이면 '아무것도(어느 것도) ~ 아니다'의 뜻으로 전체부정을 나타낸다.

I **don't** want **all** of them. 〈부분부정〉

I **don't** want **any** of them. 〈전체부정〉

He **didn't** know **both** of them. 〈부분부정〉

He **didn't** know **either** of them. 〈전체부정〉

❷ 생략

(1) 동일어구의 생략

He is taller than she (**is tall**).

Will it rain? – I hope (**it will**) not (**rain**).

One of my uncles lives in Incheon, and the other (**lives**) in Busan.

(2) 부사절에서 「주어+be동사」의 생략

When (**she was**) young, she was very beautiful.

when, while, though, if 등이 이끄는 부사절

(3) 목적격 관계대명사 / 「주격 관계대명사+be동사」의 생략

This is the watch (**that**) he gave me.

This is the book (**which was**) given by my teacher.

(4) 감탄문에서 「주어(주로 대명사)+동사」의 생략

What a wonderful day (**it is**)!

(5) 관용적 생략

(**This is**) Not for sale. / No parking (**is allowed**).

❸ 삽입

in fact = as a matter of fact (사실은), in short(요컨대), as a result(결과적으로), for example(예를 들면) 등

글 안에 보충 설명을 위해 다른 어구나 절을 첨가하는 경우를 말한다.

He is, **so to speak,** a walking dictionary. (즉, 다시 말해)

❹ 동격

어떤 명사 또는 명사 상당어구를 보충 설명하기 위해서 다른 명사나 명사 상당어구를 병행하는 경우를 말한다.

Mr. White, **our English teacher,** is very kind. 〈명사–명사〉

She has only one aim, **to be a doctor.** 〈명사–to부정사〉

관계대명사 that과 동격의 that 구분하기: that 이하 절의 문장 성분이 완벽하면 동격의 that이다.

There is no hope **that he will come.** 〈명사–명사절〉

I want to visit the city **of** Seoul. 〈동격의 of〉

UNIT TEST

☑ Day 60

A 생략할 수 있는 부분을 찾아 괄호를 치시오.

1. When I was young, I used to like rock bands.

2. I came here because I just wanted to come.

3. He speaks English as fluently as you speak English.

4. This is the book which was written by a famous writer.

fluently [flúːəntli] 유창하게
famous [féiməs] 유명한

B 두 문장이 같은 뜻이 되도록 빈칸에 알맞은 말을 쓰시오.

1. Neither of his parents is alive.

= _____ of his parents are dead.

2. I dislike both of them.

= I don't like _____ of them.

3. Not _____ of them are present.

= Some of them are absent.

alive [əláiv] 살아 있는
dislike [disláik] 싫어하다
present [préznt] 출석한, 참석한
absent [ǽbsənt] 결석한

C 다음 문장을 우리말로 옮기시오.

1. There is no doubt of his being guilty.

→ _____

2. Graham Bell, an American scientist, invented the telephone.

→ _____

3. We heard the news that he had entered Harvard.

→ _____

doubt [daut] 의심
guilty [gílti] 유죄의
invent [invént] 발명하다

D 우리말과 같은 뜻이 되도록 빈칸에 알맞은 말을 쓰시오.

1. 정말 아름다운 소녀이구나!

→ What _____ _____ _____!

2. 그가 미국 태생이라는 사실은 모든 사람들에게 알려져 있다.

→ The fact _____ _____ _____ from America is known to everybody.

3. New York에 있는 동안, 그는 영어 때문에 많은 문제를 겪었다.

→ _____ _____ New York, he had a lot of problems with English.

be known to ~에게 알려져 있다

1 어법상 틀린 문장은?

① There are they.
② There goes the bus.
③ Here comes the train.
④ There are a lot of girls.
⑤ Here comes the teacher.

2 중요
보기의 밑줄 친 부분과 쓰임이 같은 것은?

보기
I **do** know the news.

① What do you usually **do** on Sundays?
② **Do** you take a walk every morning?
③ He **does** his best to finish the work.
④ You speak English better than I **do**.
⑤ **Do** be careful about your health.

{3~4} 두 문장이 같은 뜻이 되도록 빈칸에 알맞은 말을 쓰시오.

3 All of them are absent.
= _____ of them are present.

4 Not both of her parents are alive.
= _____ of her parents is dead.

5 우리말과 같은 뜻이 되도록 괄호 안의 단어들을 바르게 배열하시오.

나는 죽기 전에 정말로 세계 일주 여행을 하고 싶다.
(around, a, want, the, world, do, take, to, I, trip)
→ _____ before I die.

{6~7} 밑줄 친 부분 중 생략할 수 **없는** 것을 고르시오.

6 중요
① What a beautiful day it <u>is</u>!
② He is much taller than you <u>are</u>.
③ When <u>he was</u> a boy, he was very smart.
④ That is the girl <u>who</u> helped me yesterday.
⑤ Do you know the man <u>who is</u> singing there?

7
① Come with me, if <u>it is</u> possible.
② This is the man <u>whom</u> I met in the park.
③ When <u>she was</u> young, she used to go there.
④ <u>Being</u> surrounded by the sea, England has a mild climate.
⑤ I don't know him, and don't want <u>to know him</u>.

8 빈칸에 알맞은 말이 순서대로 바르게 짝지어진 것은?

• I am in the habit _____ listening to music in the morning.
• We must remember the fact _____ smoking is a danger to our health.

① of – that
② of – which
③ on – that
④ on – whether
⑤ to – which

9 틀린 부분을 찾아 바르게 고쳐 쓰시오.

Only after understanding the situation the teacher made a comment.

10 밑줄 친 부분에서 의미상 생략된 것을 보충하여 쓰시오.

She usually doesn't speak until spoken to.

11 빈칸에 공통으로 알맞은 것은?

- It is because of you _____ I'm here.
- He heard the news _____ his team had won.

① which   ② that
③ who   ④ whether
⑤ when

12 우리말을 영어로 바르게 옮긴 것은?

나는 그녀를 여기서 만나리라고는 전혀 생각하지 못했다.

① Never I thought I meet her here.
② Never did I think I meet her here.
③ Never I thought I would meet her here.
④ Never do I think I would meet her here.
⑤ Never did I think I would meet her here.

13 어법상 틀린 문장은?

① There goes the dinner bell!
② We can meet again tomorrow, if necessary.
③ Hardly can you find such a nice apartment.
④ Is this someone who you believe is truthful?
⑤ Away went he, and stayed away all day and all night.

14 우리말을 영어로 옮길 때 빈칸에 알맞은 말은?

그 개는 말하자면 한 식구나 마찬가지이다.

→ The dog is, _____, a member of the family.

① in fact   ② as a result
③ in short   ④ so to speak
⑤ for example

{15~16} 두 문장이 같은 뜻이 되도록 빈칸에 알맞은 말을 쓰시오.

15 He is very busy, and I am busy, too.
= He is very busy. _____ _____ I.

16 I don't want to be a doctor, and he doesn't want to be one, either.
= I don't want to be a doctor. _____ _____ he.

중요

17 밑줄 친 that의 쓰임이 나머지와 <u>다른</u> 하나는?

① It was Ann <u>that</u> lived with Betty.

② It was Tom <u>that</u> I met yesterday.

③ It is in the zoo <u>that</u> we can see tigers.

④ It is certain <u>that</u> he will come back soon.

⑤ It was the monkeys <u>that</u> Dorothy saw in the park.

18 다음 문장을 밑줄 친 부분으로 시작하는 문장으로 다시 쓰시오.

(1) Emma walked <u>into the classroom</u>.

→ _____

(2) I will <u>never</u> do that again.

→ _____

고난도

19 다음 글의 밑줄 친 부분 중, 어법상 틀린 것은?

After his schooling, Hans spent many years ① traveling. Not until he was 30 ② wrote he any fairy tales. Hans put many pieces of his own life into his stories. His gawky* appearance was the basis for *The Ugly Duckling*, ③ which points out that the qualities that make you feel lonely or different are sometimes the ④ very qualities that can make you special. After years of hardship and loneliness, he came ⑤ to be <u>honored</u> throughout the world.   *gawky 볼품없는

Step 1

우리말과 같은 뜻이 되도록 괄호 안의 단어들을 바르게 배열하시오.

(1) 우리가 주문한 것은 포도주였다.

(wine, ordered, was, we, it, that)

····≯ _____

(2) 그때서야 나는 그 문제를 이해하였다.

(did, the, problem, understand, I)

····≯ Only then _____ .

(3) 날씨가 아주 좋아서 우리는 산책을 갔다.

(nice, the, weather, for, out, a, walk, we, was, so, that, went)

····≯ _____

Step 2

다음의 그림 (1), (2), (3)은 순서대로 일어난 일이다. 그림 (1)과 (2)에 나타난 상황을 묘사하는 문장을 빈칸을 채워 완성하고, 이에 따라 일어날 그림 (3)의 내용을 추론하여 글을 완성하시오.

Megan _____ , so hurriedly prepared herself for work. When _____ _____ , people who had been waiting for the bus started laughing. It was her shoes _____ . Only then _____ not dress shoes. She was _____ that she wanted to hide.

영어 문법 실력 쌓기 **4**원칙!

1 **문법은 이해+훈련이다!**

문법 용어와 형태를 아무리 외워도 언제 어떻게 쓰이는지
모르면 공식만 알고 문제에 적용하지 못하는 수학과 같습
니다. 문법의 쓰임과 역할을 이해하는 것이 중요합니다.

2 **예문을 통해 문법을 학습하자!**

제시된 예문을 문법적으로 파악하면 문장이 복잡해도 쉽게
이해할 수 있습니다.

3 **어휘를 외울 때는 품사도 함께 외우자!**

어휘를 외울 때 대충 뜻만 외우면 나중에 수준 높은 문장이
나왔을 때 분석도 해석도 할 수 없게 되는 경우가 생깁니다.
품사와 뜻을 함께 외우고, 예문도 챙겨 보며 문장 속 쓰임을
익힙니다.

4 **문법은 대화나 글로 마무리 하자!**

문법을 배우는 이유는 회화나 글을 이해하고, 문장을 쓸 수
있는 기본 능력을 갖추기 위해서입니다. 단순히 문법 문제
를 푸는 것으로 끝내는 것 보다 대화나 독해 지문을 통해 흐
름 속에서 문법을 이해하는 것이 중요합니다. 한두 문장 정
도 스스로 써 보는 것도 좋은 방법입니다.

Hello
Grammar 4.0

Hello Grammar 4.0 완성

정답과 해설

기본 영문법 완벽 마스터!

천재교육

do
맨 먼저 외워야 할 영어단어

do.
하세요.

하지 않으면 아무 일도 일어나지 않습니다.
무조건 do하세요.

의사가 되고 싶으면 공부를 do하세요.
언젠가는 do 뒤에 ctor이 붙는답니다.

두 배로 얻고 싶으면 노력을 do하세요.
언젠가는 do 뒤에 uble가 붙는답니다.

인형처럼 예뻐지고 싶으면 웃음을 do하세요.
언젠가는 do 뒤에 ll이 붙는답니다.

정철의 〈학교 밖 선생님 365〉 중에서

수백 가지의 좋은 생각을 가지고 있어도
그것을 실행에 옮기지 않으면 소용이 없습니다.
작은 아이디어라도 하나 둘 실천하며 조금씩 목표에 다가가다 보면
꿈은 어느새 현실로 바뀌는 것이지요.
지금 당신의 가슴엔 어떤 꿈이 있습니까? 꿈을 이루고 싶다면 지금 바로 do하세요.

Chapter 01 | 문장의 구성과 품사

Unit 01 > 문장의 개념

UNIT TEST   p. 11

A **1** You and I // are friends.   **2** The shop // is open from nine to five.   **3** Good readers // always look for topics when they read.   **4** Getting up early in the morning // is quite hard for me.   **5** Students from Korea // are usually very diligent.

B **1** S   **2** P   **3** C   **4** C   **5** P   **6** P

C **1** father   **2** women   **3** dog   **4** city   **5** Mastering   **6** people

---

A ▶ 동사가 시작되는 부분을 찾는다.

동사: be동사, 일반동사, 조동사

1. 너와 나는 친구이다.

2. 그 가게는 9시부터 5시까지 연다.

3. 좋은 독자들은 항상 읽으면서 주제를 찾는다.
   ▶ always는 동사 look을 꾸며주므로 서술부에 해당

4. 아침에 일찍 일어나는 것은 나에게 매우 힘들다.

5. 한국에서 온 학생들은 보통 아주 부지런하다.

B ▶ 문장(sentence): 주어와 동사를 갖춘 하나의 완결된 단위
절(clause): 주어와 동사를 갖추고 있으며 문장의 일부가 되는 것
구(phrase): 두 개 이상의 단어가 모여 하나의 품사 역할을 하는 것

1. (날씨가) 덥고 햇볕이 난다.
   ▶ 주어(It), 동사(is)를 갖추고 있으며, 하나의 완결된 의미 구조이므로 문장이다.

2. 봄에는 꽃이 피기 시작한다.

3. 너는 Jenny가 학교를 떠난다는 사실을 알고 있니?
   ▶ 주어(Jenny), 동사(is)를 갖추고 있지만 전체 문장의 일부로 목적어 역할을 하고 있으므로 절이다.

4. 공부를 열심히 하면 너는 시험에 합격할 것이다.

5. 여행에서 가장 좋았던 것은 무엇이었니?

6. Julia는 생일 선물로 내게 이 셔츠를 주었다.

C ▶ 주어부, 술어부를 먼저 구분한 후 수식어(구)를 분리해 낸다.

〈보기〉 우리 반의 모든 사람은 Kelly를 좋아한다.

1. 아버지는 나와 함께 자주 농구를 하신다.
   ▶ 주어부 My father, My는 수식어

2. 많은 여성들은 쇼핑을 즐긴다.
   ▶ 주어부 A lot of women, A lot of는 수식어

3. 저 늙은 개는 항상 고양이의 먹이를 먹는다.
   ▶ 주어부 That old dog, That old는 수식어구

4. 이탈리아의 이 아름다운 도시는 약 천 년 전에 건설되었다.
   ▶ 주어부 This beautiful city in Italy, This beautiful과 in Italy는 수식어구

5. 외국어를 정복하는 것은 정말 어렵다.
   ▶ 주어부 Mastering a foreign language, a foreign language는 동명사인 Mastering의 목적어

6. 많은 사람들이 도심지 근처에 사는 것을 선호한다.
   ▶ 주어부 Many people, Many는 수식어

Unit 02 > 문장의 구성 요소

UNIT TEST   p. 13

A **1** 주어, 동사, 목적어   **2** 보어   **3** 목적어   **4** 목적어, 목적격보어

B **1** Reading   **2** to sit   **3** happy   **4** careful   **5** beautiful

C **1** ○   **2** ○   **3** ×   **4** ×   **5** ×

D **1** My, very, well   **2** tomorrow   **3** an, excellent   **4** the, new, near the park

---

A ▶ 문장 구성 요소의 기능을 파악한다.

주어: 문장의 주체 / 동사: 주어의 상태나 동작을 나타냄 / 목적어: 동작의 대상이 되는 말 / 보어: 주어나 목적어의 상태를 보충하는 말

1. Anna는 색깔이 매우 화려한 티셔츠를 샀다.

2. 이 파이는 맛있어 보인다.

3. 제가 TV를 봐도 되나요?

4. 나는 Kevin이 방을 청소하는 것을 발견했다.

B 1. 이 책을 하루에 읽는 것은 매우 어렵다.
   ▶ 주어가 필요하므로 동명사인 Reading이 알맞다.

2. 너는 내 옆에 앉고 싶니?
   ▶ want는 목적어로 to부정사를 취한다.

3. Mark는 어머니를 행복하게 했다.
   ▶ 목적격보어로 쓰여야 하므로 형용사가 온다.

4. 너는 길을 건널 때 조심해야 한다.

▶ be동사의 보어이므로 형용사가 온다.

5. 그녀는 정말 아름답다.

　　▶ be동사의 보어이므로 형용사가 온다.

C 〈보기〉 아버지는 나에게 컴퓨터를 사 주셨다. ▶ 직접목적어

1. 나는 내 남동생에게 장난감을 줄 것이다. ▶ 직접목적어

2. 내가 당신에게 질문을 하나 해도 되나요?

　　▶ ask *A B*: A에게 B를 묻다 (직접목적어)

3. 그녀는 Tom을 웃게 만들었다.

　　▶ laugh는 목적어 Tom의 상태를 설명하는 목적격보어

4. 나뭇잎들이 노란색으로 변했다.

　　▶ yellow는 주어 The leaves의 상태를 설명하는 주격보어

5. 그들은 그 개를 미미라고 불렀다.

　　▶ Mimi는 the dog을 설명하는 목적격보어

D 1. 내 여동생은 노래를 아주 잘한다.

　　▶ My는 sister 수식, very well은 sings 수식(여기서 very는 well을 수식

2. 내일 비가 올 것이다.

　　▶ tomorrow는 문장 전체를 수식하는 부사

3. Dave는 훌륭한 요리사이다.

　　▶ an excellent는 cook을 수식

4. 나는 공원 근처의 새 동물원을 방문하고 싶다.

　　▶ the new와 near the park는 각각 zoo를 수식

Unit 03 > 품사의 이해

UNIT TEST　　　　　　　　　　　　　　　　p. 15

A 1 대명사, 동사, 명사　2 접속사, 부사, 전치사　3 명사, 조동사
　4 형용사, 관사, 형용사　5 동사, 부사
B 1 The　2 easily　3 going　4 because　5 good
C 1 보다, 시계　2 주차했다, 공원　3 눕다, 거짓말
D 1 if　2 because　3 although

A ▶ 명사: 사물의 이름을 나타냄 / 대명사: 앞에 나온 명사를 대신함 / 동사:
동작이나 상태를 나타내는 말로 be동사, 일반동사 / 조동사: 동사 앞에
쓰여 동사의 기능을 도와줌 / 형용사: 명사(대명사)를 수식하거나 보어
로 쓰임 / 관사: a, an, the / 부사: 동사, 형용사, 다른 부사, 문장 전체
를 수식 / 접속사: 단어와 단어, 구와 구, 절과 절을 이어줌

1. 그는 시골의 작은 집에서 살았다.

2. Jim과 Alice는 공원에서 함께 걷고 있다.

---

3. 많은 사람들이 내가 그 시험을 통과할 수 있는 것을 믿지 않았다.

4. 남아프리카의 검은 들소는 세상에서 가장 위험한 동물 중의 하나이다.

5. 이 질문들에 빠르게 답하시오.

B 1. 옛날에 한 왕이 살았다. 그 왕에게는 아름다운 공주가 한 명 있었다.

　　▶ 앞에 나온 a king을 받으므로 The가 알맞다.

2. 그녀는 매우 활달하고 친구를 쉽게 사귄다.

　　▶ makes friends를 수식하는 부사가 필요하다.

3. 점심 먹으러 나와 함께 나가지 않을래?

　　▶ 전치사 뒤에는 동명사 형태가 온다.

4. 그녀가 말도 없이 떠나서 그는 화가 났다.

　　▶ 뒤에 절이 연결되므로 접속사 because가 필요하다.

5. 쿠키의 냄새가 아주 좋다.

　　▶ smell의 보어가 되어야 하므로 형용사가 알맞다.

C 1. 나는 축구 경기를 보고 싶다. / 나는 보통 시계를 차지 않는다.

　　▶ watch ⑧ 보다 / ⑨ 시계

2. 나는 오래된 다리 근처에 차를 주차했다. / 공원으로 산책하러 가자.

　　▶ park ⑧ 주차하다 / ⑨ 공원

3. 나는 불 앞에 누워 책 읽는 것을 아주 좋아한다. / 내가 그녀의 머리 자
른 모양이 좋다고 말한 것은 거짓말이었다.

　　▶ lie ⑧ 눕다, 거짓말하다 / ⑨ 거짓말

D 1. 제가 창문을 열어도 괜찮겠습니까? ▶ 조건의 접속사가 필요하다.

2. 우리는 날씨가 너무 추워서 밖에 머무르지 않았다.

　　▶ 이유의 접속사가 필요하다.

3. 비록 매우 위험하다는 것을 알았지만, 그녀는 혼자 집까지 걸어갔다.

　　▶ 양보의 접속사가 필요하다.

REVIEW TEST　　　　　　　　　　　　pp. 16~18

1 ②　2 classical music (또는 music), a lot of
compositions by Mozart (또는 compositions)　3 Say
→ Saying (To say)　4 ③　5 (1) 열심히　(2) 힘든　6 ①
7 ③　8 ④　9 ②　10 ③　11 ②　12 ④　13 going
14 (1) Watching　(2) be　15 (1) 주어, 목적어　(2) 간접목
적어, 직접목적어　(3) 목적어, 목적격보어　(4) 주격보어　(5) 주
격보어　16 ①　17 ②　18 (1) came, Janet이라는 이름의 그
의 친구가 그를 돕기 위해 왔다.　(2) didn't know, 나는 그가 거
짓말하고 있다는 것을 알지 못했다.　(3) Remember, 불을 끄는
것을 기억해라.　19 ①　20 ③

Grammar for NEAT

Step 1 예시 답 (1) got up late (2) didn't work (3) I missed (4) will take a taxi (5) because of the bad weather

Step 2 예시 답 got up late, alarm clock didn't work, missed it, took a taxi, was late for, because of

1 ① 너와 그는 둘 다 잘못했다.

② 너는 지금 여기서 무엇을 하고 있니? ▶ What은 목적어, 주어는 you

③ 여행은 때때로 아주 피곤할 수도 있다.

④ 나의 이웃 소년이 나에게 데이트를 신청했다.

⑤ 일주일 안에 그 숙제를 끝낸다는 것은 불가능하다.

2 Ford 씨는 클래식 음악을 아주 좋아하여 모차르트의 많은 작품을 연주한다.

▶ loves의 목적어는 classical music, plays의 목적어는 a lot of compositions by Mozart

3 작별 인사를 하는 것이 나에게는 쉽지 않았다.

▶ 동사원형은 주어로 쓰일 수 없으므로 명사 상당어구인 동명사나 to부정사로 고쳐야 한다.

4 ① 우리를 도와주시다니 당신은 정말로 친절하군요.

② 친절한 말들에 감사드립니다.

③ 그것은 어떤 종류의 일이죠?

④ 그녀는 매우 친절하고 사려깊은 사람이다.

⑤ 저에게 이 편지를 읽어 줄 만큼 당신은 충분히 친절하신가요?

▶ kind 혱 친절한 / 몡 종류

5 (1) 그녀는 그 시험을 위해 아주 열심히 공부해야 한다.

(2) 우리 조부모님은 아주 힘든 삶을 사셨다.

▶ hard 뷔 열심히 / 혱 여러운, 힘든

6 우리의 새로운 식기 세척기는 아주 조용하다(소음이 없다).

▶ be동사 뒤에 나오는 보어가 필요하므로 형용사가 와야 한다.

7 아이들이 운동장에서 행복하게 놀고 있다.

▶ 의미상 동사 play를 수식하므로 부사 happily가 필요하다.

8 ① 나는 편지를 쓰고 있다. ▶ 목적어

② 나는 이 인형을 사고 싶다. ▶ 목적어

③ 나는 그것을 어떻게 하는지 모른다. ▶ 목적어

④ 그녀는 유명한 음악가가 되었다. ▶ 주격보어

⑤ 당신은 그 경기의 규칙을 설명해 주실 수 있나요? ▶ 목적어

9 〈보기〉 그는 그의 딸을 의사로 만들고 싶어 한다. ▶ 목적격보어

① 나는 그녀에게 곰 인형을 사 주었다. ▶ 직접목적어

② 그녀는 그의 이름을 기억할 수가 없었다. ▶ 목적어

③ 그들은 그 개를 Fluffy라고 불렀다. ▶ 목적격보어

④ 나중에 그는 음악가가 되었다. ▶ 주격보어

⑤ 내가 너에게 저녁을 요리해 줄게. ▶ 직접목적어

10 ① 그는 그의 아버지와 닮았다. / 너는 그의 무엇을 좋아하니?

▶ like 쩐 ~와 같은, ~처럼 / 동 좋아하다

② 우리는 그날 밤 차 안에서 자야만 했다. / 너는 집에 가서 잠을 좀 자야 한다. ▶ sleep 동 자다 / 몡 잠

③ 나는 내 손자들과 함께 살고 싶다. / 우리는 지금 St. Louis에서 산다.

▶ live 동 살다

④ 나는 그들이 수락할 거라고 아주 확신한다. / 당신 딸은 매우 예쁘다.

▶ pretty 뷔 꽤, 아주, 상당히 / 혱 예쁜

⑤ 그는 나에게 활짝 미소를 보여주었다. / 네가 나를 보고 웃으면 나는 모든 일이 다 괜찮다는 생각이 든다. ▶ smile 몡 미소 / 동 미소짓다

11 Angela는 한 시간 전에 그녀의 케이크가 준비되었는지 묻고자 전화했다.

▶ 문맥상 '~인지 아닌지'의 의미를 지닌 if가 필요하다. 여기서 if는 명사절을 이끌며 ask의 목적어 역할을 한다.

12 ▶ 목적어로 사용되는 것: 명사, 대명사, 명사 상당어구(동명사, to부정사, 명사절 등) / 동사원형은 목적어가 될 수 없다.

13 나쁜 날씨 때문에 나는 밖으로 나갈 수 없었다.

▶ from은 전치사이므로 뒤에 명사 상당어구가 와야 한다. 따라서 동사원형을 동명사 형태로 고쳐 쓴다.

14 (1) 하루 종일 TV를 보는 것은 시간 낭비이다.

▶ 문장의 주어이므로 동명사 Watching이 알맞다.

(2) 감기에 걸리지 않도록 조심해야 한다.

▶ 조동사 should 다음에는 동사원형이 와야 한다.

15 (1) 경찰이 그 사고를 조사하겠다고 약속했다.

▶ 동사는 promised로 The police officer는 주어이고 to look into the accident는 promised의 목적어이다.

(2) 제가 곧 바로 당신에게 이메일을 보내겠습니다.

▶ send는 목적어를 2개 취할 수 있다.

(3) 그녀는 그 이야기가 재미있다는 것을 알아냈다.

▶ find+목적어+목적격보어: ~가 …라는 것을 알아내다

(4) 그들은 점점 더 흥분하게 되었다.

▶ get은 변화를 나타내며, excited는 주어 They의 상태를 설명한다.

(5) 맨 처음 해야 할 일은 지도를 읽는 것이다.

▶ be동사 뒤에서 주격보어로 사용되고 있다.

16 ① 그녀는 서울에서 음식점을 운영하고 있다.

② 그는 어제 자동차 사고를 당했다.

③ 너는 불편해 보인다.

④ 이 운동은 어렵지 않다.

⑤ Gloria는 파란색 드레스를 입고 있다.

▶ 주어, 동사, 목적어, 보어가 아닌 수식어구(형용사구, 부사구)는 생략해도 문장이 성립한다. ① in Seoul (부사구)

17 ① 그는 당신이 열쇠 찾는 것을 도와줄 것이다.

② 그녀는 눈 때문에 밖에 나가지 않았다.

▶ because는 접속사로 뒤에 절이 와야 한다. 명사구와 함께 쓰이기 위해서는 because of를 사용해야 한다.

③ 나는 내 영어를 향상시키는 데 관심이 있다.

④ 내가 요리하는 동안 숙제를 마쳐라.

⑤ Sophia는 오늘 밤 파티를 위해 아름답게 옷을 입었다.

18 (1) ▶ 주어부는 His friend named Janet이며 동사는 came이다.

(2) ▶ that he was lying은 didn't know의 목적절이다. 문장 전체의 주어는 I, 동사는 didn't know이다.

(3) ▶ 명령문으로 Remember가 문장의 동사이다. to turn the light off는 to부정사로 remember의 목적어 역할을 한다.

19 ① Pater는 어제 나를 슬프게 만들었다.

▶ 「make+목적어+목적격보어」의 구조로 목적격보어로 부사가 올 수 없다. sadly → sad

② 내게 너의 이름과 주소를 줘.

③ 나는 그녀가 회의에 올 거라고 생각한다.

④ 최선을 다하는 것이 성공하는 방법이다.

⑤ 너는 이 거리에서 저 표지판을 읽을 수 있니?

20 공손함은 당신이 자란 문화에 의존한다. 가령, 라틴 아메리카에서는, 모든 손님에게 음식과 음료를 권하는 것이 매우 중요하다. 만약 손님이 음식을 받기를 거부한다면 건강상의 이유가 있는게 아니라면 공손하다고 여겨지지 않는다. 반면 미국에서는 손님이 무언가를 원하지 않을 때 "아니요."라고 말하는 것이 적절할 수 있다. 공손함은 다른 사람들을 잘 대해주겠다는 바람에 근거를 두고 있지만, 나라들은 서로 다른 방식으로 공손함을 보여준다.

▶ (A) is가 동사로 주어 역할을 하는 주어부가 필요하므로 동명사인 offering이 맞다.

(B) 「There is/are ~」는 be동사 다음에 주어가 온다. 따라서 여기서 주어는 a health reason이므로 단수 동사 is가 맞다.

(C) 동사 treat을 수식하는 부사 well이 적절하다.

Grammar for NEAT

Step 1 (1) get up 일어나다 (2) work 작동하다 (3) miss 놓치다 (4) instead of ~ 대신에 (5) go out 외출하다, because of ~ 때문에

Step 2 Betty는 그녀의 알람 시계가 작동하지 않아서 늦게 일어났다. 그녀는 학교 버스를 뒤쫓았지만 놓쳤다. 그녀는 택시를 탔지만 교통 체증 때문에 학교에 늦었다.

▶ 일어난 사건을 순서대로 서술하면서 그림에 알맞은 표현을 사용하여 문장을 완성한다.

Check Your Writing	Yes	No
일어난 사건을 논리적으로 이해하여 추론했나요?		
그림에 알맞은 표현을 사용했나요?		
어법에 맞게 문장을 완성했나요?		

Unit 04 > 평서문, 의문문

UNIT TEST p. 21

A **1** I am not (I'm not) good at math. **2** He does not (doesn't) get up early in the morning. **3** You can't (cannot) go there by yourself.

B **1** like **2** do **3** are **4** No

C **1** Does **2** Yes **3** does he teach **4** When did

D **1** How is the weather in Korea? **2** Who did you meet yesterday? **3** How many children do they have?

A 1. 나는 수학을 잘한다. → 나는 수학을 잘하지 못한다.

▶ be동사 + not

2. 그는 아침에 일찍 일어난다. → 그는 아침에 일찍 일어나지 않는다.

▶ (3인칭 단수 현재) does + not + 동사원형

3. 너는 혼자 거기에 갈 수 있다. → 너는 혼자 거기에 갈 수 없다.

▶ 조동사 + not + 동사원형

B 1. 그녀는 야구하는 것을 좋아하니?

▶ Does + 주어 + 동사원형 ~?

2. 너는 어디에 사니?

▶ 의문사 + do/does/did + 주어 + 동사원형 ~?

3. 너는 왜 그에게 화가 났니?

▶ 의문사 + be동사 + 주어 ~?

4. 그녀는 너의 언니가 아니니?

– 그래. 그녀는 나의 사촌이야.

▶ 부정의문문의 대답 내용이 부정이므로 No로 답한다.

C 1. 너의 언니는 런던에 사니? – 응, 그래.

▶ 3인칭 단수 현재 일반동사의 일반의문문이므로 Does를 사용한다.

2. 너는 배고프지 않니? – 아니. 난 먹을 것을 원해.

▶ 부정의문문에 대한 대답 내용이 긍정이므로 Yes로 답한다.

3. 그는 어떤 과목을 가르치니? – 그는 과학을 가르쳐.

▶ 의문사 + do / does / did + 주어 + 동사원형 ~?

4. 언제 그들이 여기에 도착했니?

– 그들은 한 시간 전에 여기에 도착했어.

▶ 시간을 묻는 의문사가 필요하다.

D 1. 한국의 날씨는 어떻습니까?

▶ 의문사 + be동사 + 주어 ~?

2. 어제 너는 누구를 만났니?

   ▶ 의문사+do/does/did+주어+동사원형 ~?

3. 그들은 몇 명의 아이들이 있습니까?

   ▶ 의문사+do/does/did+주어+동사원형 ~?

Unit 05 > 부가 / 간접 / 선택의문문

UNIT TEST   p. 23

A **1** isn't it   **2** does he   **3** won't you   **4** aren't they

B **1** didn't you   **2** will you   **3** can't he   **4** shall we

C **1** where he is   **2** when she will be back   **3** how I did my homework   **4** what makes you think so

D **1** Do, or   **2** What do you think   **3** where she lives   **4** will you

A   1. 이 차는 너의 것이지, 그렇지 않니?

   ▶ 주어+be동사 ~, be동사의 부정 단축형+대명사 주어?

   2. Mike는 이것에 관해 몰라, 그렇지?

   ▶ 주어+일반동사의 부정형 ~, do/does/did+대명사 주어?

   3. 너는 내일 여기 있을 거지, 그렇지 않니?

   ▶ 주어+조동사 ~, 조동사의 부정 단축형+대명사 주어?

   4. Jake와 John은 형제야, 그렇지 않니?

   ▶ 주어+be동사, be동사의 부정 단축형+대명사 주어?

B   1. 너는 파티에 갔어, 그렇지 않니?

   ▶ 주어+일반동사 ~, don't/doesn't/didn't+대명사 주어?

   2. 인내심을 가지세요, 그러실 거죠?

   ▶ 명령문의 부가의문문: will you?

   3. 그는 바이올린을 연주할 수 있어, 그렇지 않니?

   ▶ 주어+조동사 ~, 조동사의 부정 단축형+대명사 주어?

   4. 스키 타러 갑시다, 그럴래요?

   ▶ Let's ~ 의 부가의문문: shall we?

C   간접의문문의 어순: 의문사+주어+동사

   1. 나는 그가 어디에 있는지 모른다.

   2. 너는 언제 그녀가 돌아올지 아니?

   3. 그는 내가 숙제를 어떻게 했는지 알았다.

   4. 나는 네가 왜 그런 생각을 하게 된 건지 안다.

D   1. ▶ 선택의문문

   2. ▶ 주절에 think, believe가 쓰인 의문문에서는 간접의문문의 의문

사가 문장 맨 앞에 온다.

3. ▶ 간접의문문: 의문사+주어+동사

4. ▶ 명령문의 부가의문문: will you?

Unit 06 > 명령문, 감탄문

UNIT TEST   p. 25

A **1** What → How   **2** How → What   **3** pretty a → a pretty   **4** How → What

B **1** and   **2** or   **3** Don't believe   **4** How

C **1** Let's go out for dinner.   **2** Don't(Never) be late for school.   **3** Please be quiet. 또는 Be quiet, please.   **4** or you will (you'll) fail in the exam

D **1** How kind (she is)!   **2** What a big house (it is)!   **3** How smart (you are)!

A   ▶ How+형/부+주어+동사!

    What+(a/an+)형+명+주어+동사!

   1. 얼마나 맛있는지!

   2. 얼마나 멋진 날씨인지!

   3. 얼마나 예쁜 컵인지!

   4. 얼마나 운이 좋은 남자인지!

B   1. 좀 자도록 해, 그러면 기분이 나아질 거야.

   ▶ 명령문, and ...: ~해라, 그러면 …할 것이다

   2. 서둘러라, 그렇지 않으면 기차를 놓칠 거야.

   ▶ 명령문, or ...: ~해라, 그렇지 않으면 …할 것이다

   3. 그녀는 항상 거짓말을 해. 그녀를 믿지 마.

   ▶ 부정 명령문: Don't+동사원형 ~

   4. 그가 얼마나 큰지!

   ▶ How+형/부+주어+동사!

C   1. ▶ Let's+동사원형 ~: ~하자

   2. ▶ Don't(Never)+동사원형 ~: ~하지 마라

   3. ▶ 명령문에 please를 사용하면 정중한 표현이 된다.

   4. ▶ 명령문, or ...: ~해라, 그렇지 않으면 …할 것이다

D   ▶ 감탄문의 어순:

    How+형/부+주어+동사! / What+(a/an+)형+명+주어+동사!

   1. 그녀는 매우 친절하다. → 그녀는 얼마나 친절한지!

   2. 그것은 매우 큰 집이다. → 그것은 얼마나 큰 집인지!

   3. 너는 매우 영리하다. → 너는 얼마나 영리한지!

1 ② **2** ③ **3** ② **4** ④ **5** ② **6** ② **7** ③ **8** Don't eat, or **9** ④ **10** What is the weather like in Paris? **11** I know when his birthday is. **12** What do you think the truth is? **13** isn't she, she is **14** ⑤ **15** ④ **16** (1) He doesn't want to talk with me. (2) Don't(Never) be the first one to come here. **17** (1) Don't let's → Let's not (2) it was boring → boring it was **18** ④ **19** Yes, I do. **20** ②

Grammar for NEAT
Step 1 (1) arrived in Busan with my friend (2) How exciting the game was (3) going to send a postcard to you
Step 2 예시 답 in Jeju-do with my family, walked along one of the famous Olle trails, beautiful it was, are going to visit the Teddy Bear Museum

1 A: 너의 언니는 요즘 운동을 자주하니?
　　B: 응, 그래.
　　▶ 일반동사의 의문문으로 주어가 3인칭 단수이고 현재의 습관에 대한 것이므로 Does(does)가 알맞다.

2 A: 너의 부모님은 지금 너를 기다리고 계시니?
　　B: 응, 그래.
　　▶ be동사의 의문문: Be동사+주어 ~? now가 있으므로 ⑤는 쓸 수 없다.

3 A: KTX로 서울에서 동대구까지는 가격이 얼마입니까?
　　B: 약 3만 5천 원입니다.
　　▶ 가격을 물을 때: How much ~?

4 너의 방은 매우 지저분하다. 청소 좀 해라.
　　▶ 의미상 긍정 명령문이 와야 한다.

5 • 그녀는 얼마나 착한 소녀인지!
　　　▶「What+(a/an+)형+명+주어+동사!」의 감탄문
　　• 산책할까요?
　　　▶ Let's ~의 부가의문문: shall we?
　　• 조용히 해라. 그렇지 않으면 아기가 깰 것이다.
　　　▶ 명령문, or ...: ~해라, 그렇지 않으면 …할 것이다

6 너는 그녀가 여기에 오고 싶어 하는지 아닌지를 아니?
　　▶ 의문사가 없는 간접의문문은 if나 whether로 문장을 연결한다.

7 A: 그녀는 어디에 가고 있니?
　　B: 미안, 나는 그녀가 어디에 가고 있는지 몰라.

　　▶ 주절(I don't know)+간접의문문(의문사+주어+동사: where she is going)

8 너무 많이 먹는다면, 너는 배가 아플 것이다.
　　▶ 명령문, or... : ~해라, 그렇지 않으면 …할 것이다

9 ① 우리 축구할래?
　　② Julia는 딸이 없어, 그렇지?
　　③ 너는 그 회사에서 일했어, 그렇지 않니?
　　④ 울타리에 페인트칠 하는 것을 도와줘, 그럴 거지?
　　▶ 명령문의 부가의문문: will you?
　　⑤ Johnson 부부는 캐나다 출신이야, 그렇지 않니?

10 의문사로 시작하는 의문문: 의문사+be동사+주어 ~?

11 간접의문문: 의문사+주어+동사

12 think, believe, guess, imagine, suppose 등이 쓰인 의문문의 간접의문문은 의문사가 문장 맨 앞에 온다.

13 A: Emily는 요리를 잘하지, 그렇지 않니?
　　B: 응, 그래.
　　▶ 앞 문장이 긍정문일 때 부정의 부가의문문을 쓰는데, 「주어+be동사 ~, be동사의 부정 단축형+대명사 주어?」의 형태로 쓴다.

14 ① Jane은 10년 전에 어디에서 살았니?
　　② George는 어제 열심히 일했니?
　　③ Mike는 지난 일요일에 TV를 보지 않았다.
　　④ 너는 어제 그 가게에서 뭘 샀니?
　　⑤ 너의 동생은 지난번에 왜 늦었니?
　　▶ ⑤에는 was가 들어가야 한다. 나머지는 did가 들어가야 한다.

15 A: Ann, 내가 너를 위해 꽃을 샀어.
　　B: 와! 그것들은 아주 아름다운 꽃들이구나.
　　▶ 감탄문: How+형/부+주어+동사! / What+(a/an+)형+명+주어+동사!

16 (1) 그는 나와 이야기하고 싶어 한다.
　　　→ 그는 나와 이야기하고 싶어 하지 않는다.
　　　▶ 3인칭 단수 주어이며, 일반동사 현재이므로 「does not (doesn't)+동사원형」을 사용한다.
　　(2) 여기 오는 첫 번째 사람이 되어라.
　　　→ 여기 오는 첫 번째 사람이 되지 마라.
　　　▶ 부정 명령문은 동사원형 앞에 Don't나 Never를 붙인다.

17 (1) 우리가 하고 있는 것을 멈추지 맙시다.
　　　▶ Let's로 시작하는 문장의 부정문은 Let's not ~이다.
　　(2) 그것은 얼마나 지루했는지!
　　　▶ How로 시작하는 감탄문: How+형/부+주어+동사!

18 ① 그는 얼마나 빠른지!
　　② 어찌나 작은 세상인지!
　　③ 그 개를 무서워하지 마라.

④ 그녀는 나에 관해 아무것도 모른다.

▶ 일반동사의 부정형: do/does/did+not+동사원형 (knows → know)

⑤ 너는 물리학과 생물학 중에서 어느 것을 더 좋아하니?

19 A: 너는 정말 낚시를 좋아하는구나, 그렇지 않니?

B: 응, 그래. 난 주말마다 낚시하러 가.

▶ 부가의문문을 긍정의문문(Do you really like fishing?)이라고 생각하고 대답한다.

20 어떤 사람들은 타조가 머리를 모래 속에 묻는다고 생각한다. 그들은 타조가 적으로부터 숨고 있다고 믿는다. 그러나, 타조는 어느 것으로부터도 숨을 이유가 없다. 그것이 얼마나 빨리 달릴 수 있는지 아는가? 최고 시속 40마일이다! 그것은 대부분의 적들보다 더 빠르다. 타조 암컷은 땅속의 구멍에 알을 낳는다. 알 한 개는 흔히 소프트볼보다 더 크다. 이것이 요리되면, 당신은 그것을 달걀 샐러드를 만들기 위해 사용할 수 있다. 당신은 자그마치 20개의 샌드위치를 만들 수 있을 만큼 충분한 양을 얻을 것이다! 그것은 정말 대단한 식사이다, 그렇지 않은가?

▶ ② 간접의문문이므로 어순이 「의문사+주어+동사」가 되어야 한다. 따라서, how fast it can run으로 바꿔야 한다.

Grammar for NEAT

Step 1 (2) How+형용사+(주어+동사)!

(3) be going to+동사원형: ~할 것이다

Step 2

> 1. 미나가 여행하는 곳: 제주도
> 2. 미나가 오늘 한 일: 유명한 올레길 중 하나를 걷기
> 3. 미나가 내일 할 일: 테디 베어 박물관을 방문하기

Sally에게,

안녕! 어떻게 지내니? 나는 어제 우리 가족과 함께 제주도에 도착했어. 너는 제주도에 가 본 적 있니? 나한테는 이번이 처음이야. 오늘 우리는 유명한 올레길 중 하나를 걸었어. 얼마나 아름답던지! 내일은 테디 베어 박물관에 갈 예정이야. 너는 방학을 어떻게 보내고 있니? 나는 즐겁게 지내고 있지만, 네가 그립기도 해.

사랑을 담아,

미나가

▶ 주어진 정보가 무엇인지 파악하여 이메일의 내용을 구성한다. 평서문, 의문문, 감탄문 등 다양한 형태의 문장을 이용하여 이메일을 완성한다.

Check Your Writing	Yes	No
주어진 정보가 빠짐없이 글쓰기에 들어갔나요?		
다양한 형태의 문장을 사용했나요?		
어법에 맞게 문장을 완성했나요?		

Unit 07 > 1형식, 2형식

UNIT TEST p. 31

> **A** 1 1형식 2 1형식 3 2형식 4 1형식 5 2형식
> **B** 1 C 2 C 3 A 4 A
> **C** 1 angrily → angry 2 arrive → arrive in 3 my house → to my house 4 excitingly → exciting
> **D** 1 ③ 2 ② 3 ① 4 ②

A 1. 모든 사람들은 언젠가 죽는다.

▶ All people(주어)+die(동사)+some day(부사구).

2. 너는 어디에 가고 있니?

▶ Where(의문부사)+are(동사)+you(주어)+going(동사)?

3. Jenny는 젊고 똑똑하다.

▶ Jenny(주어)+is(동사)+young and smart(보어).

4. 그는 곧 집에 올 것이다.

▶ He(주어)+will come(동사)+home(부사)+soon(부사).

5. 하늘이 갑자기 어두워졌다.

▶ The sky(주어)+turned(동사)+black(보어)+ suddenly(부사).

B ▶ 보어: 주어나 목적어의 뜻을 보충 / 부사(구): 동사나 형용사, 다른 부사를 꾸며주는 수식어(구)

1. 그들은 용감한 군인들이었다.

▶ be동사의 보어이다.

2. 그의 얼굴은 분노로 붉어졌다.

▶ become의 보어이다.

3. 사랑은 마음에서 흘러온다.

▶ 동사 flows를 수식하는 부사구이다.

4. Mike는 대단한 소식을 가지고 왔다.

▶ 동사 came을 수식하는 부사구이다.

C 1. 그는 매우 화가 난 듯이 보였다.

▶ 2형식의 look 다음에는 형용사 보어가 온다.

2. 그들은 내일 서울에 도착할 것이다.

▶ arrive(도착하다)는 자동사로 '~에 도착하다'의 의미가 되려면 전치사가 필요하다.

3. 너는 언제 우리 집에 올 거니?

▶ '집으로'라는 의미가 되어야 하므로 전치사 to를 넣어서 부사구가 되어야 한다.

4. 네 아이디어는 흥미롭게 들린다.

   ▶ sound 다음에는 형용사 보어가 온다.

D 1. ▶ feel 다음에는 형용사 보어가 온다.

 2. ▶ 변화를 나타내는 동사: get, become, grow

 3. ▶ be, become: ~가 되다

 4. ▶ live는 자동사로 부사(구)가 필요하다. / abroad ⓟ 외국에서, in Australia: 부사구, country ⓟ 국가

Unit 08 > 3형식, 4형식

UNIT TEST   p. 33

A 1 3형식   2 4형식   3 3형식   4 3형식
B 1 hear to → hear   2 visit → to visit   3 me → to me 또는 a postcard me → me a postcard   4 me → to me 또는 me를 tell 뒤로 보냄
C 1 IO   2 IO   3 DO   4 DO
D 1 He bought his girlfriend some flowers.   2 Ms. Parker will teach geography to us this summer.   3 May I ask a favor of you?   4 Please tell me the truth.

A 1. 올해는 누가 영어를 가르치게 될까?
   ▶ Who(주어)+will teach(조동사+동사원형)+English(목적어)+this year(부사구)?
 2. Dave는 그녀에게 커피 한 잔을 만들어 주었다.
   ▶ Dave(주어)+made(동사)+her(간접목적어)+a cup of coffee(직접목적어).
 3. 그는 점심으로 햄버거를 먹었다.
   ▶ He(주어)+ate(동사)+a hamburger(목적어)+for lunch(부사구).
 4. 우리는 이곳 뉴욕이 너무 춥기 때문에 캘리포니아로 이사 가는 것을 고려했다.
   ▶ We(주어)+considered(동사)+moving(목적어)+to California(부사구)+because~(부사절).

B 1. 너무 시끄러워서 나는 한 마디도 들을 수 없었다.
   ▶ hear는 '~을 듣다' 라는 뜻의 타동사로 전치사없이 바로 목적어를 취한다.
 2. 그는 언젠가 뉴질랜드에 방문하기를 원한다.
   ▶ want는 to부정사를 목적어로 취하는 동사이다.

3. Jenny는 나에게 엽서를 보냈다.
   ▶ send가 4형식으로 쓰일 때는 「send+간접목적어(me)+직접목적어(a postcard)」의 형태이다. 또한 4형식을 3형식으로 바꿀 때는 전치사 to를 사용한다.
 4. 너는 어떻게 버스 정류장에 가는지를 나에게 말해 줄 수 있겠니?
   ▶ tell이 4형식으로 쓰일 때는 「tell+간접목적어+직접목적어」의 형태이다. 여기서는 직접목적어가 「how to부정사」 구문이다. 또한 전치사 to를 이용하여 3형식으로 바꿀 수 있다.

C ▶ 간접목적어: ~에게, 직접목적어: ~을
 1. 선생님은 나에게 선물로 멋진 펜을 주셨다.
 2. 나는 내 인형에게 예쁜 드레스를 만들어 주었다.
 3. 나는 그녀에게 예쁜 모자를 주었다.
 4. 내게 펜을 빌려주겠니?

D ▶ 4형식: 주어+동사+간접목적어+직접목적어
   ↕
   3형식: 주어+동사+목적어+전치사+목적격
 1. 그는 그의 여자친구를 위해 꽃을 샀다.
 2. Parker 선생님께서 이번 여름에 우리에게 지리학을 가르칠 것이다.
 3. 제가 부탁을 해도 되겠습니까?
   ▶ ask는 4형식에서 3형식으로 바뀔 때 전치사 of를 쓴다.
 4. 제발 나에게 진실을 말해 주세요.

Unit 09 > 5형식

UNIT TEST   p. 35

A 1 to come   2 tell the truth   3 singing   4 a great musician
B 1 happy   2 play   3 do   4 to do
C 1 helped   2 caused   3 felt
D 1 called me Jimmy   2 elected her the mayor   3 have him fix the car   4 saw her crying alone in her room

A ▶ 목적격보어는 목적어의 상태를 설명해 주는 말이다.
 1. 당신은 그녀가 올 거라고 기대하나요?
   ▶ her를 설명해 주는 말은 to come이다.
 2. 나는 그들이 사실을 말하도록 할 것이다.
   ▶ them을 설명해 주는 말은 tell the truth이다.
 3. 우리는 Tom이 노래하는 것을 보았다.
   ▶ Tom을 설명해 주는 말은 singing이다.

4. 나는 그가 훌륭한 음악가라고 생각한다.
   ▶ him = a great musician

B 1. 그는 그의 부모를 행복하게 만들 것이다.
      ▶ 부사는 목적격보어가 될 수 없다.
   2. 너는 그녀가 바이올린 연주하는 것을 보았니?
      ▶ 지각동사(see)+목적어+동사원형
   3. 나는 그가 결코 그 일을 다시 하도록 하지 않을 것이다.
      ▶ 사역동사(let)+목적어+동사원형
   4. 나는 네가 그 일을 하기를 원한다.
      ▶ want는 to부정사를 목적격보어로 취하는 동사다.

C 1. 그녀는 내가 그 문제를 푸는 것을 도왔다.
      ▶ help는 목적격보어로 동사원형(solve)을 취할 수 있으며 의미상 적절하다.
   2. 비가 와서 강을 넘치게 했다.
      ▶ cause+목적어+to부정사: (목적어가) ~하도록 야기하다
   3. 나는 근처에서 무언가가 다가오는 것을 느꼈다.
      ▶ 지각동사 feel은 목적격보어로 현재분사(coming)를 취할 수 있으며 의미상 적절하다.

D 1. ▶ call A B: A를 B라고 부르다
   2. ▶ elect A B: A를 B로 선출하다
   3. ▶ have(사역동사)+목적어+동사원형: (목적어가) ~하도록 시키다
   4. ▶ see(지각동사)+목적어+동사원형(현재분사): (목적어가) ~하는 것을 보다

Ｒ EVIEW TEST   pp. 36~38

1 ① **2** ④ **3** ③ **4** She showed all her friends the letter. **5** ④ **6** ③ **7** send him my best wishes **8** ask a few questions of them **9** ⑤ **10** ② **11** (1) me → for me 또는 this toy soldier me → me this toy soldier (2) sweetly → sweet **12** ③ **13** ④ **14** ⑤ **15** ③ **16** ① **17** allow us to go **18** (1) to buy (2) fly (flying) (3) organize(to organize) **19** ⑤ **20** ③

Grammar for NEAT
Step 1 (1) saw a bird fly(flying)   (2) are in danger (3) is melting   (4) gives us the message   (5) may disappear

1 그는 그녀를 동물원에 무료로 들어가게 했다.
   ▶ 사역동사+목적어+동사원형

2 그녀는 그 소식을 들었을 때 안색이 창백해졌다.
   ▶ 변화를 나타내는 동사는 turn, grow, become, get 등이다.

3 나는 네가 그렇게 행동하는 것을 허락할 수 없다.
   ▶ allow+목적어+to부정사

4 그녀는 그 편지를 친구들 모두에게 보여 주었다.
   ▶ show는 수여동사이므로 「간접목적어+직접목적어」 형태로 쓸 수 있다.

5 ① 나는 오렌지를 아주 좋아한다.
   ② 나는 신문을 읽지 않는다.
   ③ 나는 작은 회사들을 위해 웹사이트를 디자인한다.
   ④ 그의 아들은 자라서 군인이 되었다.
   ⑤ 늑대가 뜰에서 닭 몇 마리를 보았다.
   ▶ ④ a soldier는 주격보어(2형식), 나머지는 목적어(3형식)

6 ① 우리는 그에게 한 달에 800달러를 지급했다.
   ② 나는 어느 누구에게도 이 사진을 보여 준 적이 없다.
   ③ 우리는 작년에 Susan을 의장으로 뽑았다.
   ④ Tina는 내 생일에 내게 고양이를 주었다.
   ⑤ 그날의 경험이 우리에게 많은 교훈을 가르쳐 주었다.
   ▶ ③ chairman은 목적격보어(5형식), 나머지는 직접목적어(4형식)

7 꼭 그에게 제 안부를 전해 주세요.
   ▶ 4형식으로 「동사(send)+간접목적어(him)+직접목적어(my best wishes)」 어순이 되어야 한다.

8 나는 그들에게 몇 가지 질문을 할 것이다.
   ▶ ask는 4형식을 3형식으로 바꿀 때 of를 사용하는 동사임에 유의하여 「ask+목적어+of+목적격」의 어순으로 문장을 만든다.

9 ① 너는 어디에서 사니?
   ② 나는 그것을 사용하는 방법을 안다.
   ③ 엄마가 나에게 이 드레스를 사 주셨다.
   ④ 당근은 내가 가장 좋아하는 채소다.
   ⑤ 그녀는 무슨 일이 일어나고 있는지를 보기 위해 밖으로 나갔다.
   ▶ 1형식 (to see what was going on은 부사구)

10 ① 그녀는 우리 모두에게 커피를 만들어 주었다.
   ② 이 노래는 그를 스타로 만들어 주었다.
   ③ 그는 그녀의 삶에 대한 영화를 만들었다.
   ④ 그녀가 몇몇 유익한 제안을 해 줄 것이다.
   ⑤ 나는 그 의사와 진료 예약을 했다.

▶ ② 5형식, 나머지는 3형식

11 (1) 나의 할아버지는 나에게 이 장난감 병정을 만들어 주셨다.

▶ make A B: A에게 B를 만들어 주다(4형식)=make B for A(3형식)

(2) 그녀가 우리를 위해 연주한 음악은 아주 달콤하게 들렸다.

▶ sound+형용사 보어

12 ① 나는 그녀가 노래하고 춤추는 것을 보았다.

▶ 지각동사(see)+목적어+동사원형(현재분사)

② 그녀는 내가 그 일을 하게 만들었다.

▶ 사역동사(make)+목적어+동사원형

③ 나는 그로 하여금 내 방을 청소하게 했다.

▶ 목적어인 my room이 깨끗해지는 것이므로 수동의 뜻인 과거분사 cleaned가 필요하다.

④ 그는 숙제를 하느라 피곤해졌다.

▶ tired(피곤해진)는 주어 he의 상태를 나타내는 주격보어

⑤ 그들은 내가 오리라고는 결코 예상하지 못했다.

▶ expect+목적어+to부정사

13 ① 그녀는 내가 거기에 가게 하지 않았다.

② 나는 그 남자에게 내 머리를 자르게 했다.

③ 나는 누군가가 내 이름을 부르는 것을 들었다.

④ 무엇이 너의 마음을 바꾸게 한 거니? ▶ cause+목적어+to부정사

⑤ 그들은 고양이가 죽은 것을 보았다.

14 ▶ taste+형용사 보어

15 ▶ ③ watched는 지각동사로 목적격보어로 동사원형이나 현재분사를 사용한다. to부정사는 올 수 없다.

16 〈보기〉 나는 너에게 저녁을 만들어 줄 것이다. ▶ 직접목적어

① 그는 그의 여자친구에게 다이아몬드 반지를 주었다. ▶ 직접목적어

② 그들은 나를 의장으로 뽑았다. ▶ 목적격보어

③ 너는 항상 나를 웃게 만든다. ▶ 목적격보어

④ 그녀는 내가 차를 운전하기를 원했다. ▶ 목적격보어

⑤ 나는 새들이 날아가고 있는 것을 지켜보았다. ▶ 목적격보어

17 allow+목적어+to부정사

18 (1) 이 돈이 그가 새 차를 사는 것을 가능하게 했다.

▶ enable+목적어+to부정사

(2) 우리는 풍선들이 하늘로 날아가는 것을 지켜보았다.

▶ 지각동사(watch)+목적어+동사원형(현재분사)

(3) 나는 그가 파티를 계획하는 것을 도왔다.

▶ help+목적어+동사원형(to부정사)

19 ① 그녀의 부모님은 그녀를 선생님으로 만들었다. ▶ 5형식

② 그녀의 부모님은 그녀를 행복하게 만들었다. ▶ 5형식

③ 그녀의 부모님은 그녀가 열심히 공부하도록 했다. ▶ 5형식

④ 그녀의 부모님은 그녀를 좋은 사람으로 만들었다. ▶ 5형식

⑤ 그녀의 부모님은 그녀에게 나무 의자를 만들어 주었다. ▶ 4형식

20 Maria는 뉴욕 시에 있는 자유의 여신상에서 일한다. "사람들이 '자유의 여신'에 대해 알도록 도와주는 것은 정말 재미있어요."라고 Maria는 말한다. 그녀는 관람객들이 이 유명한 동상 안쪽에 있는 박물관을 보도록 돕는다. Maria는 종종 방문객들과 동상의 왕관까지 올라가면서 이야기를 한다. "사람들과 이야기하는 것은 재미있어요. 게다가 나에게 운동의 기회가 되지요. 이 동상의 머리 쪽 왕관까지 가는 데는 계단이 154개나 된답니다!"

▶ (A) 주어로 쓰여야 하므로 to부정사나 동명사 형태가 되어야 한다.

(B) help+목적어+동사원형(to부정사) (C) 「There is/are+주어~」 구문을 주어가 154 steps이므로 복수 동사 are가 온다.

Grammar for NEAT

Step 1 (1) 지각동사(see)+목적어+동사원형(현재분사) (2) be in danger 위험에 처해 있다 (4) give+간접목적어+직접목적어

Step 2 이 포스터에서 우리는 북극곰 한 마리가 얼음 조각 위에 서있는 것을 본다. 북극곰은 북극의 얼음이 매우 빨리 녹고 있기 때문에 위험에 처해 있다. 그것은 우리에게 지구 온난화를 중단시키기 위해 조치를 취해야 한다는 메시지를 준다. 지구는 점점 더 뜨거워지고 있다. 우리가 지금 당장 무언가를 하지 않는다면, 북극곰은 곧 사라질지도 모른다.

▶ 포스터의 사진 묘사와 함께 전달하고자 하는 메시지를 나타내는 글을 완성한다.

Check Your Writing	Yes	No
포스터의 사진을 적절하게 묘사했나요?		
포스터가 전달하려는 메시지의 내용을 설명했나요?		
어법에 맞게 문장을 완성했나요?		

Chapter 04 | 동사의 시제

Unit 10 > 현재/과거/미래시제

UNIT TEST p. 41

A 1 will 2 rises 3 was 4 leaves

B 1 came 2 runs 3 lived 4 is

C 1 rains → will rain 2 are → were 3 have → will have 4 will not hurry → do not(don't) hurry

D 1 am going to travel 2 will arrive 3 washes 4 is

A 1. 나는 내년에 17살이 될 것이다. ▶ 미래

2. 태양은 동쪽에서 뜬다. ▶ 불변의 진리

3. 그의 아들은 2년 전에 전쟁에서 죽었다. ▶ 과거 사실

4. 그녀가 떠나면 나는 매우 슬플 것이다.

▶ 시간의 부사절에서는 현재가 미래를 대신한다.

B 1. 그는 어제 일본에서 왔다. ▶ yesterday는 과거 부사

2. 한강은 서쪽으로 흐른다. ▶ 현재 상태

3. 나는 작년에 파리에서 살았다. ▶ last year는 과거 부사구

4. 모든 학생은 지구가 둥글다는 것을 안다. ▶ 불변의 진리

C 1. 내일 비가 올 것이다.
   ▶ tomorrow는 미래 부사이므로 동사는 will rain을 쓴다.

2. John과 Sue는 오늘 아침에 학교에 지각했다.
   ▶ 이미 일어난 일이므로 are 대신에 과거형 were를 쓴다.

3. 우리는 그녀가 도착하면 저녁을 먹을 것이다.
   ▶ 시간의 부사절에서는 현재가 미래를 대신한다.

4. 서두르지 않으면, 너는 기차를 놓칠 것이다.
   ▶ 조건의 부사절에서는 현재가 미래를 대신한다.

D 1. ▶ 미래: be going to+동사원형

2. ▶ 미래

3. ▶ 현재의 습관

4. ▶ 조건의 부사절에서는 현재가 미래를 대신한다.

Unit 11 > 현재완료, 과거완료

UNIT TEST   p. 43

A **1** done **2** had **3** since **4** has been
B **1** eat → eaten **2** has → had **3** have met → met
   4 have → had
C **1** have been **2** had never met **3** have been
   4 has lived
D **1** has lost **2** has gone **3** had bought

A 1. 그녀는 방금 숙제를 했다.
   ▶ just는 '방금, 막'이라는 의미로 과거에 시작한 숙제를 현재 마쳤음을 의미하므로 현재완료 「have(has) 과거분사」를 쓴다.

2. 나는 누군가가 창문을 깬 것을 발견했다.
   ▶ 창문을 깬 것은 내가 발견한 것보다 먼저 일어난 일이므로 대과거 「had+과거분사」를 쓴다.

3. Andy는 1995년부터 오토바이를 탔다.
   ▶ 어떤 일이 시작된 시점을 나타내는 since가 적절하다.

4. 그는 지난 일요일부터 아팠다.
   ▶ 지난 일요일부터 현재까지 아픈 것이므로 현재완료를 쓴다.

B 1. John은 아직 햄버거를 먹지 않았다.

▶ 현재완료: have(has)+과거분사, eat-ate-eaten

2. 미나는 그녀가 산 책을 읽었다.
   ▶ 책을 읽은 것보다 산 것이 먼저 일어난 일이므로 대과거 「had+과거분사」가 되어야 한다.

3. 우리는 지난 주에 그녀를 만났다.
   ▶ last week는 과거시제와 함께 쓴다.

4. 나는 돈을 잃어버렸기 때문에 표를 살 수 없었다.
   ▶ 돈을 잃어버린 것이 먼저 일어난 일이므로 대과거 「had+과거분사」가 되어야 한다.

C 1. 엄마와 아빠는 결혼한 지 15년 되셨다.
   ▶ for 15 years는 '15년 동안' 계속해서 결혼 생활을 유지해 온 것을 의미한다. 따라서 계속을 나타내는 현재완료 have been을 쓴다.

2. Bill의 선생님들은 놀랐다. 그들은 예전에 그와 같은 학생을 만난 적이 없었다.
   ▶ Bill의 선생님들이 놀란 시점(과거)보다 그 이전에 일어난 일이므로 대과거 「had+과거분사」를 쓴다.

3. 나는 런던에 여러 번 갔었다.
   ▶ many times가 있으므로 경험을 나타내는 현재완료를 쓴다.

4. Alice는 1월부터 뉴욕에서 살았다.
   ▶ since가 있으므로 계속을 나타내는 현재완료를 쓴다.

D 1. Brad는 열쇠를 잃어버렸다. 그래서 그는 열쇠가 없다.
   ▶ Brad가 과거에 열쇠를 잃어버린 결과 현재 열쇠가 없다는 의미이므로 현재완료의 결과 용법이다.

2. 삼촌은 프랑스로 갔고, 그는 지금 여기에 없다.
   ▶ 프랑스로 가버려서 지금 여기 없다는 현재완료의 결과 용법이다.

3. 나는 이틀 전에 자전거를 샀고 그것을 그에게 주었다.
   ▶ 그에게 준 것보다 자전거를 산 것이 먼저 일어난 일이므로 대과거를 쓴다.

Unit 12 > 진행시제

UNIT TEST   p. 45

A **1** watching **2** Were **3** will be
B **1** reading **2** was taking **3** been
C **1** doing **2** was going **3** has, been **4** will be
D 예시 답 **1** He had been listening to music. **2** He had been playing baseball. **3** He had been watching(seeing) a movie with his girlfriend.

A 1. 내 남동생은 TV를 보고 있다.
   ▶ 현재 진행되고 있는 동작이므로 현재진행형이 온다.

2. 내가 전화했을 때 너는 이메일을 쓰고 있었니?

▶ 과거 시점에 진행 중인 동작이므로 과거진행형이 온다.

3. 그는 내일 저녁에 그의 삼촌을 방문하고 있을 것이다.

▶ 내일 저녁이라는 미래 시점에 일어나고 있는 동작으로 미래진행형이 온다.

B
1. 현재 하고 있는 동작이다.

2. 오후 2시라는 과거 시점의 동작이다.

3. 3시간 동안 계속해서 인터넷을 검색하고 있고 지금도 진행 중인 동작이므로 현재완료 진행형이 온다.

C
1. A: 너는 뭐 하고 있니?

B: 설거지를 하고 있어.

▶ 현재 하고 있는 동작이다.

2. A: 너는 그때 어디에 가고 있었니?

B: 나는 제과점에 가고 있었어.

▶ then이라는 과거 시점에서 진행되고 있는 동작이다.

3. A: 얼마 동안 비가 오고 있니?

B: 3일 동안 비가 오고 있어.

▶ 과거부터 시작해서 현재까지도 진행되고 있는 것이므로 현재완료 진행형이 온다.

4. A: 너는 내일 저녁에 뭐 하고 있을 거니?

B: 친구들과 영화를 보고 있을 거야.

▶ 미래 시점에서 진행될 동작이다.

D
A: James는 무엇을 하고 있었니?

▶ 질문이 과거완료 진행형이므로 과거완료 진행형 「had been+동사원형 -ing」로 답한다.

1. listen to music 음악을 듣다

2. play baseball 야구를 하다

3. watch(see) a movie 영화를 보다

REVIEW TEST
pp. 46~48

1 ② 2 ⑤ 3 ⑤ 4 have lost 5 going 6 ④ 7 ③
8 (1) moved (2) had gone 9 ⑤ 10 ③ 11 won't
12 haven't 13 ①, ② 14 I have worked in the
office 15 ④ 16 ① 17 ② 18 had seen 19 (1)
have you lost → did you lose (2) are you → have
you been (3) has stopped → stopped 20 ⑤

Grammar for NEAT
Step 1 (1) read a newspaper (2) listen to music
(3) fly a kite
Step 2 예시 답 (1) eating a sandwich (2) reading a
newspaper (3) riding a yellow bike (4) flying a
kite

1 너의 부모님은 집에 계시니?

▶ '집에 계시다'의 의미가 되어야 하므로 be동사가 필요하며, parents가 복수형이므로 Are가 온다.

2 나는 내 생일에 남자친구가 내게 준 머리핀을 잃어버렸다.

▶ 머리핀을 잃어버린 것보다 남자친구가 머리핀을 준 것이 먼저 일어난 일이므로 대과거 「had+과거분사」를 쓴다.

3 그녀는 지난 달 이후로 이 사무실에서 일해 오고 있다.

▶ since(~이후로)가 있으므로 현재완료의 계속 용법이 적절하다.

4 나는 MP3 플레이어를 잃어버려서 지금 없다.

▶ 과거에 발생한 일의 결과가 현재에 영향을 미치는 현재완료의 결과 용법이 적절하다.

5 나는 우유를 더 많이 마실 거야.

▶ 미래를 나타내는 will=be going to+동사원형

6 A: 그녀는 책을 읽고 있니?

B: 아니야, 그렇지 않아. 그녀는 편지를 쓰고 있어.

▶ 현재 진행 중인 내용이 온다.

7 Bob은 그의 일을 막 끝냈다.

▶ just가 들어가는 위치는 has와 과거분사 사이가 적절하다.

8 (1) Matt은 3년 전 뉴욕으로 이사했다.

▶ ago는 명백한 과거를 나타내는 말이므로 과거시제로 써야 한다.

(2) 내가 그곳에 도착했을 때, 나는 Jean이 집에 가 버린 것을 발견했다.

▶ 내가 도착한 것(과거)보다 Jean이 집에 가버린 일이 더 먼저 일어난 일이므로 대과거로 써야 한다.

9 ▶ 과거시제이므로 과거를 의미하는 부사구가 온다.

10 ▶ doesn't로 보아 3인칭 단수 주어가 필요하다.

11 A: 내일 날씨가 맑을까?

B: 아닐 거야.

▶ will이라는 미래형으로 질문했고 No라고 대답했으므로 미래형 will과 부정형 not의 축약형인 won't가 온다.

12 A: 오랜만이다.

B: 그래. 오랫동안 너를 못 만났네.

▶ 오랜만에 만났으므로 그동안 만나지 못했다는 의미로 haven't가 온다.

13 ① 그녀는 고릴라를 본 적이 없다.

② 그 문제는 언제 시작되었니?

③ 나는 어젯밤 스파게티를 먹었다.

▶ last night는 명백한 과거를 의미하는 부사구이다.

④ 그의 아버지는 그가 31살 때 돌아가셨다.

▶ since를 when으로 바꾼다. 또는 died를 have been dead로 바꾼다.

⑤ 나는 런던에 두 번 가 본 적이 있다.

▶ 경험을 나타내므로 I have been to London twice.가 맞다.

14 나는 이틀 동안 그 사무실에서 일해오고 있다.

▶ 이틀 전에 시작해서 지금까지 일해오고 있는 것이므로 현재완료를 사용한다.

15 A: 내가 전화했을 때 너는 무엇을 하고 있었니?

B: 나는 샤워를 하고 있었어.

▶ 과거에 진행되고 있는 동작이다.

16 A: 너는 내일 뭐 할 거니?

B: 날씨가 좋다면 소풍을 갈 거야.

▶ 조건을 나타내는 부사절이므로, 현재시제로 미래를 표현한다.

17 ① 나는 이미 이 책을 읽었다.

▶ 현재완료의 완료 용법이다.

② 나는 모든 사람들이 평등하게 창조되었다고 믿는다.

▶ believe는 진행형으로 표현하지 않는 동사이다.

③ 그가 한국을 방문하면 나는 그를 남산에 데려갈 것이다.

▶ 시간의 부사절에서는 현재시제가 미래를 대신한다.

④ 그는 한국전쟁이 1950년에 발발했다고 말했다.

▶ 역사적인 사실은 과거로 표현한다.

⑤ 이번 일요일이면 그녀는 20년간 결혼 생활을 해 온 것이 될 것이다.

▶ 미래 시점(this Sunday)을 기준으로 완료되는 사실을 나타내므로 미래완료가 맞다.

18 나는 그를 전에 보았다. 그래서 나는 그를 기억했다.

= 나는 그를 전에 본 적이 있기 때문에 그를 기억했다.

▶ 그를 본 것이 기억하는 것보다 먼저 일어난 일이므로 대과거를 쓴다.

19 (1) 너는 언제 스마트폰을 잃어버렸니?

▶ 의문사 when이 이끄는 절은 현재완료를 쓸 수 없다.

(2) 너는 어디에 있었어? 널 한 달 이상을 못 봤구나!

▶ 과거의 어느 시점부터 지금까지의 행방을 묻고 있으므로 현재완료로 쓴다.

(3) 그는 오래 전에 담배를 끊었다.

▶ ago로 보아 과거로 써야 한다.

20 당신이 십대들이 거의 가 본 적 없는 곳으로 여행하기를 바란다면, 이 여행은 당신을 위한 것이다. 폴란드의 크라쿠프는 서유럽을 이미 본 문화적으로 호기심이 강한 십대를 위한 완벽한 장소이다. 크라쿠프는 2차 세계대전의 폭탄으로부터 대체적으로 피해를 입지 않았다. 도시 외곽에는 아우슈비츠 강제 수용소가 있다. 2차 세계대전 동안 백만 명 이상 유럽에 살던 유태인, 기독교인, 그리고 집시들이 이곳에서 목숨을 잃었다.

▶ ⑤ during World War II가 명백한 과거 부사구이므로 과거시제가 되어야 한다. have lost → lost

Grammar for NEAT

Step 1 ▶ listen to music 음악을 듣다 fly a kite 연을 날리다 play the guitar 기타를 연주하다 talk on the phone 전화로 대화하다 watch a soccer game 축구 경기를 보다 look at the sky 하늘을 보다 ride a bike 자전거를 타다 swim in a lake 호수에서 수영하다 eat a sandwich 샌드위치를 먹다 read a newspaper 신문을 읽다

Step 2 공원에 여러 사람이 있다. 안경을 쓴 여자는 벤치에서 샌드위치를 먹고 있다. 파란 셔츠를 입은 남자는 신문을 읽고 있다. 어린 소년은 노란색 자전거를 타고 있다. 긴 머리의 소녀는 연을 날리고 있다.

▶ 그림의 사람들의 행동을 현재진행형을 사용하여 알맞게 묘사한다.

Check Your Writing	Yes	No
사람들의 행동을 묘사하는 표현을 알맞게 사용했나요?		
다양한 표현을 사용했나요?		
어법에 맞게 문장을 완성했나요?		

Chapter 05 | 부정사

Unit 13 > to부정사의 용법

UNIT TEST   p. 51

A **1** 주어로 쓰인 명사적 용법 **2** 대명사를 수식하는 형용사적 용법 **3** 감정의 원인을 나타내는 부사적 용법 **4** 목적을 나타내는 부사적 용법

B **1** is to make a peaceful world **2** to play soccer with **3** to pass the math test

C **1** to borrow **2** to live in **3** to be(become) **4** to hear

D **1** To tell a lie is wrong. **2** She wants to be a nurse. **3** I have no friend to help me. **4** I bought a dictionary to study English.

A 1. 아는 것과 가르치는 것은 별개이다.

▶ to know, to teach는 모두 '~하는 것'이라는 주어로 쓰였다.

2. 나는 너에게 말할 중요한 것이 있다.

▶ to tell은 앞의 대명사인 something을 수식한다. 형용사인 important도 대명사를 수식하는데, 이럴 때에는 「대명사+형용사+to부정사」의 어순이 된다.

3. 나는 그에게서 생일 선물을 받고 매우 기뻤다.
   ▶ 감정의 원인을 설명하는 부사적 용법이다.
4. 그녀는 문학을 공부하기 위해 미국에 갔다.
   ▶ '~하기 위해' 라는 의미로, 목적을 나타내는 부사적 용법이다.

B 1. 나의 꿈은 평화로운 세상을 만드는 것이다.
   ▶ a dream = It = to make ~이므로, My dream을 주어로 하면 be동사 뒤에 주격보어로 쓰이는 to부정사구로 된 문장을 만들 수 있다.
   2. 나는 함께 축구를 할 친구들을 원한다.
   ▶ some friends를 수식하는 to부정사의 형용사적 용법이 필요한데, '함께 놀 친구이므로' to부정사 뒤에 전치사 with가 온다.
   3. 나는 수학 시험에 합격하기 위해서 열심히 공부했다.
   ▶ '~하기 위하여' 라는 목적의 부사적 용법의 to부정사를 사용한다.

C 1. ▶ '~하기 위하여' 라는 목적의 to부정사의 부사적 용법을 사용한다.
   2. a house를 수식하는 to부정사의 형용사적 용법으로 to live를 house 뒤에 사용하는데, 의미상 전치사 in이 필요하다.
   3. ▶ want는 목적어로 to부정사를 사용하는 동사이며, '~가 되다' 라는 의미의 be동사나 become을 to부정사로 쓴다.
   4. ▶ shocked는 감정을 나타내는 형용사이므로 감정의 원인을 to부정사로 나타낸다.

D 1. ▶ 주어는 to tell a lie가 된다. 이렇게 주어가 길어질 때, 문장의 균형을 위해 일반적으로 「It ~ to 가주어–진주어」 구문을 사용한다.
   To tell a lie is wrong. = It is wrong to tell a lie.
   2. ▶ want는 목적어로 to부정사를 취한다.
   3. ▶ friend를 수식하는 to help가 friend 뒤에 쓰인다.
   4. ▶ '~하기 위하여' 의 의미는 부사적 용법의 to부정사로 쓴다.

Unit 14 > 의문사+to부정사, 독립부정사, 부정사의 관용 표현

UNIT TEST   p. 53

A 1 too, to   2 tall enough to   3 bright enough to
B 1 enough kind → kind enough   2 to old too drink
   → too old to drink   3 cold enough → too cold
C 1 the truth   2 to speak   3 To be
D 1 how I should   2 I should choose

A 1. 나는 그 소식을 너무 늦게 들어서, 너에게 전화할 수 없었다.

▶ '너무 ~해서 …할 수 없다' 는 의미의 「too ~ to …」 구문을 사용한다.
2. 그 선수는 그 사과나무에 닿을 정도로 충분히 키가 컸다.
   ▶ '…할 만큼 충분히 ~하다' 는 의미의 「형용사+enough to부정사」 구문을 사용한다. enough가 형용사 다음에 위치하는 것에 주의한다.
3. 그녀는 그 일을 쉽게 할 정도로 충분히 영리했다.

B 1. ▶ 형용사+enough to …: …할 만큼 충분히 ~하다
   2. ▶ too ~ to …: …하기에는 너무 ~하다
   3. ▶ 문장의 의미상 부정적인 내용이므로, 「too+형용사+to …」 구문을 사용한다. 「형용사+enough to …」는 긍정적인 내용일 때 사용한다.

C 1. ▶ to tell the truth: 사실을 말하자면
   2. ▶ so to speak: 즉, 말하자면
   3. ▶ to be honest with you: 정직하게 말하자면

D ▶ 의문사+to부정사 = 의문사+주어+should+동사원형
   1. 나는 저 차를 운전하는 방법을 모른다.
   2. 나는 어느 것을 골라야 할지 모르겠다.
   ▶ 의문사 which가 one을 수식하고 있으므로, which one이 의문사 역할을 한다.

Unit 15 > to부정사의 의미상 주어/시제

UNIT TEST   p. 55

A 1 for you   2 of him   3 difficult   4 nice
B 1 seems, you are   2 seems, he was   3 seemed, she was   4 seemed, you had been
C 1 of me → for me   2 for you → of you   3 for 이하 → that you work very hard these days   4 have had → had had
D 1 for us, to   2 for me to   3 had seen

A ▶ 일반적으로 to부정사의 의미상의 주어는 「for+목적격」을 쓰는데, 사람의 성격이나 특성을 나타내는 형용사(nice, foolish, kind 등)이 올 경우에는 「of+목적격」을 사용한다.
   1. 네가 그 강을 헤엄쳐서 건너는 것은 불가능하다.
   2. 그가 그러한 소식을 믿은 것은 어리석은 일이었다.
   3. 네가 그녀의 이름을 기억하는 것은 매우 어렵다.

4. 그녀가 그곳에서 그들을 도운 것은 정말 훌륭했다.

B ▶ 「seem동사+to부정사」 구문에서 단순부정사(to+동사원형)가 쓰였을 경우에 to부정사의 시제는 seem과 시제가 동일하다. 따라서 이 문장을 「It seem동사 that ~」으로 바꿀 때 주절의 동사 seem과 that절의 동사의 시제는 같다.
▶ 「seem동사+to부정사」 구문에서 완료부정사(to+have 과거분사)가 쓰였을 경우에 to부정사의 시제는 seem의 시제보다 앞선 시제이다. 따라서 이 문장을 「It seem동사 that ~」으로 바꿀 때 that절의 동사는 주절의 동사 seem보다 앞선 시제를 써야 한다.
1. 너는 지금 만족하는 것처럼 보인다.
2. 그는 아팠던 것처럼 보인다.
3. 그녀는 행복해 보였다.
4. 너는 부자였던 것처럼 보였다.

C 1. 이 책은 내가 이해하기에는 너무 어렵다.
▶ to부정사의 의미상 주어로는 일반적으로 「for+목적격」을 쓴다.
2. 비오는 날에 네가 운전한 것은 매우 부주의한 일이었다.
▶ careless는 사람의 성격이나 특성을 나타내는 형용사이므로, 「of+목적격」을 의미상 주어로 쓴다.
3. 너는 요즘 너무 열심히 일하는 것처럼 보인다.
▶ seem은 뒤에 바로 to부정사를 취하거나 「It seem동사 that ~」의 형태로 쓰인다.
4. 너는 아주 이상한 꿈을 꾼 것처럼 보였다.
▶ that절의 시제가 주절의 seemed보다 더 이전이므로 과거완료가 되어야 한다.

D 1.2. ▶ 사람의 성격이나 특성을 나타내는 형용사가 쓰인 경우가 아니므로, 「for+목적격」을 의미상 주어로 사용한다.
3. ▶ 문장의 동사인 seemed보다 that절의 시제가 더 이전이므로 과거완료가 되어야 한다.

Unit 16 > 원형부정사, 대부정사

UNIT TEST   p. 57

A 1 steal   2 go   3 wait   4 to finish
B 1 them do (doing)   2 you clean   3 had better
C 1 to make → make 또는 making   2 doing → do
    3 to sleep → sleep   4 to carry → carry
D 1 I'd like to   2 I tried to

A 1. 나는 그 남자가 돈을 훔치는 것을 보았다.
▶ 지각동사(see)는 목적격보어로 원형부정사를 사용한다.
2. 엄마는 내가 친구들과 영화를 보러 가도록 허락하셨다.
▶ 사역동사(let)는 목적격보어로 원형부정사를 사용한다.
3. 너는 여기서 기다리는 게 좋겠다.
▶ had better+원형부정사: ~하는 것이 좋겠다
4. Susan은 내가 프로젝트를 끝내는 것을 도왔다.
▶ help+목적어+원형부정사(to부정사)

B 1. watch(지각동사)+목적어+목적격보어(원형부정사/현재분사)
2. make(사역동사)+목적어+목적격보어(원형부정사)
3. had better+원형부정사

C 1. 우리들은 그 연사가 연설하는 것을 조용히 들었다.
▶ listen to는 지각동사이므로 목적격보어로 원형부정사를 사용하며, 현재분사가 올 수도 있다.
2. 그는 내가 원하는 것은 무엇이든 하도록 허락했다.
▶ let은 사역동사이므로 목적격보어로 원형부정사를 사용한다.
3. 나는 그와 이야기하느니 차라리 잠을 자겠다.
▶ would rather A than B: B하느니 차라리 A하겠다(A, B의 형태는 모두 원형부정사)
4. 나는 그가 나의 여행 가방을 나르게 할 것이다.
▶ have는 사역동사이므로 목적격보어로 원형부정사를 사용한다.

D 1. A: 방과 후에 나와 농구하는 게 어때?
B: 그러고 싶어, 하지만 해야 할 숙제가 많아.
▶ to는 play basketball with you after school이 생략된 대부정사이다.
2. A: 너의 차를 고치는 게 어때?
B: 고쳐 보려고 했는데, 작동하지를 않네.
▶ to는 뒤에 fix my car가 생략된 대부정사이다.

Review Test

pp. 58~60

1 ②   2 ①   3 ⑤   4 ③   5 strong, he can   6 tired, she can't (cannot)   7 seems to have known   8 ④
9 ②   10 ③   11 to be (become)   12 something to
13 ⑤   14 ②   15 ⑤   16 ②   17 (1) for me not to be
(2) would rather stay than   18 (1) cancel → canceling
또는 help → but   (2) to relax → relax   19 (1) for you
(2) of you   20 ④

1 나는 (가지고) 쓸 펜을 몇 개 사야 한다.
▶ 도구를 나타내는 전치사인 with가 필요하다.

2 너는 떠나기 전에 부모님께 전화를 드리는 게 좋겠다.
▶ had better 다음에는 원형부정사가 온다.

3 〈보기〉 나는 그가 죽었다는 것을 듣고 슬펐다.
▶ 감정의 원인을 나타내는 부사 용법
① 나의 여동생은 디자이너가 되길 원한다.
▶ 목적어로 쓰인 명사적 용법
② 네가 나를 도우러 오다니 친절하구나.
▶ 진주어로 쓰인 명사적 용법
③ 그들은 방과 후에 축구하는 것을 좋아한다.
▶ 목적어로 쓰인 명사적 용법
④ 내 꿈은 세계를 여행하는 것이다.
▶ 보어로 쓰인 명사적 용법
⑤ 그녀는 선물을 받고 기뻐했다.
▶ 감정의 원인을 나타내는 부사적 용법

4 〈보기〉 그는 그곳에 정각에 오기로 약속했다.
▶ 목적어로 쓰인 명사적 용법
① 그녀는 장수했다.
▶ 결과를 나타내는 부사적 용법
② 그는 거짓말을 할 사람이 아니다.
▶ 명사를 수식하는 형용사적 용법
③ 나는 항상 소방관이 되기를 원해 왔다.
▶ 목적어로 쓰인 명사적 용법
④ 너는 과학자가 되기 위해서는 더 열심히 노력해야 한다.
▶ 목적을 나타내는 부사적 용법
⑤ 오늘 당신의 목표는 안전한 운전자가 되는(안전하게 운전하는) 것이다.
▶ 주격 보어로 사용된 명사적 용법

5 그 남자는 무거운 상자를 들 수 있을 만큼 충분히 힘이 세다.
▶ 형용사 enough to … = so ~ that+주어+can…: …할 만큼
충분히 ~하다

6 그녀는 너무 피곤해서 일어날 수가 없다.
▶ too ~ to … = so ~ that+주어+can't …: 너무 ~해서 …할 수 없다

7 그가 그 사실을 알았던 것 같다.
▶ 주절은 현재시제(seems), that절은 과거시제(knew)이므로 완료
부정사(to have+과거분사)를 사용하여 문장을 바꿔 쓸 수 있다.

8 ▶ to clean으로 보아 사역동사는 쓸 수 없다.

9 ▶ want는 목적격보어로 to부정사를 사용한다.

10 ① 나는 어떻게 차를 운전해야 하는지 모른다.
② 나는 상자 안에서 폭탄을 발견하고 놀랐다.
③ 나는 그곳에 정각에 도착하기 위해서 택시를 탔다.
≠ 나는 택시를 탔지만 그곳에 정각에 도착할 수 없었다.
④ 거리에서 노는 것은 매우 위험하다.
⑤ 그는 너무 바빠서 영화를 보러 갈 수 없다.
▶ ③의 to부정사는 '~하기 위해서'라는 목적의 의미이다.

11 want는 목적어로 to부정사를 사용한다.

12 there is 다음에 주어인 something(무언가)이 오고, 이를 수식하는
형용사적 용법의 to부정사인 to read가 이어져야 한다.

13 ① 너는 시간을 낭비하지 않는 게 좋겠다.
② 우리들은 그가 그 건물 안으로 들어가는 것을 보았다.
③ 나는 바다에서 수영하는 것이 어렵다는 것을 알았다.
④ 나에게 서울 은행에 어떻게 가는지 말해주세요.
⑤ 그가 그곳에 혼자 가지 않은 것은 현명한 일이다.
▶ wise는 사람의 성격이나 특성을 나타내는 형용사이므로 to부정사
의 의미상 주어로는 「of+목적격」을 쓴다.

14 ① 나는 그 남자가 피아노 치는 것을 들었다.
② 나는 그들이 큰소리로 책을 읽게 했다.
③ 나는 네가 원하는 것을 하도록 허락할 것이다.
④ 나는 그들이 편지 쓰는 것을 끝내게 했다.
⑤ 나는 그 남자가 집에 들어가는 것을 알아챘다.
▶ 지각동사와 사역동사의 목적격보어로는 원형부정사를 사용한다. get
은 사역동사인 have와 의미는 같지만 사역동사가 아니므로 목적격
보어로 to부정사를 사용한다.

15 네가 콘서트에 가기를 원한다면 가도 좋다.
▶ go to the concert는 반복되므로 생략할 수 있다.

16 그 소년들은 열심히 놀았던 것처럼 보인다.
▶ seem 다음에 완료부정사가 온 문장을 「It seem동사 that ~」
문장으로 전환할 때 that절의 시제는 주절의 시제보다 앞선 시제이다.

17 (1) 내가 그녀에게 화내지 않는 것은 힘들었다.
▶ to부정사의 부정은 to 앞에 not을 붙이며, for me는 to부정사
의 의미상 주어이다.
(2) 이 날씨에 밖에 나가느니 그냥 여기 있겠다.
▶ would rather A than B: B하느니 차라리 A하겠다

18 (1) 그는 회의를 취소하지 않을 수 없었다.

▶ cannot help -ing: ~하지 않을 수 없다(= cannot but 원형부정사)

(2) 그녀는 휴식을 취하기만 했다.

▶ do nothing but+원형부정사: ~하기만 하다

19 (1) hard는 사람의 성질을 나타내는 형용사가 아니므로, to부정사의 의미상 주어로 「for+목적격」을 쓴다.

(2) honest는 사람의 성질을 나타내는 형용사이므로, to부정사의 의미상 주어로 「of+목적격」을 쓴다.

20 내 어린 시절 최고의 추억은 할머니와 함께 보냈던 여름이다. 할머니는 많은 동물이 있는 농장을 갖고 계셨다. 나는 할머니가 동물들을 돌보는 것을 도와드리곤 했다. 내가 가장 좋아하던 일은 양과 돼지, 오리에게 먹이를 주는 것이었다. 나는 또한 소의 젖을 짜고, 닭에게서 달걀을 모으는 일을 좋아했다. 할머니는 빵을 직접 구우셨는데, 나는 할머니가 빵에 쓸 버터를 소의 젖으로 만드는 것을 지켜보았다. 나는 시간이 멈춘 것 같았던 긴 여름날을 절대 잊지 못할 것이다.

▶ ④ 「watch(지각동사)+목적어+목적격보어」의 5형식에서 목적어와 목적격보어가 능동의 관계일 때에는 목적격보어로 동사원형이나 현재분사를, 수동의 관계일 때에는 과거분사를 사용한다. 여기서는 할머니가 버터를 만드는 것이므로 make 또는 making이 되어야 한다.

Grammar for NEAT

Step 1 (1) 명사적 용법의 to부정사

(2) 감정의 원인을 나타내는 부사적 용법의 to부정사

(3) decide는 to부정사를 목적어로 취하는 동사

(4) help+목적어+(to)동사원형, make+목적어+동사원형

Step 2

> **동아리 지원서**
>
> • 동아리: 독서 동아리
>
> • 이름: 최세나
>
> • 신청 이유:
>
> 제 꿈은 작가가 되는 것입니다. 그래서 당신이 새 회원을 모집하고 있다는 이야기를 듣고 기뻤습니다. 저는 어제 당신의 광고를 보았고, 지원하기로 결심했습니다. 저는 동아리에 가입하는 것이 제가 제 꿈을 이루는 데 도움이 될 것이라 믿습니다. 저는 또한 글쓰기에 관심 있는 많은 친구들을 사귀기를 희망합니다.

▶ 가입하고자 하는 동아리를 정하고, 그 이유를 조리 있게 설명해 나간다.

Check Your Writing	Yes	No
동아리 지원의 이유가 구체적인가요?		
지원 이유가 설득력 있게 제시되고 있나요?		
어법에 맞게 문장을 완성했나요?		

Unit 17 > 동명사의 용법, 동명사와 to부정사

UNIT TEST p. 63

A 1 Growing flowers 2 talking with her friends
3 selling cars 4 cutting bread

B 1 to get 2 drinking 3 turning 4 learning
5 swimming

C 1 그녀는 그 노래를 듣기 위해 멈췄다. 2 그녀는 그 노래를 듣는 것을 멈췄다. 3 그는 그 문제를 풀려고 노력했다. 4 그는 그 문제를 한번 풀어 보았다.

D 1 c 2 b 3 a

A 1. 꽃을 재배하는 것은 기술이 필요하다. ▶ 주어 역할

2. 그녀는 친구들과 이야기하는 것을 좋아한다. ▶ like의 목적어 역할

3. 그의 직업은 차를 파는 것이다. ▶ 보어 역할

4. 이 칼은 오로지 빵을 자르기 위한 것이다. ▶ 전치사의 목적어 역할

B 1. Tony와 Jenny는 결혼하기로 결심했다.

▶ decide는 to부정사를 목적어로 취하는 동사

2. 그의 아버지는 술을 끊었다.

▶ give up은 동명사를 목적어로 취하는 동사

3. 라디오 소리를 줄여주시겠어요?

▶ mind는 동명사를 목적어로 취하는 동사

4. 나는 내가 6살이었을 때 쓰는 방법을 배웠던 것을 기억한다.

▶ 과거 사실을 기억하는 것이므로 동명사가 목적어로 적절하다.

5. 나는 수영하는 것을 아주 좋아한다.

▶ 전치사의 목적어로는 동명사를 쓴다.

C 1. ▶ stop+to부정사: ~하기 위해 (하던 일을) 멈추다

2. ▶ stop+동명사: ~하는 것을 멈추다

3. ▶ try+to부정사: ~하려고 노력하다(애쓰다)

4. ▶ try+동명사: (시험삼아) 한번 ~해 보다

D 1. 나는 매우 피곤했다.

– c. 나는 눈을 뜨고 있으려고 노력했으나, 할 수 없었다.

2. 나는 아직 준비가 되지 않았다.

– b. 좀 더 기다려 줄래?

3. Jimmy는 매우 재미있는 사람이다.

– a. 나는 그와의 대화를 항상 즐긴다.

Unit 18 > 동명사의 의미상 주어 / 시제

A 1 winning   **2** my(me) parking   **3** her stealing   **4** his(him) coming

B 1 taking → to take   **2** I → my(me)   **3** to read → reading

C 1 solving   **2** my father('s) being   **3** having helped

D 1 그녀는 그가 거짓말하는 것에 대해 화가 났다.   **2** 나는 게을렀던 것이 부끄럽다.   **3** 나는 일전에 그녀가 나를 도와줬던 것에 대해 그녀에게 감사했다.

A 1. 나는 일등을 할 것을 확신한다.
  ▶ 의미상 주어와 문장의 주어가 일치하므로 생략한다.
2. 제가 여기에 차를 세워도 되겠습니까?
  ▶ 차를 세우는 사람은 나(I)이므로 parking 앞에 소유격(my)이나 목적격(me)을 쓴다.
3. 나는 그녀가 내 돈을 훔쳤다는 것을 기억했다.
  ▶ 물건을 훔친 것은 그녀이므로 의미상 주어 her를 쓴다. 기억하는 것보다 훔친 것이 과거의 일이지만 동사가 remember이므로 단순동명사 stealing을 쓴다.
4. 나는 그가 제시간에 올 것을 확신한다.
  ▶ 제시간에 올 사람은 내가 아니라 그(he)이므로 의미상 주어 his (him)를 쓴다.

B 1. 외출할 때 우산 가져가는 것을 잊지 마라.
  ▶ forget+to부정사: (미래에) ~할 것을 잊다 (우산을 가져가는 것은 미래의 일이다.)
2. 그는 내가 시험에 통과할 것을 확신한다.
  ▶ 동명사의 의미상 주어는 소유격이나 목적격을 쓴다.
3. 나는 몇 주 전에 신문에서 그에 관해 무언가를 읽은 것을 기억한다.
  ▶ remember+동명사: (과거에) ~한 것을 기억하다

C 1. ▶ in이 전치사이므로 동명사가 온다.
2. ▶ 가난한 것은 나의 아버지(my father)이므로 의미상 주어 my father('s)를 쓴다. 주절과 동일한 시제이므로 be ashamed of 다음에는 단순동명사 being이 온다.
3. ▶ be proud of 다음에는 동명사가 온다. 장애인을 도운 것은 과거의 일이므로 완료동명사를 쓴다.

D 1. ▶ 동명사 lying의 의미상 주어는 his이므로 그가 거짓말하는 것이다.

2. ▶ 의미상 주어가 문장의 주어인 I와 같아서 생략되었으며, 완료동명사로 보아 부끄러워하는 현재시제보다 게을렀던 것이 더 이전 시제이다.
3. ▶ 의미상 주어가 문장의 목적어인 her와 같아서 생략되었으며, 완료동명사로 보아 고마워했던 과거보다 도와준 것이 더 이전 시제이다.

Unit 19 > 동명사의 관용 표현

A 1 laughing   **2** no   **3** like   **4** from

B 1 skiing   **2** cooking   **3** getting   **4** shopping

C 1 On(Upon)   **2** making   **3** using

D 1 worth   **2** forward   **3** used(accustomed)   **4** difficulty

A 1. 그것은 아주 우스웠다. 나는 웃지 않을 수 없었다.
  ▶ cannot help -ing: ~하지 않을 수 없다
2. 나를 설득하려고 해 봤자 소용없다.
  ▶ It is no use -ing: ~해 봤자 소용없다
3. 내 여동생은 그 경기에 졌다. 그녀는 울고 싶었다.
  ▶ feel like -ing: ~하고 싶다
4. 눈이 많이 와서 내가 외출하는 것을 막았다.(외출할 수 없었다.)
  ▶ stop A from -ing: A가 ~하는 것을 막다

B 1. 우리 가족은 지난 주말에 스키를 타러 갔다.
  ▶ go -ing: ~하러 가다
2. 엄마는 프랑스 요리를 하느라 바쁘셨다.
  ▶ be busy -ing: ~하느라 바쁘다
3. 나는 일찍 일어나는 데 어려움을 겪는다.
  ▶ have difficulty (in) -ing: ~하는 데 어려움을 겪다
4. 우리는 백화점에서 쇼핑하는 데 3시간을 보냈다.
  ▶ spend+시간+(in) -ing: ~하는 데 시간을 쓰다

C 1. 그는 편지를 읽자마자, 기뻐서 울었다.
  ▶ as soon as = on(upon) -ing: ~하자마자
2. 그것은 내가 직접 만든 케이크이다.
  ▶ of one's own -ing: 직접 ~한

3. 인터넷을 쓰는 게 어떠니?

  ▶ Why don't you+동사원형? = How about -ing?

  = What about -ing?: ~하는 게 어때?

D 1. ▶ be worth -ing: ~할 가치가 있다

  2. ▶ look forward to -ing: ~하기를 고대하다

  3. ▶ be used(accustomed) to -ing: ~에 익숙하다

  4. ▶ have difficulty (in) -ing: ~하는 데 어려움을 겪다

REVIEW TEST　　　　　pp. 68~70

1 ⑤　**2** ③　**3** ③　**4** ④　**5** calling → to call　**6** see → seeing　**7** ①　**8** ④　**9** ④　**10** dressing　**11** to write　**12** ④　**13** ③　**14** my(me)　**15** help　**16** having won　**17** ④　**18** (1) to leave　(2) talking　**19** (1) 그는 매일 늦게까지 일하는 데 익숙했다.　(2) 그 돈은 가난한 사람들을 돕기 위해 사용되었다.　**20** ④

Grammar for NEAT
Step 1 (1) Listening　(2) Hiking　(3) working　(4) walking　(5) shopping
Step 2 예시 답 popular leisure activities among teens, watching TV or movies, playing sports, Using the computer for the Internet or games, reading, enjoy listening to music

1 ▶ 동명사를 목적어로 취하는 동사가 들어가야 한다. ⑤의 want는 to부정사를 목적어로 취하는 동사이다.

2 나는 몇 년 전에 파티에서 그녀를 본 것을 기억한다.
  ▶ 과거의 일이므로 동명사가 온다.

3 내 사촌은 동물을 그리는 것에 관심이 있다.
  ▶ 전치사의 목적어로는 동명사가 온다.

4 그녀는 무언가를 먹고 싶어서 사진 찍는 것을 멈추었다.
  ▶ 무언가를 먹기 위해 사진 찍는 것을 멈춘 상황이므로 동명사가 온다.

5 그는 내게 주말마다 전화를 하기로 약속했다.
  ▶ promise는 to부정사를 목적어로 취하는 동사이다.

6 나는 이번 여름에 너를 보기를 고대한다.
  ▶ look forward to -ing: ~하기를 고대하다

7 ① 노래하는 새를 보아라.
  ② 그녀의 직업은 꽃을 파는 것이다.

③ 그는 야구 카드를 모으는 것을 정말 좋아한다.

④ 그녀는 아기를 잘 돌본다.

⑤ 인물을 그리는 것은 그의 취미 중 하나이다.

▶ 문장에서 주어, 목적어, 보어의 역할을 하는 것은 동명사이고 다른 명사를 수식하는 형용사 역할을 하는 것은 분사이다.

8 • 방과 후에 농구를 하는 게 어때?
  • Susan은 학급 친구들 앞에서 바이올린을 연주하기 시작했다.
  ▶ 전치사 about의 목적어와 started의 목적어로 쓰일 수 있는 play 의 형태는 동명사이다.

9 ① 내 취미는 식물을 키우는 것이다.
  ▶ 보어로 쓰인 동명사 growing plants가 되어야 한다.
  ② 나는 클래식 음악 듣는 것을 아주 좋아한다.
  ▶ love의 목적어로는 동명사와 to부정사 모두 가능하다. listen → listening(to listen)
  ③ 나는 다른 도시로 이사 가는 것에 대해 생각하고 있다.
  ▶ 전치사 of의 목적어로 to부정사는 올 수 없다. to move → moving
  ④ 일찍 잠자리에 드는 것은 건강에 좋다.
  ⑤ 그가 우리를 도와줄 가능성은 많다.
  ▶ 동명사의 의미상 주어는 소유격이나 목적격을 쓴다. he → his (him)
  ▶ 주어로 쓰인 동명사로 맞는 문장이다.

10 ▶ finish는 동명사를 목적어로 취하는 동사이다.

11 ▶ forget+to부정사: (미래에) ~할 것을 잊다

12 그는 큰 실수를 할 것을 두려워한다.
  ▶ that절의 시제가 주절의 시제보다 이후를 나타내므로 단순동명사를 사용한다.

13 ① Alice는 보고서를 쓰느라 상당히 바쁘다.
  ▶ be busy -ing: ~하느라 바쁘다
  ② 그 비는 우리가 여행을 즐기는 것을 막지는 못했다.
  ▶ stop A from -ing: A가 ~하는 것을 막다
  ③ 내가 Kate를 깨우는 일을 잊어서, 그녀는 지각했다.
  ▶ 문맥상 깨워야 할 일을 잊은 것이므로 to wake가 되어야 한다.
  ④ 나는 결심을 했으니, 나를 설득하려고 애쓰지 마라.
  ▶ try+to부정사: ~하려고 노력하다
  ⑤ 선생님은 숙제를 하지 않은 것에 대해 그를 꾸짖었다.
  ▶ 동명사의 부정은 동명사 앞에 not이나 never를 쓴다.

14 제가 창문을 열어도 될까요?
  ▶ 창문을 여는 것은 나(I)이므로 의미상 주어로 my(me)쓴다.

15 나는 웃지 않으려고 했지만, 그럴 수 없었다.
  ▶ cannot help -ing: ~하지 않을 수 없다

16 그는 수학 경시 대회에서 일등을 한 것을 자랑스러워한다.
  ▶ that절의 시제가 주절의 시제보다 앞선 시제이므로 완료동명사를

사용한다.

17 나는 오늘 외출하고 싶지 않다.

▶ want to ~ / feel like -ing / have a desire to ~ / feel inclined to ~: ~하고 싶다, cannot but 원형부정사: ~하지 않을 수 없다

18 (1) 결국, 그는 그 나라를 떠나기로 결심했다.

▶ decide는 to부정사를 목적어로 취한다.

(2) 당신은 이것이 이야기할 가치가 있다고 생각하나요?

▶ be worth -ing: ~할 가치가 있다

19 ▶ (1) be used to -ing: ~에 익숙하다.

(2) be used to부정사: ~하기 위해 사용되다

20 당신이 너무 많은 폭력적인 쇼를 보고 있다면, 당신은 폭력이 실제보다 더 흔하다고 생각하기 시작할 수도 있다. 당신에게는 나쁜 사람들이 도처에 있고 그래서 자신을 보호하기 위해 폭력을 쓰는 것이 어쩔 수 없는 것처럼 느껴질 수도 있다. 폭력은 삶의 일부이지만, 가볍게 받아들일 수 있는 삶의 한 부분은 아니다. 폭력은 보통 문제를 해결하는 대신 문제를 만들며, 그것이 만드는 문제들은 해결하기가 매우 어렵다. TV가 당신의 뇌 속에 넣어주는 것은 거기에(뇌 속에) 남아있을 가능성이 높다. TV를 시청할 때는 이같은 사실을 염두에 두어라.

▶ (A) can't help -ing: ~하지 않을 수 없다 (B) 전치사 of 다음이 므로 동명사가 온다. (C) 문맥상 '염두에 두어라' 는 명령문이므로 동사원형이 온다.

Grammar for NEAT

Step 1 (1) 음악을 듣는 것은 내 취미이다.

(2) 하이킹은 아주 인기 있는 활동이다.

(3) 나는 더 이상 일하고 싶지 않다.

(4) 그들은 점심 후에 걷는 것을 즐긴다.

(5) 나와 함께 쇼핑하러 가는 것이 어때?

Step 2 이 도표는 십대에게 인기 있는 여가 활동들을 보여준다. 도표에 따르면, TV나 영화를 보는 것이 여학생들에게는 가장 인기 있는 활동이고, 반면 남학생들에게는 스포츠 활동이 가장 인기가 있다. 인터넷이나 게임을 위해 컴퓨터를 사용하는 것이 남학생과 여학생 모두에게 두 번째로 인기 있는 활동이다. 14%의 여학생들은 여가 시간이 있을 때 독서를 하고 싶다고 말했으며, 반면 동일한 비율의 남학생들은 음악 듣는 것을 즐긴다고 말했다.

▶ 도표를 파악하여, 도표를 설명하는 글을 완성한다.

Check Your Writing	Yes	No
무엇에 관한 도표인지 이해하고 이를 글의 내용 속에 포함했나요?		
남학생과 여학생의 응답을 적절히 비교하고 분석했나요?		
어법에 맞는 문장을 구성했나요?		

Unit 20 > 현재분사, 과거분사

UNIT TEST   p. 73

A 1 동명사   2 현재분사   3 현재분사   4 동명사
B 1 broken   2 boring   3 excited   4 lying
C 1 surprised   2 written   3 dancing   4 scared
D 1 is sleeping   2 made   3 crying   4 cut

A 1. 그들은 거실에서 함께 이야기하고 있다.

▶ 용도를 나타내고 있으므로 동명사(a room for living)

2. 그녀가 방에 들어왔을 때 아기는 울고 있었다.

▶ '울고 있는' 의 뜻으로 상태를 나타내는 현재분사

3. 개와 함께 달리고 있는 사람은 나의 삼촌이다.

▶ man을 수식하고 있는 현재분사

4. 내 취미 중의 하나는 우표를 수집하는 것이다.

▶ 보어로 쓰인 동명사

B 1. 깨진 창문을 보아라.

▶ 창문은 깨짐을 당하는(수동) 것이므로 과거분사가 필요하다.

2. 그 강의는 매우 지루했다.

▶ 강의가 지루한 것이므로 현재분사가 필요하다.

3. 나는 그 경기를 보고 흥분되었다.

▶ excite는 '흥분시키다' 의 뜻으로 내가 흥분된(수동) 것이므로 과거분사가 필요하다.

4. 그녀는 소파에 누워 있었다.

▶ '~하고 있었다' 라는 과거진행형이므로 현재분사가 필요하다.

C 1. 그 소식은 나에게는 무척 놀라웠다. = 나는 그 소식에 놀랐다.

▶ 내가 놀람을 느낀 것(수동)

2. 그녀가 이 시를 썼다. = 이 시는 그녀에 의해 쓰여졌다.

▶ 시가 쓰여진 것(수동)

3. 나는 Diane을 보았다. 그녀는 마루에서 춤추고 있었다.

= 나는 Diane이 마루에서 춤추고 있는 것을 보았다.

▶ Diane이 춤을 춘 주체이므로 현재분사

4. 내가 본 영화는 매우 무서웠다. = 나는 그 영화로 인해 매우 무서웠다.

▶ 내가 무서움을 느낀 것(수동)

D 1. ▶ '~하고 있다' 는 현재진행형으로 「be+-ing」

2. ▶ 칼은 만들어진(수동) 것이므로 과거분사

3. ▶ 아기가 우는(능동) 것이므로 현재분사

4. ▶ 머리카락은 잘려지는(수동) 것이므로 과거분사

Unit 21 > 분사구문

A 1 Visiting your grandparents, don't forget to buy some fruit.   2 Being very rich, he lived a very simple life.
B 1 Though   2 While   3 Because
C 1 When I를 생략한 후 Coming   2 Listening   3 Not knowing
D 1 sitting on his chair, with his legs crossed   2 Smiling brightly, she said hello to us. 또는 She said hello to us, smiling brightly.

A 1. 조부모님을 방문할 때는 과일을 사가는 것을 잊지 마라.
2. 그는 매우 부자였지만, 아주 검소하게 살았다.
   ▶ 분사구문 만들기
   접속사 생략 → 종속절의 주어와 주절의 주어가 일치하면 생략 → 종속절의 시제와 주절의 시제가 같으면 동사를 현재분사로 바꾼다. / 주절의 시제보다 앞선 시제면 「having+과거분사」로 바꾼다.

B 1. 피곤했지만, 그녀는 일을 계속했다.
   ▶ 상반되는 내용이 나와 있으므로 의미상 though가 필요하다.
2. 길을 걷다가 나는 옛 친구를 만났다.
   ▶ 때를 나타내는 접속사가 필요하다.
3. 아프기 때문에 Jane은 파티에 올 수 없다.
   ▶ 이유를 나타내는 접속사가 필요하다.

C 1. 집으로 오다가, 나는 집 근처에서 낯선 사람을 보았다.
   ▶ 분사구문이므로 접속사와 공통 주어 I는 생략한다.
2. 라디오를 들으면서, 그녀는 편지를 쓰고 있었다.
   ▶ 동시동작의 분사구문이므로 Listening이 되어야 한다.
3. 무엇을 해야 할지 몰라서, 그녀는 울기 시작했다.
   ▶ 분사구문에서는 부정어가 분사 앞에 온다.

D 1. with+목적어+분사: ~한 채로
2. 동시동작의 분사구문 = She smiled brightly and she said hello to us.

Unit 22 > 주의해야 할 분사구문

A 1 It becoming darker, he turned the light on.   2 Having known the fact, she is not going to invite him.   3 Strictly speaking, she is not so fluent in French.
B 1 Being   2 Being   3 Having been
C 1 Judging   2 It being   3 having   4 Considering
D 1 Generally speaking   2 Weather permitting   3 Not invited

A 1. 날이 어두워져서, 그는 불을 켰다.
   ▶ 접속사 as 생략, 부사절의 주어(it)와 주절의 주어(he)가 다르므로 it을 남겨두고, 동사 became을 becoming으로 고친다.
2. 그녀는 그 사실을 알았기 때문에 그를 초대하지 않을 것이다.
   ▶ 접속사 because 생략, 주어 생략, 부사절의 시제가 주절과 다르기 때문에 완료 분사구문 「Having+과거분사」로 고친다.
3. 엄밀히 말해, 그녀는 프랑스어에 그리 유창하지 않다.
   ▶ 엄격하게 말해서: strictly speaking(비인칭 독립분사구문)

B ▶ 분사구문에 쓰인 being이나 having been은 생략할 수 있다.
1. 피곤하고 졸려서, 그는 일찍 잠자리에 들었다.
2. 집에 혼자 남겨져서, 그녀는 외로움을 느꼈다.
3. 평이하게 쓰여졌기 때문에, 이 책은 어린이들에게 좋다.

C 1. 말투로 판단해 볼 때, 그는 일본 출신이 분명하다.
   ▶ judging from: ~로 판단하건대(비인칭 독립분사구문)
2. 너무 추워서, 그들은 쇼핑을 가지 않기로 결정했다.
   ▶ being so cold의 주어는 비인칭주어 it이 되어야 한다.
3. 해가 지자 우리는 집으로 출발했다.
   ▶ 완료 분사구문이므로 having set이 된다. 이 문장은 주절과 종속절의 주어가 달라서 종속절의 주어인 The sun을 써 준 독립분사구문이다.
4. 그의 나이를 고려하면, 그는 보기도 잘 보고 듣기도 잘 듣는다.
   ▶ considering: ~을 고려하면(비인칭 독립분사구문)

D 1. ▶ generally speaking: 일반적으로 말해서
2. ▶ If the weather permits
   → Weather permitting: 주절과 종속절의 주어가 달라서 종속절의 주어인 Weather를 써 준 독립분사구문이다.
3. ▶ Because he was not invited ~
   → Not being invited ~ → Not invited~ (being 생략)

1 lying   **2** tiring, tired   **3** ④   **4** ②   **5** ③   **6** ②   **7** ③
8 ⑤   **9** Trying hard   **10** Having finished   **11** ⑤   **12**
⑤   **13** ②   **14** didn't have, Not having   **15** ③   **16** ④
17 with your mouth full   **18** a computer made in
Korea   **19** The man standing over there   **20** ③

Grammar for NEAT
Step 1 (1) Washing the dishes   (2) Cleaning the
broken pieces   (3) Treating my cut finger
Step 2 예시 답 (1) Walking down, found   (2) know,
do   (3) Stepping on, looked   (4) Then, a girl came
and said she had lost some money.

1 그 개는 땅 위에 누워 있었다.
  ▶ lie의 현재분사형은 lying

2 아주 피곤한 날이었다. 그녀는 너무 피곤해서 수업 시간에 잠들어버렸다.
  ▶ tire는 '피곤하게 하다'라는 의미로 '피곤하게 만드는 날'은 tiring
     day가 '그녀가 피곤하다'는 과거분사 tired가 알맞다.

3 ① 그들은 노래하고 있다.
  ② 날고 있는 새를 보아라.
  ③ 나는 그가 빨리 달리고 있는 것을 보았다.
  ④ 일찍 잠자리에 드는 것은 어린이들에게 중요하다.
  ⑤ 천천히 걸으면서, 그 남자는 무언가를 찾고 있었다.
  ▶ ④는 동명사, 나머지는 현재분사

4 ① 저 춤추고 있는 소년들은 놀랍다.
  ② 내 직업은 동물을 돌보는 것이다.
  ③ 너무 아파서 나는 하루 종일 잤다.
  ④ 나는 날아가는 새처럼 자유롭고 싶다.
  ⑤ 그녀는 전화로 선생님과 이야기하고 있었다.
  ▶ ②는 동명사, 나머지는 현재분사

5 나는 내 가방이 도난당한 것을 발견했다.
  ▶ my bag은 훔쳐지는 것이므로 수동의 뜻을 나타내는 과거분사
     stolen

6 그들은 그녀가 벽에 페인트칠을 하는 것을 보았다.
  ▶ 지각동사(see)는 목적격보어로 동사원형이나 분사를 사용하는데,
     her는 paint의 주체이므로 능동의 뜻을 나타내는 painting이 적
     절하다.

7 그녀는 그 치마를 드라이클리닝 했다.
  ▶ 사역동사(had)는 목적격보어로 동사원형이나 과거분사를 사용하는
     데, skirt는 드라이클리닝되는 것이므로 수동의 뜻을 나타내는 과거
     분사 dry-cleaned가 적절하다.

8 ① 솔직히 말해서, 그녀는 너를 좋아하지 않는다.
  ② 그녀의 나이를 고려할 때, 그녀는 꽤 기술이 좋다.
  ③ 일반적으로 말해서, 영어는 배우기가 쉽지 않다.
  ④ 그의 외모로 판단할 때, 그는 노숙자임이 분명하다.
  ⑤ 그가 겨우 열다섯 살이라는 점을 볼 때, 그의 재능은 놀랍다.
  ▶ ⑤ seeing that: ~라는 점을 볼 때 (비인칭 독립분사구문)

9 그는 비록 열심히 노력했지만, 정답을 알아낼 수 없었다.
  ▶ 접속사를 생략하고, 주절과 종속절의 주어가 동일하므로 he를 생략한
     다. 시제도 주절과 같으므로 현재분사 형태로 만든다.

10 그녀는 일을 끝마쳤기 때문에, 매우 행복하다.
  ▶ 접속사를 생략하고 주절과 종속절의 주어가 동일하므로 주어를 생략한
     다. 종속절의 시제가 주절의 시제보다 앞선 시제이므로, 「having+과
     거분사」의 완료 분사구문이 되어야 한다.

11 • 나는 그녀가 나의 이름을 부르는 것을 들었다.
  • 그는 그의 자전거가 친구에 의해 수리되도록 했다.
  ▶ • 지각동사(hear)가 이끄는 5형식 문장으로 목적어인 somebody
     가 직접 이름을 부르는 능동의 의미이므로, call이나 calling이 필요
     하다.
     • 사역동사(have)가 이끄는 5형식 문장으로 목적어인 his bike는 친
     구에 의해 수리되는 수동의 의미이므로, 과거분사인 repaired가 필
     요하다.

12 ① 눈이 오기 때문에, 나는 운전하지 않을 것이다.
  ② 아무런 생각이 없었기 때문에, 나는 조용히 있었다.
  ③ 그녀는 그곳에서 그들을 지켜보며 서 있었다.
  ④ 그는 손을 호주머니 속에 넣고, 계단을 내려갔다.
  ⑤ 서둘러 지어졌기 때문에, 그 건물은 살기에 상당히 위험했다.
  ▶ being이나 having been은 생략할 수 있다.

13 남은 돈이 없었기 때문에 그는 어머니를 위해 선물을 살 수 없었다.
  ▶ 접속사 as 생략, 유도부사 there는 주어처럼 사용되기 때문에 생
     략하지 않는다. 두 절의 시제가 같으므로 was를 being으로 바꾼다.

14 ▶ 주절과 종속절의 시제가 같으므로, 현재분사로 시작하는 분사구문이
     필요하다. 부정문이므로 현재분사 앞에 not을 쓴다.

15 그는 개가 그를 따르는 채로 강을 따라 산책했다.
  ▶ 부대상황을 나타내는 표현은 「with+목적어+분사」의 형태로, 목적어
     인 his dog이 능동적으로 그를 따르는 상황이므로 현재분사가 온다.

16 ① Joan은 소파에 앉아서 신문을 읽고 있다.
  ② 비록 아팠지만, 그는 늦게까지 자지 않았다.
  ③ 외출하는 동안 나는 Susie를 만났다.
  ④ 내일 춥지 않다면, 나는 축구를 할 것이다.
  ▶ 부정어 not은 분사 being 앞에 놓여야 한다. 따라서 It not
     being cold ~가 되어야 한다.
  ⑤ 시간이 없기 때문에, 우리는 서두르는 것이 좋겠다.

17 「with+목적어(your mouth)+분사(being full)」 구문으로 여기서는 분사 being이 생략되고 형용사 full만 남은 상태이다.

18~19 ▶ 과거분사와 현재분사가 부사(구) 등과 함께 오는 수식어가 있을 때에는 명사의 뒤에서 꾸며준다. 과거분사는 수동, 현재분사는 능동의 의미를 나타낸다.

20 진주는 굴 안에서 발견되는 아주 작은 보석이다. 그것이 우연히 형성된다는 것을 아는가? 무언가가 굴 안으로 들어가면 굴은 이물질로부터 스스로를 보호하기 위해 보호막을 만든다. 그 보호막은 층으로 되어 있다. 더욱 많은 층이 그 물체를 빙 둘러 만들어질수록, 진주는 더욱 더 커진다. 그러므로 진주를 살 때에는, 그것이 완벽하게 둥근지, 그렇지 않은지 확인해라. 그것이 가장 좋은 종류이다.

▶ ③ '~하기 위해서'라는 의미의 to부정사가 되어야 하므로 protecting을 protect로 바꿔야 한다. ⑤는 의미를 분명히 하기 위해 접속사 when을 살린 분사구문으로 맞는 표현이다.

Grammar for NEAT

Step 1 ▶ 분사구문을 이용하여 부사절을 간단하게 표현할 수 있다. 분사구문은 시간, 이유, 조건, 양보, 부대상황 등을 나타낸다.

Step 2 (1) 길을 걷다가 소년은 10,000원짜리 지폐를 발견했다.

(2) 소년은 그 돈을 어떻게 해야 할지 몰랐다.

(3) 지폐를 밟고 서서, 그는 주위를 둘러보았다.

(4) 그때, 한 소녀가 나타나서 돈을 잃어버렸다고 말했다.

▶ 분사구문을 이용하여 그림의 상황을 적절히 묘사한다.

Check Your Writing	Yes	No
그림 (4)의 내용을 잘 추론하고 묘사했나요?		
적절한 단어를 사용하여 그림을 묘사했나요?		
어법에 맞게 문장을 완성했나요?		

Chapter 08 | 조동사

Unit 23 > will, would, shall, should

UNIT TEST   p. 83

A 1 would   2 should   3 to respect
B 1 will   2 would   3 Shall
C 1 Would (would)   2 shall (Shall)   3 should
D 1 will   2 Shall   3 would

A 1. 어제 그들은 경기에 이길 것이라고 생각했다.

▶ 주절의 동사가 thought이므로 시제 일치를 시켜 would를 써야 한다.

2. 그들은 약속을 지킬 필요가 있다.

▶ 이성적 판단을 나타내는 형용사인 necessary가 있으므로 should가 적절하다.

3. 우리는 법을 존중해야 한다.

▶ ought to는 '~해야 한다'는 의미이다.

B 1. A: 너는 방과 후에 뭐 할 거니?

B: 나는 친구들과 쇼핑을 갈 거야.

▶ 미래를 뜻하는 조동사는 will이다.

2. A: 나는 차가운 걸 마시고 싶어.

B: 아이스티가 어때?

▶ would like to는 '~하고 싶다'라는 뜻이다.

3. A: 우리 공원에서 자전거를 탈까?

B: 그래, 그러자.

▶ Shall we ~?(~할래?)는 제안의 표현이다.

C 1. • 저 좀 태워 주시겠어요?

• 어렸을 때 그녀는 종종 강으로 낚시하러 가곤 했다.

▶ 정중한 부탁을 할 때 Would you ~?라고 묻는다. 과거의 불규칙적인 습관을 나타낼 때는 would를 쓴다.

2. • 산책하러 가자, 그럴래?

• 커피 한 잔 드릴까?

▶ Let's ~ 구문은 청유형의 문장으로 부가의문은 shall we?를 쓴다. Shall I ~?는 상대방에게 제안하는 표현이다.

3. • 아이들은 일찍 잠자리에 들어야 한다.

• 우리가 정시에 도착하는 것은 중요하다.

▶ 당연한 의무(~해야 한다)를 나타내거나 important와 같이 이성적 판단을 나타낼 때 쓰이는 조동사는 should이다.

D 1. 그녀는 미국에 있는 삼촌을 방문할 것이다.

▶ be going to는 '~할 것이다'라는 의미로 미래를 나타내는 조동사 will로 바꿔 쓸 수 있다.

2. 오늘 밤에 콘서트에 가자.

▶ Let's ~.는 '~하자.'라는 제안의 의미로 Shall we ~?로 바꿔 쓸 수 있다.

3. 나는 가수가 되고 싶다.

▶ 「want to부정사」는 '~하고 싶다'라는 의미로 「would like to부정사」로 바꿔 쓸 수 있다.

Unit 24 > can, could, may, might, must

A 1. 그들은 쌍둥이임에 틀림없다.

　　▶ 조동사 다음에는 동사원형이 온다.

2. 불을 켜 주실래요?

　　▶ Could you ~?는 공손한 부탁의 표현이다.

3. David, 너는 지금 잠자리에 들어야 한다.

　　▶ to가 나오므로 have to가 알맞다.

4. 그녀는 Tom의 여동생이 아닐지도 모른다.

　　▶ may not: ~이 아닐지도 모른다 / need not: ~할 필요가 없다

B 1. 그녀는 아플 리가 없다. 나는 한 시간 전에 그녀가 하이킹 가는 것을 보았다. ▶ 부정적인 추측을 나타낸다.

2. 벌써 7시다. 이제 작별을 해야겠다. ▶ 의무를 나타낸다.

3. 그는 시험에 통과하기 위해 열심히 공부했다.

　　▶ 「so that+주어+can(may~) (~하기 위하여)」에서 시제 일치를 시켜야 한다.

C 1. 내 남동생은 지금 교실을 청소해야 한다.

　　▶ my brother는 3인칭 단수이므로 have to가 아니라 has to가 맞다.

2. 그녀는 가난한 아이들을 도울 수 있다고 생각했다.

　　▶ 주절의 동사가 thought이므로 시제 일치를 시켜 could가 맞다.

3. 그는 아주 바쁘다. 그래서 그는 이 모임에 오지 못할지도 모른다.

　　▶ 문맥상 부정의 추측인 may not이 온다.

4. 제게 소금 좀 건네주시겠어요?

　　▶ 조동사 뒤에는 동사원형을 쓴다.

D 1. 그 아이는 읽고 쓸 수 있었다.

　　▶ be able to는 can의 의미이고 was이므로 과거형인 could를 쓴다.

2. 나의 여동생은 집에 걸어와야 한다.

　　▶ has to는 must와 같은 의미이다.

3. 아마도 이 우산은 Betty의 것이다.

　　▶ perhaps는 약한 추측을 의미하므로 may로 바꿔 쓸 수 있다.

4. 그는 진실을 알 필요가 없다.

　　▶ don't have (need) to = need not: ~할 필요가 없다

Unit 25> used to, had better, would rather, 조동사+have+과거분사

A 1. 너는 오늘 택시를 타지 않는 게 좋겠다.

　　▶ had better not+동사원형: ~하지 않는 게 좋겠다

2. 그는 시험에 대비해 공부를 했어야 했는데.

　　▶ ought to have+과거분사: ~했어야 했는데 (하지 못했다)

3. 우리 집에 강아지가 한 마리 있었다.

　　▶ used to: 과거의 상태(~이 있었다)

B 1. 너는 뜨거운 우유를 마시는 게 좋겠다.

　　▶ had better+동사원형: ~하는 게 좋겠다

2. 그녀는 그 소식을 못 들었을지도 모른다.

　　▶ may not have+과거분사: ~하지 않았을지도 모른다

3. 나는 음식점에 가느니 차라리 집에서 먹겠다.

　　▶ would rather+동사원형+than+동사원형

C 1. 나는 그가 기차를 놓쳤다고 확신한다.

　　= 그는 기차를 놓쳤음에 틀림없다.

　　▶ must have+과거분사: ~했음에 틀림없다

2. 그녀가 그 영화를 만들었다는 것은 불가능하다.

　　= 그녀가 그 영화를 만들었을 리가 없다.

　　▶ cannot have+과거분사: ~했을 리가 없다

3. 나는 엄마의 말을 듣지 않았는데, 지금은 그것을 후회한다.

　　= 나는 엄마의 말을 들었어야 했다.

　　▶ should have+과거분사: ~했어야 했는데 (하지 못했다)

4. 그는 전에 일요일마다 축구를 했지만, 지금은 하지 않는다.

　　= 그는 일요일마다 축구를 하곤 했다.

▶ used to: ~하곤 했다

D 1. used to: ~하곤 했다
2. cannot have+과거분사: ~했을 리가 없다
3. had better+동사원형: ~하는 게 좋겠다
4. would rather ~ than ...: …하느니 차라리 ~하는 것이 낫겠다

REVIEW TEST

1 ⑤ **2** ⑤ **3** ⑤ **4** must have had **5** used to live **6** will be able to **7** had to **8** ② **9** ⑤ **10** ④ **11** ② **12** should have been **13** shouldn't have come **14** ⑤ **15** ③ **16** better not **17** ③ **18** ④ **19** used to **20** ③

Grammar for NEAT
Step 1 (1) can (2) able to (3) have (need) to
(4) better go (5) must be
Step 2 예시 답 can join, are able to, don't have to bring, had better use, It will be

1 • 너는 약속을 지키는 게 중요하다.
• 기차가 방금 떠났다. 우리는 더 일찍 출발했어야 했다.
▶ • important와 같은 이성적 판단을 나타내는 형용사가 있을 때에는 조동사 should를 쓴다.
• 「should have+과거분사」는 과거 행동에 대한 후회나 유감을 나타낸다.

2 ① 너는 지금 당장 세차해야 한다.
② 나는 보고서를 오늘 밤까지 끝내야 한다.
③ 우리들은 교실을 깨끗하게 유지해야 한다.
④ 모든 사람들은 교통법규를 따라야 한다.
⑤ 점심을 먹지 않았기 때문에 그는 배가 고픈 게 틀림없다.
▶ ①, ②, ③, ④: 의무 ⑤: 강한 추측

3 ① 그녀는 학교에 지각할지도 모른다.
② 나는 이번 여름에 스페인에 갈지도 모른다.
③ 그 문제를 푸는 더 쉬운 방법이 있을지도 모른다.
④ 비가 올지 모른다. 우산을 가져가라.
⑤ 네가 원하면 그 책들을 읽어도 좋다.
▶ ①, ②, ③, ④: 추측 ⑤: 허락

4 그가 오는 길에 사고를 당한 게 틀림없는 것 같다.
= 그는 오는 길에 사고를 당했음에 틀림없다.
▶ must have+과거분사: ~했음에 틀림없다

5 나는 어렸을 때 공원 근처에서 살았으나, 지금은 아니다.
▶ used to: (전에) ~이었다, ~하곤 했다

6 그녀는 말을 탈 수 있다.
→ 그녀는 말을 탈 수 있을 것이다.
▶ 조동사는 두 개를 한꺼번에 쓸 수 없다. 따라서 can을 같은 의미인 be able to로 바꿔서 써야 한다.

7 우리는 다음 버스를 기다려야 한다.
→ 우리는 다음 버스를 기다려야 했다.
▶ must의 과거형은 had to를 쓴다.

8 나는 Jerry가 나에게 거짓말을 했다고 확신한다.
= Jerry는 나에게 거짓말을 했음에 틀림없다.
▶ 과거 사실에 대한 단정적 추측을 나타낼 때에는 「must have+과거분사」로 표현한다.

9 ① 그것을 다시 말씀해 주시겠습니까?
② 우리는 무언가 말하고 싶다.
③ 네가 화내는 것도 당연하다.
④ 그는 그 질문을 아마 잘못 이해했을지도 모른다.
⑤ 이 햄버거를 먹느니 나는 아무것도 먹지 않는 것이 낫겠다.
▶ would rather의 부정형은 would rather not이다.

10 나는 정말 외출하고 싶지 않다. 나는 집에 머무르는 게 더 낫다.
▶ would rather: ~하는 게 더 낫다

11 우리는 아이였을 때 종종 숨바꼭질을 하곤 했다.
▶ 과거의 불규칙적인 습관을 말할 때 would를 쓴다.

12 네가 좀 더 신중하지 못해 유감이다. = 너는 좀 더 신중했어야 했는데.
▶ 과거에 하지 못한 일에 대한 후회나 유감은 「should have+과거분사」를 이용하여 나타낸다.

13 그들이 너무 늦게 집에 와서 유감이다. = 그들은 너무 늦게 집에 오지 말았어야 했는데.
▶ 과거에 한 일에 대한 후회나 유감은 「shouldn't have+과거분사」로 나타낸다.

14 A: 제가 내일까지 보고서를 끝내야 하나요?
B: 아니, 그럴 필요 없어요.
▶ '~할 필요가 없다'는 내용이 적절하므로 don't have to가 온다.

15 A: 잠시 쉬자. 그럴래?
B: 좋아.
▶ Let's ~에 대한 부가의문은 shall we?이다.

16 ▶ 상대방에게 충고를 나타내는 had better의 부정형은 had better not으로 표현한다. You'd는 You had의 줄임말이다.

17 너는 너무 많이 TV를 봐서는 안 된다.

▶ shouldn't = ought not to

18 ① 저 좀 도와주시겠어요?

② 커피 좀 드시겠어요?

③ 나는 그녀가 곧 회복되기를 바랐다.

④ 나는 너무 피곤해서 저녁을 만들 수 없었다.

▶ so ~ that+주어+can't …: 너무 ~해서 …할 수 없다

⑤ 그는 전에 강에 낚시하러 가곤 했다.

19 • 이 들판에 골프 코스가 있었다.

• 나는 어렸을 때 헤비메탈을 듣곤 했다.

▶ 현재는 더 이상 아니지만 과거의 규칙적 습관이나 상태를 표현하여 '~하곤 했다, ~이 있었다' 라는 의미를 나타내는 조동사는 used to이다.

20 현대 사회에서 많은 사람들은 TV 없이는 살지 못한다. 사람들은 TV를 바보상자라고 부르지만, 많은 사람들에게 그것은 가장 좋은 친구다. 우리는 어렸을 때 책을 읽거나 좋은 음악을 들으면서 여가 시간을 보내곤 했다. 하지만 요즈음 아이들은 심심하다고 느끼면 TV로 달려간다. 나는 그들이 줄곧 TV를 보기 보다는 다른 것을 배워야 한다고 생각한다.

▶ (A) 흐름상 'TV 없이는 살 수 없다' 라는 의미가 적절하므로 cannot이 알맞다. (B) 현재에는 더 이상 지속되지 않는 과거의 상태나 습관을 나타내므로 used to가 알맞다. (C) 흐름상 '~해야 한다' 는 의미의 should가 알맞다. rather than(~보다는)과 would rather ~ than …을 혼동하지 않아야 한다.

Grammar for NEAT

Step 1 (1), (2) can: ~할 수 있다(= be able to) (3)don't have (need) to: ~할 필요가 없다 (4) had better: ~하는 것이 좋겠다 (5) 강한 추측의 must

Step 2

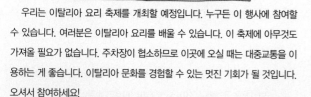

이탈리아 요리 축제

대상: 제한 없음
무엇을: 이탈리아 요리 배우기
가져와야 할 것: 없음
추신: 대중교통 이용을 강력히 추천함

* 이탈리아 문화를 경험할 수 있는 멋진 기회가 될 것입니다.

우리는 이탈리아 요리 축제를 개최할 예정입니다. 누구든 이 행사에 참여할 수 있습니다. 여러분은 이탈리아 요리를 배울 수 있습니다. 이 축제에 아무것도 가져올 필요가 없습니다. 주차장이 협소하므로 이곳에 오실 때는 대중교통을 이용하는 게 좋습니다. 이탈리아 문화를 경험할 수 있는 멋진 기회가 될 것입니다. 오셔서 참여하세요!

▶ 다양한 의미의 조동사를 이용하여 포스터의 내용을 설명하는 글을 완성한다.

Check Your Writing	Yes	No
조동사의 형태를 알맞게 사용했나요?		
포스터의 내용을 잘 설명했나요?		
문법에 알맞은 문장으로 표현했나요?		

Chapter 09 | 수동태

Unit 26 > 수동태의 형태 / 시제

UNIT TEST p. 93

A 1 broke the window **2** Your dog was found **3** are served by waiters and waitresses

B 1 been **2** were injured **3** be remembered **4** being

C 1 is spoken **2** is being repaired **3** was helped

D 1 stolen → was stolen **2** 전체 문장 → I have a lot of books. **3** see → be seen **4** 전체 문장 → His son resembles him.

A ▶ 수동태는 능동태의 목적어가 주어로 사용되고, 동사는 「be동사+과거분사」 형태로 바뀐다.

1. 창문은 이 어린 소년에 의해 깨졌다.

2. 우리는 식료품점 앞에서 너의 개를 찾았다.

3. 웨이터와 웨이트리스는 고객을 접대한다.

B 1. 그 가게는 2주 동안 닫혀 있었다.

▶ 완료형 수동태: have(has, had) been+과거분사

2. 많은 사람들이 기차 사고로 다쳤다.

▶ 수동태: be동사+과거분사

3. 그는 우리에 의해 영원히 기억될 것이다.

▶ 미래 수동태: will be+과거분사

4. 그 집은 건설되고 있다.

▶ 진행형 수동태: be동사+being+과거분사

C 의미상 '~당하다, ~되어지다' 일 때에는 수동태(be동사+과거분사)를 사용하며, 의미에 맞게 시제를 적용해야 한다.

D 1. 내 지갑은 어제 버스에서 도둑맞았다.

▶ 의미상 '~당하다, ~되어지다' 일 때에는 수동태(be동사+과거분사)를 쓴다.

2. 나는 많은 책들을 가지고 있다.

▶ have(가지다)는 수동태를 만들 수 없는 동사이다.

3. 한라산은 제주도 어디에서든 볼 수 있다.
  ▶ 의미상 '~당하다, ~되어지다'일 때에는 수동태(be동사+과거분사)를 쓴다.
4. 그의 아들은 그와 닮았다.
  ▶ resemble은 수동태를 만들 수 없는 동사이다.

Unit 27 > 문장 종류에 따른 수동태

UNIT TEST p. 95

A 1 What was made by him? **2** He was called a computer wizard by them. **3** English is taught (to) us by him. 또는 We are taught English by him.
B 1 sold not → not sold **2** for me → (to) me **3** did the Olympics hold → were the Olympics held
C 1 Was he invited **2** Is this table made **3** were you born
D 1 is, called **2** was made for **3** Was it accepted

A 1. 그가 만든 것은 무엇입니까?
  ▶ 의문사가 있는 의문문의 수동태: 의문사+be동사+주어+과거분사 ~?
2. 그들은 그를 컴퓨터 귀재라고 불렀다.
  ▶ 5형식 문장의 수동태: 목적어를 주어로 한다.
3. 그는 우리에게 영어를 가르친다.
  ▶ 4형식 문장의 수동태는 간접목적어와 직접목적어 모두 주어로 할 수 있다.

B 1. 맥주는 이 가게에서 팔지 않는다.
  ▶ 부정문의 수동태: be동사+not+과거분사
2. 엽서는 그녀에 의해 나에게 보내졌다.
  ▶ send의 직접목적어가 수동태의 주어로 바뀌면 간접목적어 앞에는 to가 오며 to는 생략이 가능하다.
3. 언제 한국에서 올림픽이 개최되었는가?
  ▶ 의문사가 있는 의문문의 수동태: 의문사+be동사+주어+과거분사 ~?

C 1, 2. ▶ 일반 의문문의 수동태: Be동사+주어+과거분사 ~?
3. ▶ 의문사가 있는 의문문의 수동태: 의문사+be동사+주어+과거분사 ~?

D 1. 그들은 이것을 영어로 뭐라고 부르니?
  ▶ 의문사가 있는 의문문의 수동태: 의문사+be동사+주어+과거분사 ~?

2. 엄마는 나에게 피자를 만들어 주셨다.
  ▶ make의 직접목적어가 수동태의 주어로 바뀌면 간접목적어 앞에는 for가 온다.
3. 그녀가 그것을 받아들였니?
  ▶ 일반 의문문의 수동태: Be동사+주어+과거분사 ~?

Unit 28 > 주의해야 할 수동태

UNIT TEST p. 97

A 1 over → over by **2** says → is said **3** by → with **4** to → in
B 1 with **2** to go **3** to cross **4** to be
C 1 It is said, is said to be **2** it was believed, was believed to be
D 1 for **2** with **3** from

A 1. 내 불쌍한 고양이는 파란색 차에 치었다.
  ▶ run over는 하나의 동사처럼 취급한다.
2. 그녀는 뉴욕으로 이사간다고 한다.
  ▶ that이 이끄는 명사절의 수동태: 가주어 It이 사용된다.
3. 나는 그 결과에 만족한다.
  ▶ be satisfied with: ~에 만족하다
4. 너는 우리 팀에 들어오는 데 관심이 있니?
  ▶ be interested in: ~에 관심이 있다

B 1. 그 거리는 많은 차와 버스로 붐빈다.
  ▶ be crowded with: ~로 붐비다
2. 나는 거기에 홀로 가게 되었다.
  ▶ 사역동사의 목적격보어로 사용되는 원형부정사는 수동태 문장에서 to부정사로 바뀐다.
3. 그가 길을 건너는 것을 보았다.
  ▶ 지각동사의 목적격보어로 사용되는 원형부정사는 수동태 문장에서 to부정사로 바뀐다.
4. 그녀가 이 회사의 창립자라고 한다.
  ▶ 명사절의 주어를 문장의 주어로 쓰는 경우 that절의 동사는 to부정사로 바뀐다.

C ▶ that이 이끄는 명사절의 수동태: 가주어 it이 사용된다.
  명사절의 주어가 문장의 주어로 쓰일 경우 that은 없어지고 동사는 to부정사로 바뀐다.

1. 사람들은 시간이 돈이라고 한다.

2. 그 당시, 그들은 지구가 평평하다고 믿었다.

D 1. ▶ be well-known for: ~로 잘 알려지다

2. ▶ be filled with: ~로 가득 차다

3. ▶ be made from: ~로 만들어지다(화학적 변화)

Rᴇᴠɪᴇᴡ ᴛᴇsᴛ

pp. 98~100

1 should be kept **2** ③ **3** ① **4** ④ **5** ③ **6** ④ **7** Was, written **8** was made to stop **9** is said that, is said to be **10** ④ **11** ② **12** ④ **13** was the treasure hidden by her **14** were taken care of by us **15** ④ **16** ⑤ **17** ④ **18** This room has not been cleaned **19** ③

Grammar for NEAT

Step 1 (1) has been finished (2) have been found (3) is being repaired (4) are being washed

Step 2 예시 답 (1) are being watered by (2) have been washed by (3) has been solved (4) being cleaned by

1 너는 우유를 냉장고에 보관해야 한다.

▶ 조동사가 있는 문장의 수동태: 조동사+be+과거분사 ~ (by 행위자)

2 그것은 영어로 뭐라고 불리니?

▶ 의문사가 있는 의문문의 수동태: 의문사+be동사+주어+과거분사 ~?

3 그녀는 그 사고에서 다치지 않았다.

▶ 부정문의 수동태: be동사+not+과거분사(+by 목적격)

4 ① 아일랜드에서는 사람들이 영어를 말한다.

② 그 남자가 나에게 길을 가르쳐 주었다.

③ 그는 내가 배운 것을 복습하도록 했다.

④ 너는 훌륭한 남편이 될 것이다.

⑤ 나의 딸은 지금 저녁을 요리하고 있다.

▶ 수동태로 바꾸려면 목적어가 있는 타동사가 쓰인 문장(3, 4, 5 형식)이어야 하는데, ④는 목적어가 없는 2형식 문장이므로 수동태로 바꿀 수 없다.

5 A: 그림에서 무엇이 일어나고 있는가?

B: 다리가 <u>건설되고 있다.</u>

▶ 다리가 건설되고 있는 중이므로 현재진행형 수동태 「be동사+being+과거분사」로 써야 한다.

6 be crowded with: ~로 붐비다

7 그녀는 보고서를 썼니?

▶ 일반 의문문의 수동태: Be동사+주어+과거분사 ~?

8 의사는 그에게 담배를 끊게 했다.

▶ 사역동사의 목적격보어로 사용되는 원형부정사는 수동태 문장에서 to 부정사로 바뀐다.

9 사람들은 그가 여전히 살아 있다고 말한다.

▶ that이 이끄는 명사절의 수동태: It(가주어) is said that(진주어) ~ / that 절의 주어+is said+to부정사

10 나의 반 친구들은 그 과제를 완성했다.

→ 그 과제는 나의 반 친구들에 의해 완성되었다.

▶ have completed라는 현재완료시제의 수동태는 「have(has)+been+과거분사」의 형태가 되어야 한다. 수동태 문장의 주어인 The project는 3인칭 단수이므로, has been completed의 형태가 알맞다.

11 • 나는 모든 외국어에 매우 관심이 있다.

• 나는 그 소식에 놀라지 않았다.

• 그 음식점은 좋은 서비스로 잘 알려져 있다.

▶ be interested in: ~에 관심이 있다

be surprised at: ~에 놀라다

be well-known for: ~로 잘 알려지다

12 ① 월급은 매달 지급된다.

② 내 자전거는 어젯밤에 도둑 맞았다.

③ 이 편지는 Patton 부인에게 보내질 것이다.

④ 그 트럭은 그에 의해 점검되고 있었다.

▶ 진행형 수동태: be동사+being+과거분사 checking → checked

⑤ 그 아이디어는 Sally에 의해 제안되었다.

13 그녀는 어디에 보물을 숨겼니?

▶ 의문사가 있는 의문문의 수동태: 의문사+be동사+주어+과거분사 ~?

14 우리는 그 아기들을 돌보았다.

▶ take care of와 같이 두 단어 이상이 모여 하나의 동사구를 이루는 경우, 수동태로 만들 때에는 한 단어처럼 취급한다.

15 A: 다이아몬드 반지는 어디에서 발견되었니?

B: 목욕탕에서 발견되었어.

▶ 수동태의 의문문(의문사+be동사+주어+과거분사 ~?)이 와야 한다. 시제는 B의 대답으로 보아, 과거이다.

16 ① 나는 파티에서 Jones 씨를 만났다.

② 그는 그의 할머니를 닮았다.

③ 이 파란색 치마는 너에게 정말 잘 어울린다.

④ 문에 붙은 표지에는 'Knock'이라고 적혀 있다.

⑤ 그들은 저녁에 창문을 닫는다.

▶ 목적어가 있어도 resemble, meet, become 등은 수동태를 만들 수 없다. ④의 read는 자동사이다.

17 ① 그곳은 많은 사람들로 가득 차 있다.

② 나는 그 결과에 기뻐했다.

③ 너는 너의 월급에 만족하니?

④ 그녀는 프랑스인과 결혼했다.

⑤ 땅은 나뭇잎으로 덮여 있었다.

▶ ①, ②, ③, ⑤: with ④: to

18 이 방은 이미 청소되었다.

▶ 현재완료 부정문의 수동태: have(has) not been+과거분사

19 오늘은 끔찍한 날이었다. 우선, 나는 늦게 일어나서 아침 식사를 하지 못했다. 서둘러서 버스를 탔으나, 교통 체증에 갇혀 버렸다. 사무실에 도착했을 때, 나는 상사에게 혼났다. 나는 매우 화가 났지만, 일을 해야 했다. 많은 사람들이 회의에서 나를 기다리고 있었다. 나는 그 회의에서 내가 뭐라고 말했는지 기억조차 하지 못한다!

▶ (A) 교통 체증에 갇히게 되는 것이므로 was caught가 알맞다.

(B) 상사에게 꾸중을 듣는 것이므로 was scolded가 알맞다.

(C) 문장의 주어가 Many people이므로 과거진행형의 능동태 구문이 알맞다.

Grammar for NEAT

Step 1 (1) 그는 과제를 끝마쳤다.

(2) 그녀는 잃어버린 개를 찾았다.

(3) 그는 창문을 수리했다.

(4) 그녀는 지금 설거지를 하고 있다.

▶ (1), (2) 완료형 수동태: have(has, had)+been+과거분사

▶ (3), (4) 진행형 수동태: be동사+being+과거분사

Step 2 아름다운 일요일 오후다. 여기 Smith 씨네 가족이 있다. 우선, 꽃과 식물을 보아라. 그것들은 Smith 부인에 의해 물이 주어지고 있다. 주방의 그릇에는 무슨 일이 일어났는가? 그것들은 Smith 씨에 의해 이미 설거지되었다. 그리고 Mary는 무엇을 하고 있는가? 그녀는 수학을 공부하고 있다. 그녀는 행복해 보인다. 어려운 수학 문제 하나가 그녀에 의해 풀렸다. 마지막으로, 거실을 살펴보자. 거실은 Matt에 의해 청소되고 있다.

▶ 현재완료 수동태와 현재진행 수동태를 이용하여, 현재진행 중인 동작과 이미 완료된 동작을 수동태로 표현하고 묘사한다.

Check Your Writing	Yes	No
현재완료 수동태와 현재진행 수동태 문장을 알맞게 사용했나요?		
그림에 있는 각 인물을 잘 묘사했나요?		
어법에 맞게 문장으로 완성했나요?		

Unit 29 > 부정관사, 정관사

UNIT TEST
p. 103

A 1 The 2 a 3 an 4 The
B 1 The 2 a 3 the, the
C 1 a 2 × 3 an 4 The 5 ×
D 1 an → a 2 a milk → milk 3 A sun → The sun
  4 Air → The air 5 school → the school

A 1. 세상은 매우 빠르게 변화하고 있다.

▶ 세상에서 유일한 것을 말할 때에는 정관사 the를 쓴다.

2. 일주일에는 며칠이 있습니까?

▶ 문장의 의미상 '한 주에 며칠이 있나요?'라는 뜻이 되려면, one의 의미를 나타내는 부정관사 a가 필요하다.

3. 우리 반 친구들은 동갑이다.

▶ 부정관사에는 the same의 뜻이 있다. of an age는 '동갑인'이라는 뜻이다.

4. 달이 하늘에서 밝게 빛나고 있다.

▶ moon은 세상에서 유일한 것이므로 정관사 the를 쓴다.

B 1. 여우는 매우 교활한 동물이다.

▶ 종족 대표를 나타낼 때에는 「a(an)+명사」, 「the+명사」 또는 복수형 명사로 나타낸다.

2. 로마는 하루 아침에 이루어지지 않았다.

▶ one의 뜻을 나타내는 것은 부정관사인 a(an)이다.

3. 나는 가난하고 아픈 사람들을 정말 돕고 싶다.

▶ 「the+형용사」는 복수 보통명사로 '~한 사람들'이라는 의미이다.

C 1. Tom Smith는 매우 친절한 우체부이다.

▶ mailman은 보통명사이고 very는 자음으로 시작되므로, 부정관사인 a를 쓴다.

2. 우리 영어 선생님은 Flower 선생님이다.

▶ Miss Flower와 같이 사람 이름을 나타내는 고유명사 앞에는 관사를 쓰지 않는다.

3. 이 차는 한 시간에 100 마일을 간다.

▶ '~당, ~마다'의 의미를 가지는 것은 부정관사 a나 an인데, hour가 모음 발음으로 시작하는 단어이므로 an을 쓴다.

4. 거리에 한 소녀가 있다. 그 소녀는 나의 여동생이다.

▶ a girl과 같이 어떤 개체에 대해 처음으로 말할 때에는 부정관사 a(an)를 사용하지만, 이미 나온 대상을 지칭할 때에는 정관사

the를 사용한다.

5. 너는 저것이 그녀의 집이라고 생각하니?
   ▶ house는 보통명사이지만, 소유격인 her 앞이므로 관사는 생략된다.

D 1. 내 남동생이 대학에 들어갔다.
   ▶ university는 모음인 u로 시작하는 단어이지만, 발음은 자음인 [j]로 시작하므로, 부정관사 an이 아닌 a를 사용한다.

2. Mike와 Jane은 매일 우유를 마신다.
   ▶ milk는 셀 수 없는 물질명사이므로, 관사를 사용하지 않는다.

3. 태양은 동쪽에서 떠서 서쪽으로 진다.
   ▶ sun은 유일한 것이므로, 정관사 the를 쓴다.

4. 이 방 안의 공기는 깨끗하지 않다.
   ▶ air는 셀 수 없는 명사이지만, in this room이라는 형용사구의 수식을 받으며 한정되어 있으므로, 앞에 정관사 the를 쓴다.

5. 우리는 학교 앞에서 만날 것이다.
   ▶ 서로 알고 있는 학교이므로 정관사 the를 쓴다.

Unit 30> 관사의 위치/생략/반복

UNIT TEST   p. 105

A 1 All the students came to the concert to see him. 2 That was too difficult a problem for me to solve. 3 What an amazing story that was! 4 I've never seen such a beautiful girl in my life.
B 1 • 얼룩 개 한 마리 / • 검은 개 한 마리와 흰 개 한 마리
  2 • 가수 한 사람과 배우 한 사람 / • 가수이자 배우인 한 사람
C 1 such 2 difficult, program 3 on foot
D 1 × 2 × 3 all the 4 were

A 1. 모든 학생들은 그를 보러 음악회에 갔다.
   ▶ 정관사는 all 다음에 위치한다.

2. 그것은 내가 풀기에는 너무 어려운 문제였다.
   ▶ 관사는 원래 부사 앞에 위치하는 것이 원칙이지만, too가 올 때에는 형용사 뒤로 이동하여, 「too+형용사+관사+명사」의 어순이 된다.

3. 그것은 정말 놀라운 이야기였구나!
   ▶ 「What+a(an)+형용사+명사+주어+동사」의 감탄문에서 amazing은 모음 발음으로 시작하는 형용사이므로, an을 사용한다.

4. 나는 내 평생 그렇게 아름다운 소녀를 본 적이 없다.
   ▶ such+a(an)+형용사+명사: 너무나 ~한 …

B 1. • 얼룩 개 한 마리가 잠을 자고 있다.
   • 검은 개 한 마리와 흰 개 한 마리가 잠을 자고 있다.

2. • 가수 한 사람과 배우 한 사람이 군중에게 손을 흔들고 있다.
   • 가수이자 배우인 한 사람이 군중에게 손을 흔들고 있다.
   ▶ 관사가 명사 앞에 각각 쓰이면 별개의 대상을 나타내며, 앞의 명사 앞에 공통으로 쓰이면 단수임을 나타낸다.

C 1. 우리들은 그날 밤 함께 무척이나 낭만적인 밤을 보냈다.
   ▶ so+형용사+a(an)+명사 = such a(an)+형용사+명사: 너무나 ~한 …

2. 그 프로그램은 너무 어려워서 내가 사용할 수 없다.
   ▶ 주어가 that program에서 that으로 바뀌었으므로, 부정적 의미를 나타내는 「too ~ to」구문에서 too 다음에 형용사나 부사만 위치하지 않고 명사까지 함께 와야 한다. 「too+형용사+a(an)+명사」의 어순이 된다.

3. 남동생과 나는 학교에 걸어서 간다.
   ▶ 걸어서: on foot

D 1. 그는 매우 능력 있는 남자이자 아버지이다.
   ▶ 그는 한 사람이므로, 동일 인물을 나타내려면 관사를 하나만 사용한다.

2. 엄마, 저에게 먹을 것을 좀 주세요.
   ▶ 호칭 앞에는 관사를 사용하지 않는다.

3. 나는 그 모임의 모든 회원들을 안다.
   ▶ all은 정관사 앞에 위치한다.

4. 음악가와 화가는 그 결과에 매우 행복했다.
   ▶ 주어가 a musician and a painter이므로, 두 사람(음악가 한 사람과 화가 한 사람)임을 알 수 있다.

REVIEW TEST   pp. 106~108

1 ⑤ 2 ① 3 ④ 4 (1) three times a day (2) five days a week 5 ③ 6 ③ 7 ⑤ 8 ⑤ 9 (1) the old (2) A cow 10 ③ 11 ④ 12 (1) an → a (2) The both → Both the 13 (1) ④ (2) ② 14 such an amazing sight 15 ① 16 ① 17 ② 18 ②

Step 1 (1) eat(have) lunch   (2) What time(When), come back   (3) study math a week   (4) eat(have) a day

Step 2 예시 답 (1) eat(have) breakfast / Yes, I do.   (2) What time, go to bed / I get up at six-thirty and go to bed at ten. (3) exercise a week / Three or four times a week. (4) drink a day / I drink about a liter of water.

1 ① 이 사람은 나의 친구이다.
　② 그는 Mike의 형이다.
　③ 이 사람은 우리의 새로운 이웃이다.
　④ 저 남자는 Simpson 씨이다.
　⑤ 그는 초등학교 선생님이다.
　▶ 관사는 셀 수 있는 보통명사 앞에 사용하며, 소유격이 있을 때에는 함께 쓰지 않는다.

2 ① 그녀는 정직한 소녀이다.
　② 나는 멋진 기타를 원한다.
　③ 그녀는 경찰관이다.
　④ 우리는 멋진 자동차를 가지고 있다.
　⑤ 나는 하루에 다섯 시간의 수업이 있다.
　▶ honest는 자음으로 시작하지만, h가 묵음으로 모음 발음으로 시작하는 단어이므로 a가 아닌 an을 사용한다.

3 ① Bill, 문 좀 닫아줄래? ▶ 서로 알고 있는 것이므로 the
　② 이 병의 우유는 신 맛이 난다. ▶ 형용사구를 동반하므로 the
　③ 그녀는 학교에서 가장 예쁜 소녀이다. ▶ 최상급 앞의 the
　④ 한 주에는 7일이 있다. ▶ a(an) = one
　⑤ 영어는 전 세계에서 말해진다. ▶ 유일한 것이므로 the

4 (1) ▶ 부정관사인 a나 an은 '~당, ~마다'의 의미가 있으므로 이를 day 앞에 사용한다. 횟수를 말할 때에는 once, twice, three times, four times 등으로 쓴다.
　(2) ▶ '일주일에 5일'이므로, a week 앞에 five days를 쓴다.

5 〈보기〉 우리는 하루에 두 번 서로 만난다. ▶ ~당, ~마다
　① 옛날에 어떤 노인이 살았다. ▶ = a certain
　② 나는 그가 매우 친절한 소년이라고 생각한다. ▶ 막연한 하나(해석하지 않음)
　③ 많은 사람들이 하루에 8시간씩 일한다. ▶ ~당, ~마다
　④ 개는 영리한 동물이다. ▶ 종족 대표
　⑤ 로마는 하루 아침에 이루어지지 않았다. ▶ = one

6 ① 나는 이 학교의 모든 선생님들을 안다.
　② 일 년에는 얼마나 많은 계절이 있나요?
　③ 나의 아버지는 오래 전에 암으로 돌아가셨다.
　▶ 질병 이름 앞에는 관사를 쓰지 않는다.
　④ 그는 보통 오후에 축구를 한다.
　⑤ 3월은 한 해의 세 번째 달이다.

7 〈보기〉 내 방의 컴퓨터는 매우 오래되었다. ▶ 형용사구가 수식
　① 아버지는 나의 등을 부드럽게 두드리셨다. ▶ 신체 부위 앞
　② 창문을 모두 여는 게 어떻겠니? ▶ 서로 어떤 창문인지 알고 있는 경우
　③ 나는 보통 아침에 한 시간 동안 조깅을 한다. ▶ 관용어구
　④ 이것은 내가 이제껏 맛 본 것 중 최고의 케이크이다. ▶ 최상급 앞
　⑤ 이것은 내가 며칠 전에 산 책이다. ▶ 형용사절이 수식

8 ① 나는 일주일에 한 번 영화 보러 간다.
　② 그 소년들은 모두 동갑이다.
　③ 여우는 교활한 동물이다.
　④ 일 년에는 4계절이 있다.
　⑤ 같은 깃털을 가진 새끼리 함께 모인다.(유유상종)
　▶ a feather는 '같은 깃털'이라는 의미로서, a는 the same의 뜻이다.

9 (1) 너는 노인들에게 친절해야 한다.
　▶ 「the+형용사」는 '~한 사람들'이라는 의미이다.
　(2) 소는 유용한 동물이다.
　▶ 종족 대표는 「the+명사」, 「a(an)+명사」, 복수형 명사로 나타낸다.

10 ① 나는 이 부근에서 이 선생님을 만났다.
　② 그녀는 잠시 동안 생각했다.
　③ 개는 매우 충직한 동물이다.
　▶ 종족 대표는 「the+명사」, 「a(an)+명사」, 복수형 명사로 나타낸다.
　④ 우리 가족은 한 달에 두 번 소풍을 간다.
　⑤ 옛날에 매우 인내심이 있는 사람이 살았다.

11 ① 달이 하늘에서 밝게 빛나고 있다.
　▶ 세상에서 유일한 것이므로 Moon → The moon
　② 나의 딸은 바이올린을 잘 연주할 수 있다.
　▶ 악기 이름 앞에서는 정관사 the를 써야 하므로 a → the
　③ 우리는 그가 정직한 소년이라고 생각하지 않는다.
　▶ honest의 첫소리가 모음으로 발음되므로 a → an
　④ 나는 조금 쉬려고 침대로 갔다.
　⑤ 시인이자 교사인 한 사람이 그 모임에 참석했다.
　▶ were → was 또는 A poet and teacher → A poet and a teacher로 고쳐야 한다.

12 (1) 나는 내년에 대학에 가고 싶다.
　▶ university는 모음 철자로 시작하는 단어이지만 발음은 자음으로 시작되므로, an이 아닌 a를 부정관사로 쓴다.
　(2) 아이들 둘 다 사고에서 다치지 않았다.

▶ both와 정관사 the를 함께 쓸 때, both는 정관사 앞에 쓴다.

13 (1) 당신의 아들은 내 아들만큼 똑똑한 소년이다.

▶ 「as ~ as」의 동등비교에서 보통의 경우 as와 as 사이에 형용사나 부사만 오지만, 명사가 오는 경우 「as+형용사+관사+명사+as」의 어순이 된다.

(2) 그는 너무나 정직하지 못한 사람이어서 항상 거짓말을 한다.

▶ such a(an)+형용사+명사 = so+형용사+a(an)+명사: 너무나 ~ 한 …

14 나는 그렇게 놀라운 광경을 본 적이 한 번도 없다.

▶ 「so+형용사+a(an)+명사」는 「such+a(an)+형용사+명사」로 바꿀 수 있는데, amazing은 모음 발음으로 시작하므로 an을 써야 한다.

15 ① 한 주에는 며칠이 있니? ▶ = one

② 우리들은 서로에게 일주일에 한 번씩 편지를 쓴다. ▶ = per

③ 나는 일주일에 6일 반을 일해야 한다. ▶ = per

④ 그 남자는 시속 100km의 속도로 운전했다. ▶ = per

⑤ 우리 모임은 한 달에 한 번 규칙적인 만남을 가진다. ▶ = per

16 ① 얼룩 개는 나의 개이다.

▶ A black and white dog은 '얼룩 개 한 마리' 이므로, are는 is 로 dogs는 dog로 고쳐야 한다. 또는 A black and a white dog로 바꿔서 '검은 개 한 마리와 흰 개 한 마리' 의 의미로 고쳐도 된다.

② 지구는 태양 주위를 돈다.

③ 이것은 아주 중요한 정보이다.

④ 나를 위해 문을 좀 닫아주시겠어요?

⑤ 하늘에는 아주 많은 별이 있다.

17 우리 선생님은 우리에게 재미있는 이야기를 해 주셨다. 그 이야기는 정말 우스웠다.

▶ 어떤 명사를 처음 말할 때에는 a나 an을 사용하고, 다음부터는 지정된 것이므로 정관사인 the를 사용한다.

18 그는 그 면접을 완벽하게 준비했다고 생각했다. 그는 머리도 보기 좋게 짧게 자르고, 새로 양복도 사고 그의 가장 멋진 넥타이도 골랐다. 그는 Tom 의 유명 상표 신발도 빌렸다. 하지만, 구직 면접을 시작하자 그는 이력서를 가지고 오지 않았다는 것을 알았다. 그는 질문에도 적절히 대답할 수 없었다. 그는 스스로에게 실망했다. 그는 가장 중요한 것을 잊었던 것이다!

▶ ② 소유격인 his 앞이므로 관사가 생략되어야 한다.

Grammar for NEAT

Step 2 예시 답 (1) 너는 항상 아침밥을 먹니? – 응, 먹어.

(2) 너는 몇 시에 일어나고 잠자리에 드니? – 나는 6시 30분에 일어나고 10시 에 자.

(3) 너는 일주일에 몇 번 운동하니? – 일주일에 3~4번.

(4) 너는 하루에 얼마나 많은 물을 마시니? – 1리터 정도의 물을 마셔.

▶ 제시된 단어들을 모두 사용하여 그림의 내용을 잘 설명할 수 있는 설문지 의 문항을 만들고, 각자 이에 답한다. 관사의 쓰임에 특히 유의해야 한다.

Check Your Writing	Yes	No
관사를 적절히 사용하거나 생략했나요?		
그림에 있는 각 행동들을 잘 묘사했나요?		
어법에 맞게 문장을 완성했나요?		

Chapter 11 | 명사

Unit 31 > 명사의 종류

UNIT TEST p. 111

A **1** water **2** park **3** chair **4** sister

B **1** book → books **2** cheeses → cheese **3** peoples → people **4** a peace → peace

C **1** are **2** are **3** has **4** have

D **1** money **2** apples **3** people, family **4** water

A 1. ▶ 보통명사 – water는 물질명사

2. ▶ 고유명사 – park는 보통명사

3. ▶ 물질명사 – chair는 보통명사

4. ▶ 추상명사 – sister는 보통명사

B 1. 이 책들은 누구의 것이니?

▶ are, these로 보아 book은 복수가 되어야 한다.

2. 치즈를 좀 드릴까요?

▶ cheese는 물질명사로서 복수로 만들 수 없다.

3. 공원에는 많은 사람들이 있다.

▶ people(사람들)은 복수 취급한다.

4. 우리는 평화를 원한다.

▶ 추상명사는 셀 수 없는 명사로 부정관사와 함께 쓸 수 없다.

C 1. 우리 가족은 모두 부지런하다.

▶ family가 가족 구성원 개개인을 나타내므로 복수 취급

2. 20 학급이 한 건물 안에 있다.

▶ class가 집합적으로 쓰였으나 20개가 있으므로 복수 취급

3. 모든 국가에는 국기가 있다.

▶ nation이 집합적으로 쓰였고, every는 단수 취급

4. 경찰은 그 도둑을 잡았다.

▶ police는 복수 취급

D 1. ▶ money는 셀 수 없는 명사이므로 복수형으로 만들 수 없다.

2. ▶ apple은 셀 수 있는 명사이므로 복수형으로 만든다.

3. ▶ people은 '사람들'의 뜻으로 복수 취급한다.

4. ▶ water는 셀 수 없는 명사이므로 복수형으로 만들 수 없다.

Unit 32 > 물질명사의 수량 표시, 명사의 수와 격

UNIT TEST
p. 113

A 1 books 2 maps 3 buses 4 leaves
5 cities 6 children 7 potatoes 8 pianos
9 women 10 feet

B 1 cup 2 piece 또는 sheet 3 glasses 4 pair

C 1 Tom's this album → this album of Tom's
2 Girl's → Girls' 3 a my brother's hat → a hat of my brother's 4 the house's window → the window of the house 5 The chair's legs → The legs of the chair

D 1 Jane's 2 of mine 3 today's 4 five minutes' walk

A 명사의 복수형

1, 2. ▶ 명사의 뒤에 -s

3. ▶ -s로 끝나는 말 → -es

4. ▶ -f로 끝나는 말 → f를 v로 고치고 -es

5. ▶ 자음+y → y를 i로 고치고 -es

6. ▶ 불규칙 복수형

7. ▶ -o로 끝나는 말 → -es

8. ▶ -o로 끝나는 말의 예외 → -s

9, 10. ▶ 불규칙 복수형

B 1. 커피 한 잔 드시겠어요?
▶ coffee는 주로 cup으로 센다.

2. 나에게 종이 한 장 주세요.
▶ paper는 piece 혹은 sheet로 센다.

3. 나는 매일 우유 세 잔을 마신다.
▶ milk는 glass로 세며, 세 잔이므로 복수형을 쓴다.

4. 그녀는 어제 신발 한 켤레를 샀다.
▶ 짝을 이루는 말은 pair로 센다.

C 1. 나는 Tom의 이 앨범을 좋아한다.
▶ 이중소유격: 명사+of+소유대명사

2. 그녀는 한국여고에 다닌다.

▶ -s로 끝나는 복수 명사의 소유격은 아포스트로피(')만 붙인다.

3. 이것은 내 남동생의 모자이다.
▶ 이중소유격: 명사+of+소유대명사

4. 그 소년은 그 집의 창문을 깼다.
▶ 무생물의 소유격은 of를 사용한다.

5. 그 의자의 다리는 튼튼하지 않다.
▶ 무생물의 소유격은 of를 사용한다.

D 1. ▶ Jane의 소유격이므로 's를 붙인다.

2. ▶ 이중소유격: 명사+of+소유대명사

3. ▶ 시간을 나타내는 말의 소유격

3, 4. ▶ 시간, 거리, 무게 등은 's로 소유격을 나타낸다. 4번의 경우 -s로 끝나므로 아포스트로피(')만 붙인다.

REVIEW TEST
pp. 114~116

1 ④ 2 ① 3 ③ 4 ④ 5 (1) glass of waters → glasses of water (2) A hope → Hope (3) my → mine
6 He, our 7 piece 8 ② 9 ⓐ is ⓑ are 10 These are, children 11 Those are, gentlemen 12 ②
13 mine 14 ④ 15 ③ 16 bought a pair of shoes
17 ④ 18 ④ 19 ② 20 ⑤

Grammar for NEAT
Step 1 (1) many kinds of cookies (2) have much vitamin E, are good for (3) two slices(pieces) of pizza, a glass of juice
Step 2 예시 답 joining the baking club, many kinds of bread, little, having a piece of cake with a glass of milk

1 ▶ ①, ②, ③, ⑤: 셀 수 없는 물질명사 ④: 셀 수 있는 보통명사

2 ▶ two 뒤에는 셀 수 있는 명사의 복수형이 와야 한다.

3 그녀는 한 켤레의 양말을 샀다.
▶ a pair of 뒤에는 쌍을 이루는 말이 와야 한다.

4 「자음+y」는 y를 i로 고치고 -es를 붙인다. ④ ladys → ladies

5 (1) 나에게 물 두 잔을 주시겠어요?
▶ water는 셀 수 없는 물질명사로 복수형이 될 수 없으며, glass를 이용하여 센다. 두 잔이므로 glass는 glasses가 되어야 한다.

(2) 희망은 가장 소중한 것이다.
▶ hope, happiness, love 등의 추상명사는 부정관사를 붙일 수 없다.

(3) 그는 나의 친구였다.

▶ 관사와 소유격은 함께 쓰일 수 없으므로 이중소유격(명사+of+소유대명사)이 쓰였다. 따라서 of 다음에 소유격 my가 아닌 소유대명사 mine이 되어야 한다.

6 주어 자리에는 주격(He), 명사 앞에는 소유격(our)이 온다.

7 • 그는 나에게 충고를 한 마디 했다.
• 그는 분필 한 개를 집었다.
▶ 추상명사, 물질명사의 수는 단위를 나타내는 말로 표시하는데, advice와 chalk는 piece를 이용한다.

8 ① 산타는 굴뚝을 통해 집에 들어온다.
② 나는 산에서 사슴 몇 마리를 보았다.
▶ deer는 sheep, fish 등과 더불어 단수형과 복수형의 형태가 같은 단어이므로, deers를 deer로 고쳐야 한다.
③ 그의 집에는 몇 개의 금고가 있다.
④ 그들은 많은 종류의 사전들을 갖고 있다.
⑤ 우리는 뜰에서 감자를 많이 기른다.

9 • 우리 가족은 대가족이다.
• 우리 가족은 모두 키가 크다.
▶ family는 집합명사로서 ⓐ에서는 집합 전체를 가리키므로 단수형을, ⓑ에서는 구성원 개개인을 가리키므로 복수형을 쓴다.

10 이 아이는 아주 귀여운 어린이다.
→ 이 아이들은 아주 귀여운 어린이들이다.
▶ This는 These가 되고 이에 따라 is도 are로 바꾸어야 한다. 또한 명사의 복수형 앞이므로 부정관사 a는 없어지고, child는 children으로 바뀌어야 한다.

11 저 사람은 정말 잘생긴 신사이다.
▶ That은 Those가 되고 이에 따라 is는 are가 된다. 또한 명사의 복수형 앞이므로, 부정관사 a는 없어지고 gentleman은 gentlemen으로 바뀌어야 한다.

12 • 그는 나의 형이다.
• Kate는 그녀의 언니이다.
▶ 뒤에 명사가 오므로 소유격만 빈칸에 가능하다.

13 이 펜은 나의 것이다.
▶ belong to: ~에 속하다, ~의 것이다

14 ① 이것은 너의 가방이니?
② 미나는 내 친구이다.
③ 나는 그를 매우 많이 좋아한다.
④ 이것은 그들의 집이다.
▶ 명사 앞에서는 소유격으로 써야 한다. them → their
⑤ 나는 중학교 학생이다.

15 ① 나는 매일 우유 한 잔을 마신다.
② 나에게 홍차 한 잔만 줘.
③ 그는 종이 한 장을 구하고 싶어 한다.

④ 나의 아버지는 청바지 한 벌을 샀다.
⑤ Sam은 주머니에 분필 한 자루를 가지고 다닌다.
▶ paper를 세는 단위는 piece나 sheet을 사용하며, 종이 한 장을 말할 때는 a piece of paper, a sheet of paper로 표현한다.

16 ▶ a pair of+쌍을 이루는 명사

17 ① 그는 손에 달걀 세 개를 가지고 있다.
② 나는 1파운드의 설탕을 샀다.
③ 그녀는 커피 한 잔을 주문했다.
④ 너는 돈이 좀 있니?
▶ money는 물질명사이므로 복수형으로 만들 수 없다.
⑤ 그 방에는 사람들이 몇 명 있니?

18 ① 고래는 어류가 아니라 포유류이다.
② 그녀는 여배우로서는 성공적이 아니었다.
③ 나는 여대에 입학하고 싶다.
④ 그녀의 이 드레스는 그녀의 신발과 잘 어울린다.
▶ 소유격과 some, any, this, that 등은 나란히 쓰지 못하고 of를 이용한 이중소유격으로 표현해야 하므로, This dress of hers라고 고쳐야 한다.
⑤ 오늘 신문에는 재미있는 것이 없다.

19 A: 너는 지금 뭐 하고 있니?
B: 나는 영어 작문 숙제를 위해서 몇 개의 문장을 쓰고 있어.
A: 너는 언제 그 문장들을 끝낼 거니?
B: 잠시만 기다려 줘. 내가 숙제를 끝낸 후에 우리는 함께 나갈 수 있어.
A: 알았어. 우리는 서두를 필요는 없어.
▶ ② sentences가 셀 수 있는 명사이므로 a little이 아니라 a few가 와야 한다.

20 새해 첫 날은 아주 중요한 국가의 공휴일이다. 사람들은 보통 친구들이나 가족들과 함께 시간을 보낸다. 시계가 12시를 치면, 그들은 서로 껴안고 키스한다. 그들 대부분은 일하지 않고, 하루 종일 집에 있는다. 이날에, 많은 사람들은 자신들의 나쁜 습관을 바꾸기로 결심한다. 어떤 사람들은 돈을 조금만 쓰겠다고 약속하고, 또 어떤 사람들은 금연하겠다고 약속한다. 하지만, 곧 그들은 그 약속들에 대해 잊게 된다.
▶ ⑤ money는 셀 수 없는 명사이므로, fewer 대신 little의 비교급인 less를 써야 한다.

Grammar for NEAT

Step1 (1) many kinds of: 많은 종류의 (2) vitamin E는 셀 수 없는 명사로 much를 이용한다. (3) pizza는 slice나 piece를 이용해서 세고, juice는 glass를 이용해서 센다.

> • 주제: 제빵 동아리에 가입할래?
> • 활동: 많은 종류의 빵 만들기
>   우유 한 잔과 함께 케이크 한 조각 먹기

안녕, 잘 지내?

너에게 묻고 싶은게 있어. 제빵 동아리에 가입하는 게 어때? 난 네가 빵을 정말 좋아하는 것을 알아, 그렇지? 우리는 많은 종류의 빵을 만들어. 빵에는 설탕이 거의 들어 있지 않아서 우리 치아에 좋아. 가끔 우리는 케이크도 만들어. 다 완성되면, 케이크를 먹을 수 있어. 나는 우유 한 잔과 케이크 한 조각을 먹는 것을 즐겨. 관심 있으면 문자 메시지 해. 안녕!

▶ 명사의 단·복수형과 물질명사를 세는 방법을 적절히 이용하여 제빵 동아리 가입을 권유하는 이메일을 완성한다.

Check Your Writing	Yes	No
명사의 단·복수형과 단위를 알맞게 사용했나요?		
가입을 권유하는 이메일 내용으로 알맞나요?		
어법에 맞게 문장을 완성했나요?		

Chapter 12 | 대명사

Unit 33 > 인칭대명사, 지시대명사

UNIT TEST   p. 119

A 1 your 2 These 3 him 4 their, ours
B 1 She, Her 2 His 3 Her, them
C 1 mine 2 hers 3 that
D 1 him → his 2 my → mine 3 that → those 또는
   birds → bird 4 This is → These are 또는
   dictionaries → dictionary

A 1. 이것은 너의 자전거니?
  ▶ 명사를 수식할 때에는 소유격을 쓴다. you의 소유격은 your다.
  2. 이것들은 나의 강아지들이다.
  ▶ this의 복수형은 these이다.
  3. 그녀는 그를 보고 싶어 한다.
  ▶ see의 목적어가 필요하다. he의 목적격은 him이다.
  4. 그것은 우리의 문제가 아니라 그들의 문제이다.
  ▶ problem을 수식하는 소유격 their가 오고, not 다음에는 our problem을 의미하는 소유대명사 ours가 온다.

B 1. 이 아이는 Emma다. 그녀는 중학교 학생이다. 그녀의 눈은 아주 크다. ▶ Emma는 여자이므로 주어로 she를 쓴다. 소유격은 her가 된다.

2. 그녀는 남동생이 있다. 그의 이름은 Clark이다.
  ▶ 남동생의 이름이고 소유격이므로 his를 쓴다.
3. 그녀의 부모님은 아주 친절하고 좋으시다. 그녀는 부모님을 아주 많이 사랑한다.
  ▶ 그녀의 부모님이므로 her가 되고, 부모님 두 분을 받으므로 3인칭 복수인 them이 온다.

C 1. A: 이것은 너의 우산이니?
     B: 아니, 그것은 내 우산(내 것)이 아니야.
  ▶ my umbrella를 대신하는 말은 소유대명사 mine으로 쓸 수 있다.
  2. 나는 그녀에게 내 전화번호를 주었고, 그녀는 내게 그녀의 전화번호(그녀의 것)를 주었다.
  ▶ her telephone number를 대신하는 말은 소유대명사 hers로 쓸 수 있다.
  3. 여자의 목소리는 남자의 목소리(그것)보다 더 부드럽다.
  ▶ the voice를 대신하는 대명사는 that이 적절하다.

D 1. 그는 그의 가족과 함께 산다.
  ▶ family를 수식하므로 him을 his로 바꾼다.
  2. 그 컴퓨터는 나의 것이다.
  ▶ '나의 것'이라는 뜻이므로 my를 소유대명사 mine으로 바꾼다.
  3. 저 새들을 보아라.
  ▶ birds가 복수형이므로 지시대명사도 복수형 those를 쓴다. 또는 that에 맞게 bird로 바꾼다.
  4. 이것들은 내 사전이다.
  ▶ dictionaries가 복수형이므로 주어와 동사도 These are로 쓴다. 또는 This is에 맞게 dictionaries를 dictionary로 바꾼다.

Unit 34 > it, 재귀대명사

UNIT TEST   p. 121

A 1 it 2 It 3 myself 4 themselves
B 1 It's 2 It 3 yourself
C 1 himself 2 It's 3 myself
D 1 myself 2 It 3 it

A 1. 엄마는 강아지를 샀다. 난 그것을 매우 좋아했다.
  ▶ 엄마가 산 강아지를 대신 받는 대명사는 it을 사용한다.
  2. 그녀가 팔이 부러졌다는 것은 사실이다.

▶ 「It is ~ that …」 구문으로 It은 가주어이다. that 이하가 진주어이다.

3. 난 너에게 화가 난 것이 아니다. 나 자신에게 화가 났다.
   ▶ 주어 I의 목적어로 '나 자신'을 뜻하는 말은 myself이다.
4. 사람들은 혼자일 때 종종 혼잣말을 한다.
   ▶ 주어가 they이므로 '그들 자신'은 themselves이다.

B 1. ▶ 요일을 나타내는 비인칭 주어는 it이다.
   2. ▶ 가주어 it과 진주어 to walk on the ice 구문이다.
   3. ▶ help oneself to: ~을 마음껏 먹다

C 1. A: 누가 Jack이 로봇을 만드는 것을 도왔니?
      B: Jack이 혼자서 했어.
      ▶ for himself: 그 혼자 힘으로
   2. A: 날씨가 어떠니?
      B: 맑고 따뜻해.
      ▶ 날씨를 묻고 있으므로 비인칭 주어 it을 쓴다.
   3. A: 너는 파티에서 즐거웠니?
      B: 응. 정말 즐거웠어.
      ▶ enjoy oneself: 즐기다

D 1. 난 혼자 휴가를 갔다.
      ▶ alone = by oneself
   2. 수영하는 법을 배우는 것은 중요하다.
      ▶ 주어로 쓰인 to부정사가 긴 경우 가주어 it을 쓰고 진주어를 뒤에 쓴다.
   3. 몇 시니?
      ▶ 시간을 뜻하는 비인칭 주어 it이 온다.

Unit 35 > 부정대명사

UNIT TEST
p. 123

A **1** any **2** them **3** Each **4** one
B **1** ones **2** others **3** one
C **1** it → one **2** any → some **3** Every → Each
  4 another → the other
D **1** All **2** other **3** any **4** None

A 1. 그들은 어떤 실수도 하지 않았다.
   ▶ 부정문에서는 any를 쓴다.
   2. 이 컵들은 더럽다. 그것들을 씻자.

▶ 특정한 cups를 대신하는 대명사이므로 복수형 them이 맞다.

3. 소녀들 각자 모자를 가지고 있다.
   ▶ has로 보아 단수 취급하는 each가 온다.
4. 나는 검정색 코트보다 갈색 코트를 더 좋아한다.
   ▶ 특정한 코트를 의미하는 게 아니므로 one이 온다.

B 1. 나는 빨간색 신발은 싫어하지만, 초록색 신발은 좋아한다.
   ▶ shoes를 대신하는 대명사 ones가 온다.
   2. 어떤 사람들은 야구를 좋아하고 다른 사람들은 축구를 좋아한다.
   ▶ some ~ others …: 어떤 것(사람)들은 ~ 다른 것(사람)들은 …
   3. 어느 차가 너의 차니? – 이것이야.
   ▶ this one: 이것

C 1. 나는 우산을 잃어버렸다. 그래서 새 우산을 하나 샀다.
   ▶ 앞에 나온 잃어버린 우산을 특정하게 가리키는 것이 아니므로 one이 맞다.
   2. 차 한 잔 마실래?
   ▶ 권유의 의문문에는 any가 아니라 some이 온다.
   3. 너희들 각각은 좋은 학생이다.
   ▶ every는 명사를 수식하고 단독으로 쓰이지 못한다.
   4. 나는 두 개의 지갑이 있다. 하나는 갈색이고 다른 하나는 분홍색이다.
   ▶ one ~ the other …: (둘 중에서) 하나는 ~ 다른 하나는 …

D 1. John은 피아노를 친다. Mike는 기타를 친다. Sue는 바이올린을 켠다. = 그들 모두는 악기를 연주한다.
   ▶ 그들 모두 악기를 연주하므로 '모두'를 의미하는 말인 all이 온다.
   2. Bob은 Ann을 알고 Ann은 Bob을 안다. = Bob과 Ann은 서로를 알고 있다.
   ▶ '서로'라는 의미의 each other가 맞다.
   3. 그는 돈이 없다.
   ▶ no의 의미는 not ~ any이다.
   4. Jane과 Linda는 고기를 먹지 않는다. Karl도 역시 고기를 먹지 않는다. = 그들 중 어느 누구도 고기를 먹지 않는다.
   ▶ 아무도 고기를 먹지 않으므로 none이 온다.

REVIEW TEST
pp. 124~126

1 it **2** the other **3** ③ **4** ⑤ **5** ④ **6** ② **7** themselves **8** It **9** ① **10** ② **11** ④ **12** ④ **13** ③ **14** ① **15** ④ **16** Each student **17** it, to tell **18** it, her **19** One, another, the other(the third) **20** ③

Step 1 예시 답 (1) Each person   (2) Nobody(No one) thinks   (3) One, the other   (4) the others

Step 2 예시 답 Each student, opinion, nobody, One, the other, freedom, The others

1 • 어제는 눈이 많이 왔다.
   • 나는 컴퓨터를 이용하는 것이 유용하다는 것을 알았다.
   ▶ • 비인칭 주어 it을 쓴다.
     • 가목적어 it으로 진목적어 to use a computer를 받는다.

2 나는 카메라가 두 대 있다. 하나는 국산이고 다른 하나는 외제이다.
   ▶ one ~ the other ...: 하나는 ~ 다른 하나는 …

3 그 차의 오디오 가격이 차 가격보다 더 비싸다.
   ▶ the price를 대신하는 대명사는 that이다.

4 음식을 더 먹고 싶으면 마음껏 먹어라.
   ▶ you에 대한 말이므로 yourself나 yourselves가 온다. help oneself: 마음껏 먹다

5 A: 어느 꽃을 원하니?
   B: 하얀 꽃으로 주세요.
   ▶ flowers를 대신하는 말은 ones이다.

6 ① 나는 내 자신이 아주 자랑스러웠다.
   ② Sally는 그녀 스스로 그 퍼즐을 풀었다.
   ③ 그들은 그들 스스로를 사랑하는 법을 배워야 한다.
   ④ 그는 혼자서 영화를 보러 갔다.
   ⑤ 그녀는 거울에 비친 그녀 자신을 바라보고 있다.
   ▶ 재귀대명사는 주어, 목적어, 보어를 강조하는 강조 용법일 때에만 생략할 수 있다. ②를 제외한 나머지는 모두 전치사나 동사의 목적어로 사용된 재귀 용법이므로 생략할 수 없다.

7 그들은 파티에서 재미있는 시간을 보냈다.
   ▶ have a good time = enjoy oneself: 즐기다

8 그녀와 대화를 나누는 것은 쉽지 않다.
   ▶ to talk with her를 대신하는 가주어 it이 온다.

9 ① 나는 우표가 없다.
   ▶ 부정문이므로 some이 아니라 any를 써야 한다.
   ② 너는 L.A.에 아는 호텔이 있니?
   ③ 내가 돈이 있다면 너에게 좀 빌려줄 것이다.
   ④ 그의 집에는 강아지 몇 마리가 있다.
   ⑤ 나는 목이 마르다. 물 좀 마실 수 있을까?

10 ① A: 무슨 요일이니?
     B: 목요일이야.
   ② A: 날씨가 어떠니?
     B: 나는 비오는 날이 좋아.
   ▶ 현재의 날씨를 답하는 말을 해야 한다.
   ③ A: 돈이 얼마나 있니?
     B: 하나도 없어.
   ④ A: 차를 좀 마실래?
     B: 고맙지만 됐어.
   ⑤ A: 이 근처에 은행이 있니?
     B: 응, 모퉁이에 하나 있어.

11 학생들 중의 일부는 수학을 잘하고 다른 학생들은 영어를 잘한다.
   ▶ 전체 중에서 일부는 some이고 또 다른 일부는 others이다.

12 • 이것은 나에게 너무 작아요. 다른 것을 보여 주세요.
   • 그들 중 세 명은 그 생각에 동의했지만, 나머지는 그렇지 않았다.
   ▶ • 앞서 제시된 것 말고 또 다른 하나를 말할 때에는 another를 사용한다. / • 정해진 수 중 일정 수를 제외한 나머지를 말할 때에는 the others를 사용한다.

13 ① 나는 완벽한 사람은 아무도 없다고 생각한다.
   ▶ nobody에 부정의 의미가 있으므로 isn't를 is로 바꿔야 한다.
   ② 모든 선수들은 유니폼을 가지고 있다.
   ▶ every는 다음에 오는 명사와 동사는 단수형이 되어야 하므로 player has his uniform이 되어야 한다.
   ③ 이 펜은 저것보다 더 싸다.
   ④ 그곳의 사람들은 서로를 도왔다.
   ▶ '서로' 라는 의미로는 one another나 each other를 사용한다.
   ⑤ 토끼의 귀는 개의 귀보다 더 길다.
   ▶ 앞에 나오는 ears를 받으므로 that은 those가 되어야 한다.

14 ▶ with 다음에 오는 말은 목적어이므로 목적격만 가능하다. his는 소유격이다.

15 ▶ each는 단수 취급하므로 likes가 온다.

16 ▶ '각각' 이라는 뜻을 가지는 each는 단수 취급한다.

17 ▶ I think to tell a lie wrong.이라는 5형식 문장에서 목적어인 to tell a lie를 뒤로 옮기고 가목적어 it을 사용한 경우이다.

18 ▶ 앞에 나온 특정한 컵이므로 it으로 받고 '그녀에게' 는 her로 나타낸다.

19 나는 오빠가 세 명 있다. 한 명은 군인이고, 다른 한 명은 의사이며, 나머지 한 명은 축구 선수이다.
   ▶ 셋을 설명할 때에는, One ~ another ... the other(the third)로 표현한다.

20 용감한 사람들에 대한 많은 이야기가 있다. 남자들, 여자들, 그리고 아이들은 때때로 매우 용감한 일들을 한다. 어떤 사람들은 가족을 구하기 위해 불타는 집안으로 뛰어들어 간다. 또 어떤 사람들은 자녀들을 구하기 위해 위험한 동물과 싸우기도 한다. 무엇이 그들이 이러한 일들을 하게 만든다고 생각하는가? 그것은 바로 그들이 가족에 대한 사랑이다. 우리들은 그들에 대한 사랑이 있기 때문에 사랑하는 사람들을 위해 무엇이든 할 수 있다. 놀랍지 않은가?

▶ 여럿 중 일부는 some으로, 또 다른 일부는 others로 나타낸다.
Others people → Others

Grammar for NEAT

Step 1 (1) each: 각각의(이하 명사와 동사는 단수 취급) (2) nobody (No one): 아무도(부정의 의미가 포함되어 있으므로 부정어와 함께 쓰이지 않는다.) (3) one ~ the other ...: (둘 중에서) 하나는 ~ 다른 하나는 … (4) some ~ the others ...: 어떤 것들은 ~ (나머지 전부인) 다른 것들은 …

Step 2 오늘, 민수네 반에서 설문 조사를 했다. 질문은 "너에게 가장 중요한 것이 무엇인가?"였다. 반에는 모두 30명의 학생들이 있다. 각각의 학생들은 자신의 의견을 표현했다. 슬프게도, 가족이 가장 중요하다고 말한 사람은 없었다. 두 가지 주요한 답이 있었다. 한 가지는 스마트폰이고, 다른 한 가지는 자유였다. 그 나머지 학생들은 친구들, 행복, 희망이 그들에게 중요하다고 말했다.

▶ 부정대명사를 적절히 사용하여 도표의 내용을 설명하는 문장을 완성한다.

Check Your Writing	Yes	No
부정대명사를 적절히 사용했나요?		
도표의 내용을 적절히 표현한 문장인가요?		
어법에 맞게 문장을 완성했나요?		

Chapter 13 | 형용사와 부사

Unit 36 > 형용사

UNIT TEST
p. 129

A 1 It's very hot milk.   2 Nancy is a very thoughtful doctor.   3 This is a very useful dictionary.
B 1 easy 2 strange 3 sleeping 4 healthy
C 1 your room full of trash   2 this beautiful red rose   3 something wrong with this report   4 is afraid of snakes
D 1 present   2 alone   3 young, the

A 1. 그것은 매우 뜨거운 우유이다.
　　▶ very는 형용사 hot을 꾸며 주고 hot은 명사 milk를 꾸며 준다.
　2. Nancy는 매우 사려 깊은 의사이다.
　　▶ 「관사+부사+형용사+명사」의 어순에 주의한다.
　3. 이것은 매우 유용한 사전이다.
　　▶ very는 형용사 useful을 꾸며 주고 useful은 명사 dictionary를 꾸며 준다.

B 1. 그 수학 문제들은 쉬웠다.
　　▶ be동사의 보어로 쓰인 서술적 용법의 형용사
　2. 너의 생각은 이상하게 들린다.
　　▶ sound+형용사: ~하게 들리다
　3. 자고 있는 아기를 깨우지 마라.
　　▶ asleep은 서술적으로만 쓰이는 형용사이므로, baby를 수식하는 현재분사가 와야 한다.
　4. 너는 오늘 건강해 보인다.
　　▶ look+형용사: ~하게 보이다

C 1. 형용사구는 명사 뒤에서 수식한다.
　2. 「지시형용사+성질·상태형용사+색깔형용사+명사」의 어순이 되어야 한다.
　3. something/nothing/anything+형용사
　4. be afraid of: ~을 두려워하다

D 1. present는 한정적 용법으로 '현재의'라는 뜻으로 쓰였다.
　2. alone은 보어로 쓰인 서술적 용법의 형용사
　3. the+형용사 = 복수 보통명사

Unit 37 > 부정 수량형용사, 수사

UNIT TEST
p. 131

A 1 little   2 much   3 a little   4 Few
B 1 few → a few   2 many butter are → much butter is
　3 hundreds → hundred   4 some → any
C 1 forty   2 one thousand seven hundred (and) thirteen   3 twelfth   4 ten million three hundred (and) twenty-nine thousand four hundred (and) ten
D 1 eighteen fifty-nine   2 two-fifths   3 Henry the fifth   4 August (the) twentieth / the twentieth of August

A 1. ▶ hope는 셀 수 없는 명사이고, 문맥상 '거의 없는'의 의미이므로 little을 쓴다.
　2. ▶ furniture는 셀 수 없는 집합명사로 '많은'이라는 의미로 much를 쓴다.
　3. ▶ time은 셀 수 없는 명사이고, 문맥상 '약간 있는'의 의미이므로 a little을 쓴다.
　4. ▶ passenger는 셀 수 있는 명사이고, 문맥상 '거의 없는'의 의미이므로 few를 쓴다.

B 1. 그의 아이디어는 매우 어렵지만, 그것들을 이해하는 사람이 몇몇은 있다.

▶ but으로 연결되므로 문맥상 '몇 명은 이해한다'는 의미가 되어야 한다.

2. 냉장고에 버터가 얼마나 있니?

▶ butter는 셀 수 없는 물질명사이므로 much를 사용하며, 단수 취급한다.

3. 강당에 200명의 사람들이 있다.

▶ 200은 two hundred로 나타낸다.

4. 우리가 거기에 갔을 때에는 음식이 거의 남아 있지 않았다.

▶ hardly(거의 ~않는)로 보아 부정문이다. 부정문에서는 any를 사용한다.

C 1. ▶ 14인 fourteen과 혼동하지 말아야 한다.

4. ▶ 세 자리씩 끊어서 읽되, 각 자리에 million, thousand를 붙인다.

D 1. ▶ 연도는 두 자리씩 끊어 읽는다.

2. ▶ 분수의 경우 분자는 기수로, 분모는 서수로 읽되 분자가 2 이상인 경우는 분모에 -s를 붙인다.

4. ▶ 날짜는 서수로 읽기도 하고 기수로 읽기도 한다.

Unit 38 > 부사

UNIT TEST   p. 133

A 1 well   2 fast   3 carefully   4 slowly

B 1 is ∨ busy   2 family ∨ went   3 can ∨ stay   4 It ∨ rains

C 1 already   2 yet   3 nearly   4 much

D 1 early   2 high   3 lately   4 hardly

A ▶ 명사를 수식하는 형용사를 동사를 수식하는 부사로 바꾸는 문제이다.

1. 그는 훌륭한 수영 선수이다. = 그는 수영을 잘한다.

▶ good의 부사는 well이다.

2. Jane은 빠른 학습자이다. = Jane은 빨리 배운다.

▶ fast는 형용사와 부사가 같은 형태이다.

3. 우리는 주의 깊은 조사관이다. = 우리는 주의 깊게 조사한다.

▶ 형용사 careful에 -ly를 붙이면 부사가 된다.

4. 그는 느린 일꾼이다. = 그는 느리게 일한다.

▶ 형용사 slow에 -ly를 붙이면 부사가 된다.

B ▶ 빈도부사나 부정부사는 be동사나 조동사 뒤, 일반동사 앞에 쓰인다.

1. 나의 여동생은 월요일마다 항상 바쁘다.

2. 우리 가족은 대개 일요일마다 등산을 갔다.

3. 나는 너무 피곤해서 깨어 있을 수가 없다.

4. 이곳은 4월에 비가 자주 내린다.

C 1. 내가 도착했을 때 그녀는 이미 떠나고 난 뒤였다.

▶ 문맥상 '이미, 벌써'의 already를 쓴다.

2. 나는 그로부터 아직 편지를 받지 못했다.

▶ 부정문에서 '아직'의 의미로 yet을 쓴다.

3. 내가 마지막으로 머리를 자른 지 거의 두 달이 되어 간다.

▶ '거의'라는 의미의 nearly를 쓴다.

4. 그는 체중이 늘고 있다. 그는 너무 많이 먹는다.

▶ '많이'의 의미인 much를 쓴다.

D 1. early: 일찍

2. high는 형용사와 부사의 형태가 같다.

3. lately: 최근에 / late: 늦게

4. hardly: 거의 ~않는

REVIEW TEST   pp. 134~136

1 many   **2** ③   **3** ②   **4** ③   **5** ③   **6** ⑤   **7** ④   **8** ②
9 ③   **10** Two years is long enough to wait for somebody.
11 I have never been to New Zealand.   **12** ④   **13** ④
14 ①   **15** angry   **16** enough   **17** (1) alive → living
(2) highly → high   **18** are you always biting   **19**
There is nothing interesting   **20** ⑤

Grammar for NEAT

Step 1 (1) Winter, season for, poor   (2) the
thirteenth, October   (3) next to my house
Step 2 예시 답 sick and poor, fifteenth, September,
near the company, be easy, very helpful to everyone
at the hospital

1 A: 너는 하루에 물을 몇 잔이나 마시니?

B: 다섯 잔.

▶ 「How many(much)+명사 ~?」는 '얼마나 많은 ~을 …하니?'라는 의미인데, 여기서 glass는 셀 수 있는 명사이므로 many를 사용한다.

2 ▶fast는 형용사와 부사의 형태가 같다.

3 우리는 그 일을 할 시간이 많지 않다.
  ▶time은 셀 수 없는 명사이므로 a lot of나 much로 수식한다.

4 다행히도, 그녀는 자신의 질문에 대한 그의 대답을 분명히 기억하고 있다.
  ▶clearly는 부사로서 문맥상 동사를 수식하고 있다.

5 ① 행복한 – 행복하게
  ② 단순한 – 단순히
  ③ 친구 – 다정한
  ④ 예쁜 – 예쁘게
  ⑤ 신중한 – 신중하게
  ▶①, ②, ④, ⑤는 모두 형용사와 부사의 관계이지만, ③은 명사와 형용사의 관계이다.

6 ① Michael은 매우 빨리 달리고 있다.
  ② 너는 그렇게 금방 떠날 필요가 없다.
  ③ 우리는 약간 늦게 집에 돌아왔다.
  ④ Elizabeth는 한국어를 정말 열심히 공부한다.
  ⑤ 나는 네가 상당히 일찍 와서 놀랐다.
  ▶①~④는 모두 부사로 앞의 동사를 수식하고 있지만, ⑤의 early는 형용사로 be동사의 보어 역할을 하고 있다.

7 A: 너는 머리를 얼마나 자주 자르니?
  B: 한 달에 한 번 정도.
  ▶How often ~?: 얼마나 자주 ~하니?(빈도) / have+목적어+과거분사: ~을 …하게 시키다

8 A: Tommy는 어디에 있니?
  B: 그는 소파에서 자고 있어.
  ▶be동사의 보어로 쓰이는 형용사가 와야 한다.

9 그가 나에게 다시 돈을 빌려 주리라고는 거의 기대할 수가 없다.
  ▶조동사와 일반동사 사이에 위치하는 부사는 빈도부사나 부정부사이며, 문맥상 부정의 의미를 담고 있는 hardly가 와야 자연스럽다.

10 2년은 누군가를 기다리기에 충분히 길다.
  ▶enough가 형용사를 수식하는 부사로 쓰일 때에는 형용사 다음에 온다.

11 나는 결코 뉴질랜드에 가 본 적이 없다.
  ▶never는 부정을 나타내는 부사로 조동사 뒤에 위치한다. 현재완료에서는 have 뒤에 온다.

12 ① 올 겨울에는 눈이 거의 오지 않았다.
    ▶snow는 셀 수 없는 명사이므로 little이 수식한다.
  ② 케이크 더 드실래요?
    ▶권유형의 의문문에 쓰인 some
  ③ 그녀는 그를 믿을 수 있는지 아닌지 아직 확신하지 못했다.
    ▶부정문에 쓰인 yet(아직)
  ④ 나는 그렇게 아름다운 여인을 전에 본 적이 없다. ago → before

  ▶ago는 단독으로 쓰이지 못하며 현재완료와 함께 쓸 수 없다.
  ⑤ 이 집에는 뭔가 신비한 것이 있다.
    ▶something을 뒤에서 수식하는 형용사 mysterious

13 ① 그는 농구를 매우 좋아한다.
    ▶형용사를 수식하는 부사 very
  ② 나는 음악에 매우 관심이 있다.
    ▶interested와 같이 형용사형의 과거분사는 very much나 very도 모두 수식이 가능하다.
  ③ 나는 이미 점심 식사를 끝냈다.
    ▶긍정문에 쓰인 already(이미, 벌써)
  ④ 좋은 소식 들었니? 행복해 보이네.
    ▶ '~하게 보이다' 라는 뜻의 look 뒤에는 보어로 쓰이는 형용사가 와야 한다. happily → happy
  ⑤ 이 두 사진은 거의 흡사하다.
    ▶alike는 서술적 용법으로만 쓰이는 형용사이다.

14 ▶ '거의 없는' 이라는 의미의 단어는 few와 little인데, people은 셀 수 있는 명사이므로 few를 사용해야 한다.

15 ▶목적격보어로는 형용사가 와야 한다.

16 ▶enough(충분한)는 명사를 앞에서 수식한다.

17 (1) 살아 있는 것들을 죽이는 것은 끔찍하다.
    ▶alive는 서술적 용법으로만 쓰이는 형용사이므로, 명사인 things를 수식할 수 없다. 따라서 living으로 고쳐야 한다.
  (2) 아이들은 연을 아주 높이 날리고 있다.
    ▶highly는 '매우, 고도로' 라는 의미의 부사인데, 여기서는 '높게' 라는 의미의 부사가 필요하므로 high로 고쳐야 한다.

18 ▶빈도부사 always는 be동사 뒤에 온다.

19 ▶nothing을 수식하는 형용사는 그 뒤에 온다.

20 중세 시대에, 유럽의 부유한 사람들은 매우 이상한 생각을 가지고 있었다. 그들은 목욕하는 것이 좋지 않은 것이라고 생각했다. 그들은 일할 필요가 없었기 때문에 목욕이 전혀 필요 없다고 생각했다. 그들은 목욕을 하지 않는 것이 그들이 부유함을 의미한다고 믿었다. 그래서 그들 중 많은 수는 태어난 이후로 한 번도 목욕을 해 본 적이 없다고 매우 자랑스럽게 말했다! 그것이 그 대륙에서 향수가 그렇게 인기 있던 이유이다.
  ▶(A) had의 주어가 필요하므로 「the+형용사」의 복수 보통명사 형태가 맞다. (B) 동사 talked를 수식하여 '자랑스럽게 말했다' 는 의미가 되어야 하므로 부사인 proudly가 맞다. (C) was의 보어 역할을 해서 '인기가 있었다' 는 의미가 되어야 하므로 형용사인 popular가 맞다.

Grammar for NEAT

Step 1 (1) ▶the+형용사 → 복수 보통명사 (3) ▶next to: ~ 옆에

```
┌─────────────────────────────────────────────┐
│ ▶ 모든 식원들에게                    _□×     │
│ 주제: 자원봉사                                │
│     – 일시: 9월 15일(24시간)                   │
│     – 장소: 회사 근처의 Ace 병원에서          │
│     – 할 일: 아프고 가난한 사람들 돕기         │
│  *그것은 어려울 것이지만 우리의 도움은 그 병원의 모든 │
│    사람에게 매우 도움이 될 것이다.             │
└─────────────────────────────────────────────┘
```

우리는 9월 15일에 Ace 병원에서 아프고 가난한 사람들을 도울 예정입니다. 그 병원은 회사 근처에 있습니다. 우리는 하루 종일 자원봉사를 할 것입니다. 그것은 쉽지 않겠지만 우리의 도움은 그 병원의 모든 사람에게 매우 도움이 될 것입니다. 많은 사람이 우리의 활동에 관심을 가져주시길 바랍니다.

▶ 간략한 형태의 메시지의 내용을 글로 완성하면서 내용과 문법에 알맞은 형용사와 부사를 적절히 사용한다.

Check Your Writing	Yes	No
형용사와 부사를 적절히 사용했나요?		
메시지의 내용을 알맞게 표현했나요?		
어법에 맞게 문장을 완성했나요?		

Chapter 14 | 비교 구문

Unit 39 > 비교, 원급을 이용한 표현

UNIT TEST   p. 139

> **A** **1** worse – worst   **2** more careful – most careful
>   **3** thinner – thinnest   **4** more expensive – most
>   expensive   **5** happier – happiest   **6** less – least
> **B** **1** as tall as   **2** as heavy as   **3** as much, as
> **C** **1** as(so) old as   **2** cannot(can't) play, well as
>   **3** could   **4** as(so) beautiful as
> **D** **1** not as(so), as   **2** three times, long   **3** good, as

A   **1, 6.** bad(ill)와 little의 비교급은 형태가 바뀌는 불규칙 변화이다.

   2, 4. careful처럼 -ful로 끝나는 단어, expensive처럼 3음절 이상의 단어는 -er, -est를 붙이지 않고 「more+원급, most+원급」의 형태로 변화한다.

   3. thin과 같이 「단모음+단자음」으로 끝나는 형용사는 자음을 한 번 더 쓰고 -er, -est를 붙인다.

   5. happy와 같이 「자음+y」로 끝나는 단어는 y를 i로 고치고 -er, -est를 붙인다.

B   **1.** 미나는 그녀의 여동생만큼 키가 크다.

   ▶ '~만큼 …한' 이라는 동등비교를 나타낼 때에는 「as+원급+as」로 나타낸다. 키를 비교하는 것이므로 형용사는 tall을 사용한다.

   2. 나는 나의 남동생만큼의 몸무게가 나간다.

   ▶ 몸무게를 비교하는 것이므로 형용사는 heavy를 사용한다.

   3. 나는 너만큼 많은 돈을 가지고 있다.

   ▶ 돈은 셀 수 없는 명사이므로 「as+원급+as」 사이에 형용사 much를 사용한다.

C   **1.** 나는 그녀보다 더 어리다. = 나는 그녀만큼 나이 들지 않았다.

   ▶ 「as+원급+as」의 동등비교 구문이 부정문이 되면 '~만큼 …하지 못한' 이라는 열등비교 문장이 된다.

   2. 그녀는 나보다 피아노를 더 잘 칠 수 있다.= 나는 그녀만큼 피아노를 잘 치지 못한다.

   ▶ 주어가 바뀌었으므로 「as+원급+as」의 부정문이 되어야 하는데, 조동사 can이 사용된 문장이므로 cannot의 형태가 된다. better는 good과 well의 비교급이지만 여기에서는 동사인 play를 수식하는 부사의 형태인 well이 필요하다.

   3. 나는 시험에 통과하기 위해 가능한 한 열심히 공부했다.

   ▶ as+원급+as possible = as+원급+as+주어+can: 가능한 한 ~하게

   4. 그 여성은 나보다 더 아름답다. = 나는 그 여성만큼 아름답지 않다.

   ▶ more beautiful은 beautiful의 비교급

D   **1.** ▶ not as(so)+원급+as: ~만큼 …하지 못한

   2. ▶ 배수+as+원급+as: 배수만큼 ~한

   3. ▶ not as(so)+원급+as: ~만큼 …하지 못한

Unit 40 > 비교급을 이용한 표현

UNIT TEST   p. 141

> **A** **1** hotter   **2** smart   **3** taller   **4** expensive
> **B** **1** very → even(much/far/still/a lot)   **2** cold → colder   **3** faster → fast   **4** the best → better
> **C** **1** doesn't, well, less well   **2** not, as, less careful
> **D** **1** less busy than   **2** The more   **3** more handsome

A   **1.** 오늘이 어제보다 훨씬 더 덥다.

   ▶ than으로 보아 비교급이 필요하다. 또한 a lot은 비교급을 수식한다.

2. 그녀는 네가 생각하는 것만큼 똑똑하지 않다.
   ▶ 「as ~ as」의 부정문인 「not so ~ as」 사이에는 형용사의 원급이 온다.

3. 나의 아버지는 나보다 훨씬 더 키가 크시다.
   ▶ than으로 보아 비교급이 필요하다. 또한 much는 비교급을 수식한다.

4. 나의 배낭은 너의 것보다 덜 비싸다.
   ▶ 열등비교는 「less+원급+than」의 형태이다. less 자체가 비교급이므로 다음에는 원급이 온다.

B
1. 이 책은 저것보다 훨씬 더 재미있다.
   ▶ very는 원급을 수식하고, 비교급을 수식하는 것은 even, much, far, still, a lot 등이다.

2. 우리가 위로 올라가면 올라갈수록, 더욱 추워진다.
   ▶ the+비교급, the+비교급: ~하면 할수록 점점 더 …하다

3. 그는 그의 친구들보다 덜 빠르다.
   ▶ 열등비교는 「less+원급+than」으로 나타낸다.

4. 이 컴퓨터와 저것 중에 어느 것이 더 좋은가?
   ▶ 둘 중 하나를 선택하는 선택의문문에는 「비교급, A or B」의 형태가 온다.

C
1. Mary는 Jenny보다 바이올린을 더 잘 연주한다.
   = Jenny는 Mary만큼 바이올린을 잘 연주하지 못한다.
   = Jenny는 Mary보다 바이올린을 덜 잘 연주한다.
   ▶ 열등비교를 나타내는 문장은 「less+원급+than」이나 「not as (so)+원급+as」로 표현한다. 일반동사이므로 don't, doesn't 등의 부정형을 사용한다.

2. 남수는 Mike보다 더 신중하다.
   = Mike는 남수만큼 신중하지 못하다.
   = Mike는 남수보다 덜 신중하다.
   ▶ 열등비교를 나타내는 문장은 「less+원급+than」이나 「not as (so)+원급+as」로 표현한다. be동사이므로 뒤에 not을 쓰면 된다.

D
1. ▶ 열등비교 문장은 「less+원급+than」으로 표현한다. 「not as (so) ~ as」의 형태도 그 의미는 같지만, 빈칸의 수가 맞지 않음에 주의한다.

2. ▶ the+비교급, the+비교급: ~하면 할수록 점점 더 …하다

3. ▶ 「의문사+비교급, A or B」의 선택의문문이며, handsome의 비교급은 more handsome이다.

Unit 41 > 최상급을 이용한 표현

A 1 more precious   2 largest   3 youngest
   4 best
B 1 richer → richest   2 the brightest → brighter
   3 most 삭제   4 longest → the longest
C 1 Nothing, important than / Nothing, important as
   / than any other   2 No, kinder than / No, kind as
   / than any other
D 1 one of the   2 most exciting movie   3 than any
   other man

A
1. 이 세상 어느 것도 시간만큼 소중한 것은 없다.
   ▶ 부정주어와 비교급을 사용하여 최상급의 의미를 나타내는 문장

2. 서울은 한국에서 가장 큰 도시이다.
   ▶ the는 최상급 앞에 쓰인다.

3. 나는 우리 가족 전체 중에서 가장 어리다.
   ▶ the는 최상급 앞에 쓰인다.

4. 그것은 한국에서 만든 가장 좋은 영화 중의 하나이다.
   ▶ one of the+최상급+복수명사: 가장 ~한 …들 중의 하나

B
1. 그는 세계에서 가장 부유한 사람들 중의 한 명이었다.
   ▶ one of the+최상급+복수명사: 가장 ~한 …들 중의 하나

2. Jack은 그 모임의 다른 어떤 소년보다 더 총명하다.
   ▶ than이 쓰였으므로 비교급이 와야 한다.

3. Jimmy는 그 반에서 가장 빨리 달린다.
   ▶ 부사인 fast의 최상급은 fastest이므로 앞에 most가 불필요하다. 또한 부사의 최상급이므로 the를 생략할 수 있다.

4. 나일 강은 세계에서 가장 긴 강이다.
   ▶ 형용사의 최상급 앞에는 the를 쓴다.

C ▶ 최상급의 의미를 나타내는 문장
   = the+최상급+of (in)
   = 부정주어+비교급+than
   = 부정주어+as (so)+원급+as
   = 비교급+than any other+단수명사
1. 사랑은 우리에게 가장 중요한 것이다.
2. Judy는 우리 반에서 가장 친절한 소녀이다.

D
1. ▶ one of the+최상급+복수명사: 가장 ~한 …들 중의 하나
2. ▶ exciting의 최상급 형태는 most exciting이며, 앞에는 항상 the를 쓴다.

3. ▶ 최상급 = 비교급+than any other+단수명사: 다른 어떤 ~보다 더 …하다

1 ④   **2** ⑤   **3** (1) biggest (2) fast (3) worse   **4** less difficult   **5** ④   **6** ②   **7** ⑤   **8** twice as large as   **9** (1) more and more (2) the most beautiful girls (3) as I could   **10** ④   **11** ③   **12** ②   **13** ③   **14** The older I get, the happier I am.   **15** ③   **16** ③   **17** (1) more thick → the thickest (2) and → or   **18** ③

Grammar for NEAT
Step 1 (1) The faster (2) more pleasant (3) the least (4) twice as heavy
Step 2 예시 답 is much greater, the higher life expectancy at birth is, the highest, twice as high as that

1 -ly로 끝나는 부사들 중 early를 제외한 부사들은 「more+원급, most+원급」으로 비교급과 최상급을 만든다.
④ quickly – more quickly – most quickly

2 우유는 신선하면 신선할수록, 맛이 더욱 좋다.
▶ the+비교급, the+비교급: ~하면 할수록 점점 더 …하다

3 (1) 그것은 내가 이제껏 본 가장 큰 상어이다.
▶ '내가 이제껏 본 가장 큰 상어' 라는 의미가 되어야 하므로 최상급 biggest가 되어야 한다.
(2) Mike는 Paul만큼 빠르다.
▶ 「as+원급+as」는 '~만큼 …한' 의 의미이다.
(3) 면접은 그가 기대했던 것보다 훨씬 더 나빴다.
▶ than 앞에는 비교급이 와야 하는데 bad의 비교급은 worse이다.

4 이 문제는 저것만큼 어렵지 않다.
▶ not so(as)+원급+as: ~만큼 …하지 못한 = less+원급+than

5 graceful의 비교급은 more graceful이고, 비교급을 강조할 수 있는 것은 much이다.

6 A: 너는 검은색과 흰색 중 어느 것을 더 좋아하니?
B: 나는 흰색을 더 좋아해.
▶ Which를 사용한 선택의문문에는 Yes나 No로 답하지 않고, 둘 중 하나를 선택하여 답하는데, 비교급 형태를 써도 좋다. 단, 답할 때에는 의문문에 사용된 동사와 같아야 하므로, 이 문장에서는 일반동사인 like를 사용하여 답해야 한다.

7 Jack은 그의 반에서 가장 똑똑한 소년이다.

▶ ⑤ Jack is not as smart as other boys in his class.는 열등비교 문장인 「not as+원급+as」를 사용하여 'Jack은 그 반의 다른 소년들만큼 똑똑하지 못하다.' 라는 의미이다.

8 ▶ '두 배 더 ~한' 의 의미를 나타낼 때에는 「twice as+원급+as」를 사용한다.

9 (1) ▶ 「비교급+and+비교급」의 형태를 사용해야 하는데, beautiful과 같이 more를 사용하는 형용사의 경우 「more and more+원급」의 형태로 나타낸다.
(2) ▶ one of the+최상급+복수명사: 가장 ~한 …들 중의 하나
(3) ▶ as+원급+as+주어+can: 가능한 한 ~하게

10 너는 나보다 훨씬 더 현명하다.
▶ 비교급을 강조할 때에는 much, even, far, still, a lot 등을 사용한다. very는 비교급을 강조할 수 없다.

11 ① Eric은 Mary만큼 부지런하다.
② 너는 더 조심해야 한다.
③ 나는 언니보다 더 일찍 일어났다.
▶ than 앞에 비교급의 형태인 earlier가 와야 한다.
④ 한국어는 영어만큼 중요하다.
⑤ 이 상자는 저것보다 훨씬 더 무겁다.

12 • Nancy는 그들 중에서 가장 유명하다.
• 이것은 세상에서 가장 오래된 책이다.
• 그 모임은 지난주와 같은 시간이다.
▶ • ~ 중에서 가장 …한: the+최상급+of+복수명사 / the+최상급+in+단수명사
• the same … as ~: ~와 같은…

13 Tom: 어제 우리는 달리기를 했어.
Ann: 그랬어? 누가 경기에서 이겼어?
Tom: 음, Mike가 2등이었고, 상민이가 3등이었어. 그리고 민수가 4등이었어.
Ann: 너는?
Tom: 난 Mike보다 더 빨리 뛸 수 있었어.
▶ 내가 Mike보다 더 빨리 달릴 수 있었으므로, 나(Tom) → Mike → 상민 → 민수의 순서로 들어왔음을 알 수 있다. 따라서 ③의 slower는 faster로 고쳐야 한다. 또는 Sangmin을 Tom으로 고쳐야 한다.

14 ▶ the+비교급, the+비교급: ~하면 할수록 점점 더 …하다

15 ① 이길 기회가 더 많이 있을 것이다.
② 그녀는 스페인어만큼 프랑스어를 잘한다.
③ 우리가 예상했던 것보다 세 배 많은 사람들이 있었다.
▶ 「배수사+as+원급+as」을 써서 배수 표현을 할 수 있다. 따라서 more는 원급인 many가 되어야 한다.

④ 식당들이 점점 더 비싸지고 있다.

⑤ Andy가 가장 영리하지만, Sue가 가장 열심히 일한다.

16 ① 나는 가능한 한 빨리 뛰었다.

② Ann은 Jane보다 키가 더 크지 않다.

③ Bill은 Mark보다 덜 용감하다. / Mark는 Bill만큼 용감하지 않다.

▶ 「less+원급+than」과 「not so(as)+원급+as」는 열등비교를 나타낸다. 따라서 이 두 문장이 같으려면, Bill is not as brave as Mike가 되어야 한다.

④ 건강이 가장 소중한 것이다.

⑤ 사랑이 가장 중요한 것이다.

17 (1) 이 책은 도서관에서 가장 두껍다.

▶ 도서관에서 가장 두껍다는 의미가 되어야 하므로 최상급을 사용해야 하는데, thick의 최상급은 thickest이다.

(2) 너는 Sally와 Nicole 중에서 누가 더 좋으니?

▶ 둘 중에서 선택하는 선택의문문의 경우에는 and가 아니라 or를 사용한다.

18 옛날에 바람과 해가 말다툼을 하였다. 바람이 말했다. "내가 너보다 더 강해." 해가 말했다. "내가 더 강해. 저 아래 남자 보이지? 우리 둘 중 누가 그의 외투를 벗길 수 있는지 보자."

그래서 바람은 불고, 또 불었다. 그 남자는 외투를 벗지 않았다. 바람은 더욱 힘차게 불었다. 그 남자는 외투를 더 힘껏 감쌌다. 바람은 포기했다. "내가 외투를 벗게 하지." 해가 말했고 (햇빛을 비추어) 따뜻하게 했다. 그 남자는 매우 더웠다. 해는 더욱 더 밝게 비추었다. 그 남자는 너무 더워서 외투를 벗었다.

▶ hard는 형용사와 부사의 형태가 같은 단어이며, hardly는 '거의 ~ 않는'이라는 의미이다. harder라고 해야 '더욱 힘껏'이라는 의미가 된다.

Grammar for NEAT

Step 1 (1) the+비교급, the+비교급: ~하면 할수록 점점 더 …하다

(2) 「부정주어+비교급+than」은 최상급의 의미를 가진다.

(3) little의 최상급은 least이다.

(4) 배수사+as+원급+as: 배수만큼 …한

Step 2 위 표를 보자. A국가와 B국가에서의 1인당 연간 수입은 다른 나라들보다 훨씬 더 많다. 보다시피, 부유한 나라일수록 출생 시 기대 수명이 더 높다. B국가가 기대 수명이 78살로 가장 높다. B국가에서의 글을 아는 비율은 D국가의 두 배이다.

▶ 표에 나온 국가들 간의 수치를 비교하여 글을 완성한다.

Check Your Writing	Yes	No
무엇에 관한 도표인지 이해하고 이를 글의 내용 속에 포함했나요?		
각 지표들을 국가별로 비교하고 분석했나요?		
어법에 맞게 문장을 완성했나요?		

Unit 42 > 관계대명사의 역할/종류

UNIT TEST   p. 149

A **1** who   **2** which   **3** whose

B **1** I know the boy who(that) sings very well.   **2** Mina is the girl whose father is a scientist.   **3** He bought a book which(that) was full of interesting stories.   **4** This is the house which(that) my uncle lives in. 또는 This is the house in which my uncle lives.

C **1** who(that)   **2** whose   **3** which(that)   **4** whose

D **1** 머리가 노란색인 소년을 보아라.   **2** 나는 미국에 사는 친구가 한 명 있다.   **3** 그녀는 엄마가 만들어 주신 치마를 입고 있다.

A 1. 그녀는 우리에게 영어를 가르치는 선생님이다.

▶ 주격, 사람이 선행사

2. 이것이 네 엄마가 너에게 사 주신 가방이니?

▶ 목적격, 사물이 선행사

3. Jane은 엄마가 피아니스트인 소녀이다.

▶ 소유격

B 1. 나는 노래를 매우 잘하는 소년을 안다.

▶ the boy가 선행사, he → 주격 관계대명사 who(that)로 바뀜

2. 미나는 아버지가 과학자인 소녀이다.

▶ the girl이 선행사, her → 소유격 관계대명사 whose로 바뀜

3. 그는 재미있는 이야기가 가득한 책을 한 권 샀다.

▶ a book이 선행사, it → 주격 관계대명사 which(that)로 바뀜

4. 이곳은 우리 삼촌이 살고 계신 집이다.

▶ the house가 선행사, the house → 목적격 관계대명사 which(that)로 바뀜

C 1. ▶ the girl이 선행사이고, 이하 절에서 주어가 없으므로 주격 관계대명사 who(that)가 와야 한다.

2. ▶ book이 선행사이고, '책의 표지'라는 의미가 되어야 하므로 소유격 관계대명사 whose가 와야 한다.

3. ▶ watch가 선행사이고, 이하 절에서 주어와 동사는 있지만 목적어가 없으므로 목적격 관계대명사 which(that)가 와야 한다.

4. ▶ a girl이 선행사이고, '그녀의 아버지'라는 의미가 되어야 하므로 소유격 관계대명사 whose가 와야 한다.

D 관계대명사절을 먼저 해석하되, 앞의 선행사를 수식하는 의미가 되어야 한다.

Unit 43 > 관계대명사 that, what

UNIT TEST   p. 151

A **1** that **2** that **3** what **4** that
B **1** what → that **2** that → what **3** which → that
    4 in that → in which 또는 in that he lives → (that (which)) he lives in
C **1** 너는 뭐라고 말했니? **2** 이것이 그가 어제 내게 준 것이다.
D **1** that **2** what **3** What **4** that

A 1. 그는 내가 지금까지 본 가장 키가 큰 소년이다.
    ▶ 사람이 선행사이고 선행사 앞에 최상급이 있으므로 관계대명사 that
  2. 이것은 그녀가 나에게 준 것과 똑같은 시계이다.
    ▶ 사물이 선행사이고 선행사 앞에 the same이 있으므로 관계대명사 that
  3. 나는 그가 한 말을 믿을 수 없다.
    ▶ 선행사를 포함하는 관계대명사 what
  4. 이것이 내가 아는 전부이다.
    ▶ 선행사가 all이므로 관계대명사 that

B 1. 그녀는 이 학교에 다니는 가장 영리한 소녀이다.
    ▶ 최상급 형용사가 있으므로 관계대명사 that
  2. 네 주머니에 있는 것을 나에게 보여 줘.
    ▶ 선행사가 없으므로 선행사를 포함하는 관계대명사 what
  3. 공원에서 뛰고 있는 소년과 개를 보아라.
    ▶ 선행사가 「사람+동물」이므로 관계대명사 that
  4. 이 집이 그가 사는 집이다.
    ▶ 관계대명사 that이 전치사의 목적어로 쓰인 경우에 전치사는 that 앞에 올 수 없다. 전치사를 뒤로 옮기거나 that을 which로 바꾼다. 전치사가 뒤로 가면 관계대명사를 생략할 수도 있다.

C 1. ▶ 의문대명사 what: 무엇
  2. ▶ 관계대명사 what: ~하는 것(= the thing that(which))

D 1. ▶ 선행사가 all이므로 관계대명사 that
  2. ▶ 선행사를 포함하면서 보어로 쓰인 관계대명사 what
  3. ▶ 선행사를 포함하면서 주어로 쓰인 관계대명사 what
  4. ▶ 선행사가 -thing이므로 관계대명사 that

Unit 44 > 관계대명사의 용법 / 생략

UNIT TEST   p. 153

A **1** 그녀에게는 의사인 오빠가 둘 있다. **2** 그녀에게는 오빠가 둘 있는데, 그들은 의사이다.
B **1** and it **2** for(because) she **3** but, it **4** and they
C **1** which **2** who is **3** which was **4** that
D **1** who(that) is **2** who(that) is **3** which(that) was

A 1. 관계대명사의 제한적 용법: 관계대명사절부터 해석하여 앞의 선행사를 수식한다.
  2. 관계대명사의 계속적 용법: 앞에서부터 순서대로 해석한다.

B 1. 그는 새 차를 샀는데, 그것은 매우 비쌌다.
    ▶ 관계대명사의 계속적 용법은 「접속사+대명사」로 바꿀 수 있는데, 여기서는 의미상 and로 연결되며 대명사는 it이 된다. (which = and it)
  2. 모든 사람들은 Jane을 좋아하는데, 그녀가 예쁘고 친절하기 때문이다.
    ▶ 관계대명사절의 내용은 모든 사람들이 Jane을 좋아하는 이유이므로 접속사 for나 because를 사용한다.
  3. 그는 그녀에게 긴 편지를 썼지만, 그녀는 뜯어 보지도 않고 되돌려 보냈다.
    ▶ 긴 편지를 썼지만 뜯지도 않고 돌려보냈다는 내용이므로 관계대명사절은 but으로 연결된다. 그리고 but 이하 문장에서 it(= the letter)은 목적어이다.
  4. 나는 딸이 둘 있는데, 그들은 모두 중국어를 공부하고 있다.
    ▶ 의미상 접속사는 and가 적절하며, 대명사는 two daughters를 받는 they가 온다.

C 1. 이것은 그녀가 만든 인형이다.
  2. 안경을 쓴 남자는 우리 아버지다.
  3. 30년 전에 지어진 우리 학교는 상태가 여전히 좋다.
  4. 나는 Mike가 가지고 있는 것과 같은 시계를 샀다.
  1, 4. ▶ 목적격 관계대명사는 생략할 수 있다.
  2, 3. ▶ 「주격 관계대명사+be동사」는 생략할 수 있다.

D ▶ 빈칸에는 「주격 관계대명사+be동사」가 들어가며, 생략이 가능하다.
  1, 2. ▶ 선행사가 사람이고 3인칭 단수 현재이므로 who(that) is
  3. ▶ 선행사가 사물이고 3인칭 단수 과거이므로 which(that) was

Unit 45 > 관계부사

A **1** where   **2** when   **3** why   **4** how
B **1** where   **2** when   **3** why   **4** how
C **1** at 생략 또는 where → which(that)   **2** at 생략 또는 when → which   **3** which → why   **4** the way나 how 중 하나만 씀 또는 how → in which(that)
D **1** where   **2** why   **3** when

A ▶ 이하 절이 빠진 문장 성분없이 완벽하므로 관계부사가 필요하다.

1. 그곳은 내가 살고 싶은 장소이다.
   ▶ the place가 선행사인 관계부사 where
2. 나는 내 아들이 태어난 날을 기억한다.
   ▶ the day가 선행사인 관계부사 when
3. 너는 그녀가 울고 있는 이유를 아니?
   ▶ the reason이 선행사인 관계부사 why
4. 네가 어떻게 해서 그 상을 받았는지 나에게 말해 줘.
   ▶ 방법을 나타내는 관계부사 how

B 1. 나는 우리 아버지가 일하시는 사무실을 방문했다.
   ▶ 부사구 in the office를 대신하는 장소를 나타내는 관계부사 where
2. 여름은 우리가 해변에 갈 수 있는 계절이다.
   ▶ 부사구 in this season을 대신하는 시간을 나타내는 관계부사 when
3. 나는 그가 떠난 이유를 모르겠다.
   ▶ 부사구 for the reason을 대신하는 이유를 나타내는 관계부사 why
4. 이것이 그가 걷는 방식이다.
   ▶ 부사구 in this way를 대신하는 방법을 나타내는 관계부사 how가 오는데, how와 선행사 the way는 둘 중 하나만 쓴다.

C 1. 이곳은 내가 제일 좋아하는 배우가 머물렀던 호텔이다.
   ▶ where는 전치사 at을 포함하고 있다. (where = at which)
2. 너는 기차가 떠난 시간을 아니?
   ▶ when은 전치사 at을 포함하고 있다. (when = at which)
3. 그것이 그가 화났던 이유이다.
   ▶ 이유를 나타내는 관계부사 why가 적절하다.
4. 나는 그가 말하는 방식을 좋아하지 않는다.
   ▶ the way와 how는 함께 쓸 수 없다.

D ▶ 선행사를 수식하는 관계사가 필요한데, 이하 절이 완벽하므로 관계부

사가 온다.

1. ▶ 장소의 관계부사 where
2. ▶ 이유의 관계부사 why
3. ▶ 시간의 관계부사 when

Unit 46 > 복합관계사

A **1** Whoever   **2** whichever   **3** whatever   **4** whomever
B **1** whomever   **2** whatever   **3** whoever   **4** Whoever
C **1** Whoever   **2** whatever   **3** whenever   **4** wherever
D **1** 네가 원할 때면 언제든지 나를 찾아와도 좋다.   **2** 네가 가지고 싶은 것은 어느 것이든 골라라.   **3** 네가 만나고자 하는 사람은 누구든지 내가 찾아낼 것이다.   **4** 네가 내게 무엇을 준다고 해도, 나는 너를 용서할 수 없다.

A 1. 그녀를 본 사람은 누구든지 그녀를 사랑하고 싶을 지도 모른다.
   ▶ anyone who는 '~한 누구든지'의 의미로 whoever로 바꿀 수 있다.
2. 네가 가지고 싶은 것은 어느 것이든지 선택해라.
   ▶ any one that은 '~한 어느 것이든지'의 의미로 whichever로 바꿀 수 있다.
3. 나는 너에게 좋은 것은 무엇이든지 할 것이다.
   ▶ anything that은 '~한 무엇이든지'의 의미로 whatever로 바꿀 수 있다.
4. 내가 아는 누구에게든 나는 그 소식을 말하지 않을 것이다.
   ▶ anyone whom은 '~한 누구에게든지'의 의미로 whomever로 바꿀 수 있다.

B 1. 네가 좋아하는 사람은 누구든 초대해도 된다.
   ▶ '~한 누구든지'라는 의미로 like의 목적어 역할을 하는 목적격이 온다.
2. 나는 무슨 일이 일어나든 약속을 지키겠다.
   ▶ '~한 무엇이든지'의 의미로 주어 역할을 하는 주격이 온다.
3. 그는 듣고 싶은 사람에게는 누구에게든 그 이야기를 말해 주었다.
   ▶ '~한 누구든지'의 의미로 주어 역할을 하는 주격이 온다.
4. 늦게 오는 사람은 누구든 꾸중을 들을 것이다.
   ▶ '~한 누구든지'의 의미로 주어 역할을 하는 주격이 온다.

C 1. 먼저 오는 사람은 누구든지 가장 먼저 대접을 받을 것이다.
   ▶ 누구든지〈주격〉

2. 그는 원하는 것은 무엇이든지 한다. ▶ 무엇이든지

3. 네가 한가할 때 언제든지 전화해라. ▶ 언제든지

4. 아이들은 차가 없는 곳은 어디서든지 놀 것이다. ▶ 어디서든지

D 1. whenever: ~할 때는 언제든지

2. whichever: 어느 것이든지

3. whomever: 누구든지〈목적격〉

4. whatever: 무엇을 ~하든 〈양보절〉

REVIEW TEST
pp. 158~160

1 which **2** who **3** the cover of which **4** ⑤
5 whose **6** when **7** There's a problem you don't understand. **8** ③ **9** ① **10** ④ **11** ③ **12** ④
13 Whoever **14** what **15** ⑤ **16** whatever
17 Whoever **18** ④ **19** ① **20** ①

Grammar for NEAT
Step 1 (1) what (2) where (3) which (4) Whatever (5) who
Step 2 예시 답 what looks, setting up a tent, where, preparing dinner, which, whatever you eat, who are playing

1 • 이곳은 그 소년들이 노는 장소이다.
  • 나는 한 마을에 갔는데, 그곳은 경치가 아름답기로 유명하다.
  ▶ in the place에서 the place를 받는 관계대명사 which가 적절하다. 여기서 in which는 관계부사 where와 바꿔 쓸 수 있다. / 선행사가 a village이고 계속적 용법으로 쓸 수 있는 관계대명사는 which이다.

2 세나는 Tony를 만나러 나갔지만, 그는 나타나지 않았다.
  ▶ 선행사가 Tony이므로 계속적 용법의 관계대명사 who를 쓴다.

3 표지가 빨간색인 책을 나에게 건네주어라.
  ▶「whose+명사」는「the+명사+of which」로 바꿔 쓸 수 있다.

4 ① James는 함께 일하고 싶은 사람이다.
  ▶ 전치사의 목적어로 쓰인 that의 경우 전치사를 that 앞으로 옮길 수 없다. that → who 또는 with를 문장 맨 뒤로 보냄
  ② 너는 우리가 만났던 때를 아니?
  ▶ 이하 절이 완벽하고 선행사가 시간이므로 which → when
  ③ 그는 북극에 도달한 최초의 사람이다.
  ▶ 선행사가 사람이고 the first의 수식을 받으므로 which → that
  ④ 당신 손에 있는 것을 나에게 보여 주세요.

▶ 선행사가 있으므로 what은 쓸 수 없다. what → that(which)
  ⑤ 나는 서울에서 살고 싶은데, 그곳은 한국에서 가장 큰 도시이다.
  ▶ 계속적 용법의 관계대명사 which

5 그녀는 아들이 유명한 예술가인 여자이다.
  ▶ 선행사 a woman은 뒤 문장의 소유격 her와 동일인이다. 그러므로 소유격 관계대명사(whose)를 써서 두 문장을 연결한다.

6 겨울은 우리가 스키를 타러 갈 수 있는 계절이다.
  ▶ at that time을 대신하는 관계부사 when을 이용하여 두 문장을 연결할 수 있다.

7 ▶ a problem을 수식하는 관계사절이 뒤에 와야 하는데, 목적격 관계대명사 which는 생략이 가능하다.

8 〈보기〉 상자 안에 가지고 있는 것을 나에게 보여 줘. ▶ 관계대명사
  ① 너 지금 뭐 하고 있니? ▶ 의문대명사
  ② 너는 무슨 꽃을 가장 좋아하니? ▶ 의문형용사
  ③ 그가 말한 것은 진실이 아니다. ▶ 관계대명사
  ④ 나는 무엇을 할지 확신할 수 없다. ▶ 의문대명사
  ⑤ 그것이 무엇인지 나에게 말해 줄 수 있니? ▶ 의문대명사

9 ① 나는 그가 말하는 방식을 좋아한다.
  ▶ 관계부사 how는 선행사 the way와 같이 쓸 수 없다.
  ② 이곳은 우리 아버지가 사시는 곳이다.
  ③ 너는 그녀가 일을 시작한 때를 아니?
  ④ 나는 네가 태어난 날을 기억했다.
  ⑤ 나는 그가 왜 화가 났는지 모른다.

10 • 내가 너를 놀라게 할 어떤 것을 말해 줄게.
  • 그녀는 계속 넘어졌고, 그것이 모두를 웃게 만들었다.
  • Jim Hamilton은 동화를 쓰는데, 우리 거리에 산다.
  ▶ • 선행사가 -thing으로 끝나는 경우로 관계대명사 that을 쓴다.
    • 앞 문장 전체를 선행사로 하는 계속적 용법으로 관계대명사 which를 쓴다.
    • 사람이 선행사이고 writes의 주어 역할을 하는 주격 관계대명사가 와야 하는데, 계속적 용법이므로 관계대명사 who가 알맞다.

11 ▶ 장소를 나타내는 관계부사 where 앞에 일반적 의미의 선행사 the place가 올 때에는 선행사나 관계부사 중 하나를 생략할 수 있다. 여기서 관계부사 where는 in which로 바꾸어 쓸 수 있다. 하지만 전치사 in 뒤에 있는 관계대명사 which는 생략할 수 없다.

12 네가 말하는 것이 무엇이든지, 나는 그것을 믿을 수 없다.
  ▶ no matter what = whatever(무엇을 ~하든)

13 ▶ '~한 누구든지(=anyone who)'의 의미를 나타내는 것은 whoever이다.

14 ▶ 선행사를 포함하는 관계대명사는 what이다.

15 ① 나는 그가 나를 보는 방식이 마음에 들지 않는다.
  ② 나의 기억은 예전 같지 않다.

③ 네가 무엇을 하든, 내 이름은 언급하지 마라.

④ 나는 우리가 처음 만난 날을 결코 잊지 못할 것이다.

⑤ 나는 그에게 물 한 잔을 주었는데, 그는 그것을 단숨에 마셨다.

▶ 관계대명사 that은 계속적 용법으로 쓸 수 없으므로 that을 which로 바꾸어야 한다.

16 네가 하라고 말하는 것은 무엇이든 나는 할 것이다.

▶ anything that → 복합관계대명사 whatever

17 처음에 오는 사람은 누구든지 이 콘서트 표를 얻을 것이다.

▶ anyone who → 복합관계대명사 whoever

18 ① 그가 바로 내가 말한 사람이다.

② 이것이 그가 그린 그림이다.

③ 그녀는 모두가 좋아하는 선생님이다.

④ 너는 그가 사는 집을 아니?

▶ 관계대명사가 전치사의 목적어로 쓰인 경우 전치사가 앞으로 오면 목적격 관계대명사는 생략할 수 없다.

⑤ 저기에서 놀고 있는 소년들을 보아라.

19 ▶ '어디에서 ~하든지'는 복합관계부사 wherever를 쓴다.

20 자연은 우리가 살고 숨쉬는 곳이다. 하지만 그곳은 평범한 곳이 아니라 매우 특별한 곳이다. 자연은 우리가 원하는 것은 무엇이든지 준다. 자연은 우리에게 음식과 옷, 그리고 잠잘 수 있는 쉴 곳을 준다. 자연은 우리의 어머니와 같다. 그점이 자연을 Mother Nature라고 부르는 이유이다.

▶ (A) 장소의 관계부사가 필요하며 일반적인 선행사(the place)가 생략된 형태이다. (B) 복합관계대명사(무엇이든지) whatever가 적절하다. (C) 글의 흐름상 이유의 관계부사 why가 적절하다.

Grammar for NEAT

Step 1 (1) 그녀는 새처럼 보이는 것을 가리켰다. ▶ '~하는 것'의 관계대명사 what

(2) 이곳이 Jim의 선물 가게인데, 이곳에서 너는 엽서를 살 수 있다.

▶ 계속적 용법으로 선행사가 장소이고 이하 절에 부사구가 없으므로 장소의 관계부사 where

(3) 그는 수업 중에 코를 골았는데, 그것이 모두를 웃게 만들었다.

▶ 계속적 용법으로 class가 선행사이므로 관계대명사 which

(4) 네가 무엇을 사든지, 나는 똑같은 것을 살 것이다.

▶ '무엇을 하든지'의 의미의 복합관계사 whatever

(5) 네게 강도질을 한 사람이 체포되었다.

▶ 선행사가 사람이므로 관계대명사 who

Step 2 Eric과 그의 친구들은 지난 여름에 캠프를 갔다. 이 사진에서 Frank는 바나나처럼 보이는 것을 보고 있다. 민수와 Tom은 텐트를 치고 있는데, 거기서 모두가 그날 밤을 편안하게 보냈다. 그들 옆에서 Eric은 저녁 식

사를 준비하고 있는데, 저녁은 아주 맛있었다. 사실 무엇을 먹든 캠프장에서는 다 맛있을 것이다. 배드민턴을 하고 있는 소년들은 지훈이와 Ben이다.

▶ 알맞은 관계사를 이용하여 사진을 묘사한다.

Check Your Writing	Yes	No
사람들의 행동을 묘사하는 표현을 알맞게 사용했나요?		
다양한 표현을 사용했나요?		
어법에 맞게 문장을 완성했나요?		

Chapter 16 | 전치사

Unit 47 > 시간의 전치사

UNIT TEST   p. 163

A **1** in **2** for **3** since **4** Until **5** on **6** during
B **1** by **2** on **3** from **4** through **5** since
C **1** during **2** until **3** by **4** in **5** from

A 1. 그녀는 3주면 운전을 배울 것이다.

▶ 시간의 경과를 나타내는 in

2. 나는 그를 2년 동안 만나지 못했다.

▶ 기간의 길이를 나타내는 for

3. 그가 도착한 지 겨우 이틀이 지났다.

▶ since는 완료시제와 함께 쓰여 '~ 이래로'

4. 지금까지 나는 늘 혼자 살아왔다.

▶ 문맥상 계속적 용법의 현재완료 시제이므로 계속의 의미가 담겨있는 until이 와야 한다.

5. 나는 내 생일에 가까운 친구들을 초대했다.

▶ 특정한 날 앞에는 on

6. 나는 오후 동안엔 늘 집에 있다.

▶ 특정 기간 동안은 during

B 1. 너는 다음 월요일까지 그 일을 끝낼 수 있니?

▶ 완료의 시한을 나타내는 by

2. 새해 첫날에는 모든 가족이 모인다.

▶ 특정한 날 앞에는 on

3. 우리는 매일 오전 8시부터 오후 7시까지 문을 연다.

▶ from ~ to ... (~부터 …까지)

4. 그 아이들은 너무 어려서 긴 연주회 내내 앉아 있지 못한다.

▶ '~ 동안 내내, 줄곧'의 through

5. 지난 일요일부터 비가 오고 있다.
   ▶ 현재완료와 함께 사용하는 '~ 이래로'

C 1. for+숫자가 붙은 기간, during+특정 기간
2. not ... until ~: ~가 되어서야 …하다
3. 문맥상 완료의 시한을 나타내는 by가 자연스럽다.
4. 연도를 나타내는 in
5. from: ~부터

Unit 48 > 장소·방향의 전치사

UNIT TEST
p. 165

A 1 at 2 above 3 between 4 by 5 in front of 6 in
B 1 in 2 on 3 under 4 above 5 beside
C 1 behind 2 among 3 over 4 below

A 1. 우리는 작은 공항에 착륙했다.
   ▶ 좁은 장소를 가리키는 at
2. 태양이 지평선 위로 떠올랐다.
   ▶ '~보다 위에'를 나타내는 above가 와야 한다.
3. 나는 차와 집 사이 어딘가에서 내 열쇠를 잃어버렸다.
   ▶ 두 장소 사이에는 between
4. 전화는 창문 옆에 있다.
   ▶ by, next to는 '~ 옆에'
5. 앞차가 갑자기 멈춰 서서 나는 브레이크를 힘껏 밟아야만 했다.
   ▶ 문맥상 앞차가 되어야 하므로 '~ 앞에'의 in front of
6. 태평양에는 수많은 섬이 있다.
   ▶ 넓은 지역을 나타내는 in

B 1. 너는 사진에서 그 개를 볼 수 있니?
   ▶ 어떤 장소의 안, 속을 나타내는 in
2. 그녀의 차 위에는 스티커가 하나 붙어 있었다.
   ▶ 스티커는 차에 접촉하여 '~ 위에'이므로 on
3. 그녀는 모든 머리카락을 머리 스카프 아래로 밀어 넣었다.
   ▶ '~의 바로 아래에'는 under
4. 우리 머리 위의 하늘에는 거대한 갈색 새들이 가득했다.
   ▶ '~보다 위에'의 above
5. 나는 크로스워드 퍼즐을 할 때 옆에 사전을 놓아둔다.
   ▶ keep ~ beside ...: ~을 … 옆에 두다

C 1. ~의 뒤에: behind
2. 셋 이상 사이에서는 among
3. 아이와 접촉하여 '위를 덮는다'는 의미이므로 over
4. below는 '~보다 아래에'라는 의미로 장소 외에 정도를 나타낼 때도 쓴다.

Unit 49 > 그 밖의 전치사

UNIT TEST
p. 167

A 1 at 2 by 3 to 4 for 5 with 6 by
B 1 at 2 by 3 for 4 from 5 in
C 1 by 2 on 3 with 4 from 5 from

A 1. 우리는 그 소식에 슬펐다.
   ▶ 감정의 원인을 나타내는 at
2. 나는 전화로 너에게 연락할 것이다.
   ▶ 수단, 방법을 나타내는 by
3. 그녀는 자전거 타는 것보다 걷는 것을 더 좋아한다.
   ▶ prefer A to B: B보다 A를 더 좋아하다
4. 너는 그의 제안에 찬성하니, 반대하니?
   ▶ for는 찬성을, against는 반대를 나타내는 전치사
5. 그는 커다란 그물로 게를 잡았다.
   ▶ 도구, 수단을 나타내는 with
6. 그들은 버스로 그곳에 갔다.
   ▶ 수단을 나타내는 by: ~을 타고

B 1. Tom이 아프다. 오늘은 일을 하지 않는다.
   ▶ at work: 일하고 있는
2. 이 버튼을 눌러 라디오를 켜라.
   ▶ by+동명사: ~함으로써
3. 아이들은 기뻐서 소리를 질렀다.
   ▶ 원인, 이유의 for
4. 그 사고는 그의 부주의에서 비롯되었다.
   ▶ 이유, 원인의 from result from: ~에서 비롯되다, 기인하다
5. 남색 양복을 입은 한 남자가 은행 밖으로 나왔다.
   ▶ 착용의 in: ~을 입은

C 1. 단위를 나타내는 by
2. on time 정각에, in time 시간에 맞게
3. 원인, 이유의 with

4. be (come) from: ~ 출신이다

5. 화학적 변화를 나타내는 from(물리적 변화에는 of 사용)

REVIEW TEST
pp. 168~170

1 by **2** to **3** ②, ④ **4** behind **5** ⑤ **6** ④ **7** ③
8 ② **9** ⑤ **10** ⑤ **11** ③ **12** ② **13** for a long time
14 by the week **15** ⑤ **16** until(till) **17** in **18**
near **19** ④

Grammar for NEAT
Step 1 (1) from (2) on (3) against
Step 2 예시 답 Maple Valley Community Center, 10 a.m. to 6 p.m. on Sunday, unique handmade gifts for Mother's Day and Father's Day, is fighting against brain cancer, to seeing you

1
- 이리 와서 내 옆에 앉으세요.
- 나는 자전거로 유럽을 여행했다.
▶ 장소를 나타내는 전치사 by(~ 옆에) / by+교통수단(~을 타고)

2
- 나는 정치보다 책과 사람들을 더 좋아했기 때문에 교사가 되었다.
- 내 딸은 프랑스인과 결혼했다.
- 그는 아직 먼 거리를 걷는 것에 익숙하지 않다.
▶ prefer A to B : B보다 A를 더 좋아하다
- be married to: ~와 결혼하다
- be used to -ing: ~하는 것에 익숙하다

3
① 그녀는 걸어서 학교에 갔다. ▶ 걸어서: on foot(by → on)
② 엄마는 한 시간 안에 돌아오실 것이다.
　▶ 시간의 경과를 나타내는 in으로 맞는 문장
③ 우리는 5년 동안 중국어를 공부해 오고 있다.
　▶ 현재완료로 쓰여 '~동안'의 의미의 전치사는 for(at → for)
④ 그는 운동장에서 축구하는 것을 즐겼다.
　▶ on the playground에서 on은 장소를 나타내는 전치사로 맞는 문장
⑤ 그 은행은 우체국과 병원 사이에 있다.
　▶ between A and B: A와 B 사이에(or → and)

4
그는 커피숍 앞에 서 있었다.
▶ in front of(~의 앞에) ↔ behind(~의 뒤에)

5
① 그녀의 드레스는 실크로 만들어졌다.
② 그는 나의 좋은 친구이다.
③ 그것은 그 누구에게도 쓸모가 없는 정보를 담고 있었다.

④ 어떻게 사람들이 기아로 죽어가는 것을 옆에 서서 보고만 있을 수 있는가?
⑤ 많은 버터가 뉴질랜드산이다.
▶ ⑤를 제외한 나머지는 모두 of가 와야 한다.
　① be made of~: ~으로 만들어지다
　② a friend of mine: 내 친구
　③ of no use: 소용이 없는, 쓸모가 없는 ④ die of: ~으로 죽다
　⑤ come from: ~ 출신이다, ~에서 나오다

6 A: 푸른색 셔츠를 입고 있는 남자가 그 사람이었니?
B: 아니, 그는 흰색 셔츠를 입은 남자였어.
▶ '~을 입은, 착용한'의 의미를 갖고 있는 전치사는 in

7 A: 우리 그곳에 갈까?
B: 그래, 난 그곳에 가는 것에 찬성이야.
▶ for는 '찬성하여', against는 '반대하여'

8 A: 너는 구름 아래로 비행했니?
B: 아니, 구름 위로 비행했어.
▶ 구름 위로 비행하는 것이므로 above

9 다섯 마리 강아지 중에 암컷은 한 마리도 없었다.
▶ '(셋 이상) 중에서'를 뜻하는 전치사는 among

10 ① 우리는 버스 정류장에서 그들을 보았다.
② 그녀는 뉴욕에 살고 있다.
③ 땅 위에는 아직도 눈이 많이 있었다.
④ 나는 지난 월요일 이후로 그를 만나지 못했다.
⑤ 재킷 속에 스웨터를 입어라.
▶ '(접촉하여) ~ 속에, 아래에'는 under를 쓴다. below: ~ 보다 아래에

11 ① 봄에는 더 따뜻할 것이다. ▶ 계절 앞에는 in
② Tom은 감기로 누워 있다. ▶ 원인, 이유의 with
③ 그녀는 정원에서 일하고 있다.
　▶ at work: 일하는 중인
④ 그는 밤을 넘기지 못하고 죽을 것이다.
　▶ through: '~ 동안 내내'의 뜻으로 밤이 끝날 때까지 내내 살아 있지 못할 것이므로 밤 동안 죽을 것이라는 의미이다.
⑤ 그는 연설 중에 세 번 멈추었다.
　▶ during: ~ 동안, ~ 도중에

12
- 지금 이야기 할 수 없어. 나는 기차에 타고 있어.
- 너는 새해 전날에 어디에 있을 거니?
- 너는 16쪽에 있는 기사를 읽어 보았니?
▶ on the train은 '기차를 타고 있는'의 의미이다. 전치사 on은 '표면에 접한 위'를 나타내며, 특정한 날을 나타낼 때에도 쓸 수 있다.

13 나는 너를 오랫동안 알고 지내 왔다.
▶ 기간을 나타내는 전치사 for

14 그들은 주급을 받는다.

▶ by the week: 주 단위로 (by는 단위를 나타내는 전치사)

15 • 나는 밤에 여러 번 깼다.

• 너는 늦어도 6시 정각까지는 그것을 다시 가져와야 한다.

• 대통령에 대한 지지가 2010년 이후 처음으로 50% 아래로 떨어졌다.

▶ 특정 기간에는 during을 사용하며, 완료의 의미를 나타내는 '~까지' 는 by를 써야 한다. below는 '~보다 아래의' 라는 뜻이다.

16 not ... until (till)~: ~이 되어서야 …하다, ~까지 … 못하다

17 on time: 정각에, in time: 시간에 맞게, 늦지 않게

18 ▶ near: '~ 가까이에, ~ 근처에'

19 온갖 종류의 특이하고 멋진 모자들이 중세시대 동안 유럽에서 유행하다 말다 했다. 어떤 모자들은 동물의 뿔처럼 생겼다. 다른 것들은 나비의 날개와 같았다. 1400년대 여성들은 '헤닌(hennins)' 이라고 불리는 높은 모자를 쓰기 시작했다. 문을 통과하는 것은 무척 어려웠을 게 분명한데, 어떤 헤닌은 거의 1미터 높이였다!

▶ (A) '~ 동안' 이란 뜻으로 특정 기간을 나타낼 때에는 during을 써야 한다. (B) 연도 같은 긴 기간 앞에는 in을 사용한다. (C) '~을 통과하여' 라는 의미로는 through를 사용한다.

Grammar for NEAT

Step 1 (1) 우리는 5월부터 7월까지 그곳에 머물렀다.

▶ from A to B: A부터 B까지

(2) 나는 일요일에 너를 보지 못했다.

▶ 요일 앞에는 전치사 on을 사용

(3) 우리는 다음 주에 리그전 챔피언들과 시합을 한다.

▶ '~에 맞서서, 대항하여' 라는 의미의 전치사는 against

Step 2

희망 바자회

* 시간: 5월 1일 일요일

　　　오전 10시~오후 6시

* 장소: Maple Valley 지역 센터

* 주요 물품: 독특한 수제품

(그것들은 어머니날과 아버지날을 위한 좋은 선물이 될 것입니다.)

* 수익금 중 일부는 Sadie Lynn을 위해 사용될 것입니다. 그녀는 뇌종양과 투병하고 있습니다.

사랑하는 친구들아!

너희들을 특별한 바자회인 희망 바자회에 초대하게 되어 기쁘다. 그 바자회는 5월 1일 일요일 오전 10시부터 오후 6시까지 Maple Valley 지역 센터에서 열릴 예정이야. 너희는 어머니날과 아버지날을 위한 독특한 수제 선물을 찾을 수 있을 예정인데, 그녀는 뇌종양과 투병 중이야. 수익금 중 일부는 Sadie

Lynn를 위해 사용될 예정인데, 그녀는 뇌종양과 투병 중이야. 너희들 모두를 거기서 만나길 바랄게!

사랑하는

Liz가

▶ 포스터의 내용을 참고하여 편지를 완성한다.

Check Your Writing	Yes	No
주어진 정보가 빠짐없이 글쓰기에 들어갔나요?		
다양한 형태의 문장을 사용했나요?		
어법에 맞게 문장을 완성했나요?		

Chapter 17 | 접속사

Unit 50 > 등위접속사, 상관접속사

A 1 but 2 or 3 is 4 so

B 1 for 2 and 3 or 4 but

C 1 or → nor 또는 Neither → Either 2 for → so 3 and → but 4 Baseball, and football → Baseball, football

D 1 and you will not miss the school bus 2 or you'll be punished 3 so she didn't go to school 4 as well as beautiful

A 1. 그녀는 가난하지만 행복한 소녀이다.

▶ poor와 happy는 대조되는 말이므로 but

2. 너는 부모님이나 선생님께 말씀드려야 한다.

▶ either A or B: A나 B 중의 하나

3. 나뿐만 아니라 나의 남동생도 오늘 바쁘다.

▶ not only A but also B: B에 인칭과 수를 일치시킨다.

4. 그는 늦게 일어나서 조깅하러 가지 못했다.

▶ 결과를 나타내는 so

B 1. 그는 친절하고 잘생겨서 모두들 그를 좋아한다.

▶ 부가적인 이유를 나타내고 있다.

2. 열심히 공부해라, 그러면 성공할 것이다.

▶ 명령문+and ...: ~해라, 그러면 …할 것이다

3. 축구나 농구 중에 너는 어느 것이 더 좋니?

▶ 선택을 하는 것이므로 or를 쓴다.

4. 나는 게임을 더 하고 싶지만 5시까지 집에 가야 한다.

▶ 게임을 더 하고 싶은 것과 집에 가는 것은 상반되는 내용이다.

C 1. 그나 나 어느 쪽도 잘못이 없다. / 그나 나 어느 한쪽에 잘못이 있다.
  ▶ neither A nor B: A와 B 어느 쪽도 아닌
   either A or B: A나 B 중의 하나
 2. 물이 너무 더러워서 수영을 갈 수 없었다.
  ▶ 결과를 나타내는 so
 3. 그것은 멋진 집이지만, 차고가 없다.
  ▶ 멋지다는 것과 차고가 없는 것은 대조되는 말이다.
 4. 야구, 축구 그리고 농구는 미국에서 인기 있는 운동들이다.
  ▶ 여러 개를 나열할 때에는 마지막 말 앞에만 and를 붙인다.

D 1. 네가 일찍 출발하면, 학교 버스를 놓치지 않을 것이다.
  ▶ 「명령문+and ~」 구문은 긍정의 조건절의 의미이다.
 2. 네가 숙제를 하지 않으면, 벌을 받을 것이다.
  ▶ 「명령문+or ~」 구문은 '그렇지 않으면'이라는 의미로 부정의 조건절의 의미이다.
 3. 그녀는 아팠기 때문에 학교에 가지 않았다.
  ▶ 이유를 나타내는 말을 주절로 한 경우 결과를 나타내는 so가 온다.
 4. 이 드레스는 예쁠 뿐만 아니라 비싸지도 않다.
  ▶ not only A but also B = B as well as A: A뿐만 아니라 B도

Unit 51 > 명사절을 이끄는 종속접속사

UNIT TEST   p. 175

A 1 whether 2 what 3 That 4 It
B 1 whether(if) 2 that 3 how 4 that
C 1 This → It 2 that → if(whether) 3 does it mean → it means 4 He lost his parents → That he lost his parents
D 1 why she didn't come 2 who will win the game 3 What do you think he has in his hand

A 1. 내 친구가 내게 전화를 할지 안 할지 모르겠다.
  ▶ 의미상 '~인지 아닌지'가 적절하므로 whether가 알맞다.
 2. 너는 지난밤에 무슨 일이 일어났는지 아니?
  ▶ 의문사이면서 주어 역할을 하는 what을 쓴다.
 3. 내가 너를 사랑하지 않았다는 것은 사실이었다.
  ▶ 명사절을 이끌어 주어 역할을 하는 접속사 that이 온다.
 4. 그가 아프다는 것은 사실이 아니다.
  ▶ 진주어인 that절을 대신하는 가주어 It이 온다.

B 1. 그녀는 나에게 비가 올지 안 올지를 물었다.
  ▶ whether(if) ~ or not: ~인지 아닌지
 2. 나는 건강이 매우 중요하다고 생각한다.
  ▶ 목적절을 이끄는 접속사 that이 온다.
 3. 그녀는 지하철로 거기까지 가는 데 얼마나 오래 걸리는지 알고 싶어 했다.
  ▶ how long ~: 얼마나 오래
 4. 처음에 그는 그녀가 결혼했다는 사실을 알지 못했다.
  ▶ the fact와 that절은 동격이다.

C 1. 그녀가 부자라는 것은 명백하다.
  ▶ It is clear that ~: 가주어 It과 진주어 that 구문이다.
 2. 나는 그 소문이 사실인지 아닌지 확신할 수 없다.
  ▶ 의미상 '~인지 아닌지'가 적절하므로 if(whether)가 알맞다.
 3. 나는 그게 무슨 뜻인지 모른다.
  ▶ 간접의문문은 「의문사+주어+동사」의 어순이다.
 4. 그가 부모를 여의었다는 것은 사실이다.
  ▶ 주절을 이끄는 접속사 that이 와야 한다.

D 1. 너는 그녀가 왜 오지 않았는지 아니?
  ▶ 간접의문문은 「의문사+주어+동사」의 어순이다.
 2. 나는 누가 시합에서 이길 것인지 궁금하다.
  ▶ who가 의문사이면서 주어이므로 뒤에 동사가 바로 이어진다.
 3. 너는 그가 손에 무엇을 갖고 있다고 생각하니?
  ▶ think의 목적어가 되는 간접의문문은 의문사를 문장 앞에 쓴다. What do you think 다음에 「주어+동사」의 어순이 온다.

Unit 52 > 부사절을 이끄는 종속접속사

UNIT TEST   p. 177

A 1 as 2 Unless 3 finish 4 Though
B 1 so 2 soon as 3 because(as, since) 4 As
C 1 unless 2 so that I might(could) 3 Even
D 1 While 2 since 3 though(although)

A 1. 내가 집에 도착했을 때 시계가 4시를 쳤다.
  ▶ '~할 때'라는 의미의 시간을 나타내는 as가 온다.
 2. 네가 5시까지 여기 오지 않으면, 나는 너 없이 떠날 것이다.
  ▶ If ~ not의 의미인 Unless가 온다.
 3. 내가 일을 마치면 너에게 전화를 하겠다.
  ▶ 시간의 부사절에서는 현재시제가 미래시제를 대신한다.

4. 비록 그는 늦게 일어났지만, 학교에 늦지 않았다.
  ▶ 늦게 일어났지만 지각하지 않았으므로 양보절이 온다.

B 1. 이 가방은 너무 무거워서 나 혼자서 옮길 수가 없다.
  ▶ so ~ that+주어+can't ...: 너무 ~해서 …할 수 없다
2. 그 아이는 자기 엄마를 보자마자 울기 시작했다.
  ▶ as soon as: ~하자마자
3. 그녀는 아침을 먹지 않았기 때문에 배가 고프다.
  ▶ 이유를 나타내는 접속사가 온다.
4. 내 남동생은 나이가 들수록, 점점 더 말이 없어졌다.
  ▶ 점차적인 변화는 as(~함에 따라)를 쓴다.

C 1. 내가 바쁘지 않으면 너를 도와줄 것이다. ▶ if ~ not = unless
2. 나는 아빠와 조깅하기 위해 일찍 일어났다.
  ▶ so as to ~ = so that+주어+may(can) ~: ~하기 위하여
3. 비록 그는 나이가 들었지만, 그런 일은 할 수 있다.
  ▶ though = although = even though: 비록 ~일지라도

D 1. '~하는 동안'은 while을 쓴다.
2. '~이래로'는 since를 쓴다.
3. '비록 ~일지라도'는 though(although)를 쓴다.

REVIEW TEST
pp. 178~180

1 ③ 2 that 3 and 4 ② 5 ① 6 ② 7 ②
8 well as 9 or 10 ④ 11 ④ 12 ①, ③, ④ 13 ⑤
14 ④ 15 but 16 so 17 ② 18 ③ 19 neither,
nor 20 ③

Grammar for NEAT
Step 1 (1) I think (that) (2) since (3) so that
Step 2 예시 답 want to be a fashion designer, I was
very young, is another way to express myself, to go
to art school in New York or London

1 내일 날씨가 좋다면, 우리는 오후에 해변에 갈 수 있다.
  ▶ 조건의 부사절에서는 현재시제가 미래시제를 대신한다. ③ will be →
  is
2 난 우리가 곧 다시 만나기를 바란다.
  ▶ hope의 목적절을 이끄는 접속사 that이 온다.
3 운동은 신체와 정신에 둘 다에 좋다.

▶ both A and B: A와 B 둘 다

4 • 그녀는 런던에 도착한 이후로 이 호텔에 머물고 있다.
  • 우리는 정보의 시대에 살고 있기 때문에 컴퓨터 기술이 필요하다.
  ▶ since: '~ 이래로'(시간의 종속접속사) / '~이므로'(이유의 종속접속사)

5 그나 나 어느 한 쪽이 항상 모임에 늦는다.
  ▶ 「either A or B」 구문에서는 B에 인칭과 수를 일치시킨다.

6 ① 그녀는 그 이야기가 사실이라고 말했다.
  ② 나는 너에게 내가 얻을 수 있는 모든 것을 말해 주었다.
  ③ 다이아몬드가 쇠보다 강하다는 것은 사실이다.
  ④ 일반적인 의견은 프랑스 와인이 최고라는 것이다.
  ⑤ 그가 나보다 어리다는 사실은 중요하지 않다.
  ▶ ②의 that은 관계대명사로 선행사 everything을 수식하는 형용사
  절을 이끈다. 나머지 문장들에서 that은 명사절을 이끄는 접속사이다.
  ① said의 목적어 역할을 하는 that절 ③ 진주어 역할을 하는 that
  절 ④ 주격보어 역할을 하는 that절 ⑤ 동격을 나타내는 that절

7 ① 너무 향이 강해서 나는 카레를 좋아하지 않는다.
  ② 아팠음에도 불구하고, Nicole은 일하러 갔다.
  ▶ Despite는 전치사로 〈주어+동사〉로 이루어진 절 앞에 올 수 없으
  므로, 양보의 의미를 나타내는 접속사 Although나 Though가
  와야 한다.
  ③ 몹시 추운 게 틀림없다. 왜냐하면 호수가 얼었기 때문이다.
  ④ 그녀는 Tom이 그 동호회에 들지 아닐지 모른다.
  ▶ 여기서 if절은 명사절이므로 미래시제를 써야 한다.
  ⑤ 나는 네가 돌아올 때까지 그를 돌볼 것이다.

8 그는 담배뿐만 아니라 술도 끊었다.
  ▶ not only A but also B: A뿐만 아니라 B도(= B as well as A)

9 네가 천천히 운전하지 않으면 난 멀미를 할 것이다.
  ▶ unless를 이용한 절은 「명령문+or ~」 구문으로 바꿀 수 있다.

10 • 아빠는 코미디를 더 좋아하시지만 엄마는 연속극을 더 좋아하신다.
  • 시간이 흐를수록, 그녀는 점점 더 예뻐지는 것 같다.
  • 교통이 좋지 않았지만, 우리는 정각에 도착했다.
  ▶ • '~이지만, 반면에'의 의미의 while / • '~함에 따라' 라는 의미의
  as / • '비록 ~일지라도'의 의미의 although

11 ① 난 그가 학교에 올지 안 올지 궁금하다.
  ▶ 의미상 '~인지 아닌지'가 적절하므로 what을 if나 whether로 바
  꿔야 한다.
  ② 그녀가 언제 일어날지 아니?
  ▶ 간접의문문은 when she will get up(의문사+주어+동사)의 어
  순으로 쓴다.
  ③ 그 차는 빠르지도 안전하지도 않다.
  ▶ neither A nor B: A와 B 어느 쪽도 아닌
  ④ 그녀는 나를 보자마자 달아났다.

▶ as soon as: ~하자마자

⑤ 이 약을 먹어라, 그러면 나아질 것이다.

▶ 긍정의 조건은 or가 아니라 and를 쓴다.

12 ▶ 목적어인 명사절을 이끄는 접속사 if와 whether, 또는 의문사 how가 알맞다.

13 내가 그녀에게 전화했을 때 아무 응답이 없었다.

▶ '~할 때'라는 의미를 나타내는 as이다.

14 나는 그의 얼굴을 기억할 수 있지만, 이름은 기억할 수 없다.

▶ '비록 ~일지라도'의 의미를 갖는 양보의 접속사가 온다.

15 • 나는 Jim을 보았지만, 그는 나를 보지 못했다.

• David는 미국인이 아니라 영국인이다.

▶ • 대조의 두 절을 연결하는 but / • not A but B: A가 아니라 B

16 • 먼지가 너무 많아서 무슨 일이 일어나는지 볼 수가 없었다.

• 나는 그녀가 원할 때마다 집에 들어갈 수 있도록 그녀에게 열쇠를 줄 것이다.

• 그녀는 아주 조용히 말을 해서 아무도 한마디도 들을 수 없었다.

▶ • so ~ that ...: 너무 ~해서 …하다

• so (that)+주어+can ~: ~하기 위하여, ~할 수 있도록

• 콤마(,) 다음에 오는 so (that): 그래서, 그 결과

17 〈보기〉 우리는 해외에서 온 사람들을 만날 때 영어를 사용할 수 있다.

① 나는 어디로 가야할지 모른다.

② 내가 바쁠 때 시간은 빨리 간다.

③ 그녀가 언제 돌아올지 그에게 물어라.

④ 당신이 언제 떠날 건지 제게 말해 주세요.

⑤ 그녀는 그를 언제 만나기로 약속했니?

▶ 〈보기〉, ②: 접속사 when ①, ③, ④, ⑤: 의문사 when

18 ① 나는 너무 더웠기 때문에 창문을 열었다.

② 우리는 물이 더러워서 수영하지 않았다.

③ 나는 길을 잃었다. 그래서 거리 지도를 샀다.

▶ 결과를 나타내는 so가 온다.

④ 나는 오늘 저녁에 집에 없을 예정이니까 전화하지 마라.

⑤ 오늘은 공휴일이기 때문에 상점들 대부분이 문을 닫는다.

19 ▶ neither A nor B: A와 B 어느 쪽도 아닌

20 근처에 밝은 빛이 없다면 밤에 가끔 유성을 볼 수 있다. 우리는 그것을 '떨어지는 별'이라고 부른다. 대부분의 유성은 지구의 대기권으로 들어서면서 소멸한다. 대기권을 통과하는 유성의 마찰은 그들이 돌덩어리와 금속으로 만들어졌더라도 다 태워버린다. 유성이 지구와 부딪힐 때, 우리는 그것을 운석이라고 부른다. 대부분은 아주 작다. 하지만 가끔은 큰 운석이 지구를 강타하여 거대한 분화구를 만든다.

▶ (A) 조건인 if나 때를 나타내는 when이 온다. (B) '비록 ~일지라도'의 의미의 though의 양보절이 온다. (C)운석이라고 불리는 것이므로 수동태가 적절하다.

Grammar for NEAT

Step 1 (1) that은 think의 목적절을 이끄는데, 이 때 that은 생략할 수 있다.

(2) since: '~이래로'의 뜻으로 현재완료와 함께 쓰인다.

(3) so that: '~하기 위하여'의 의미이다.

Step 2

> • 무엇이 되고 싶은가 : 패션 디자이너
>
> • 꿈을 이루기 위한 당신의 계획은 무엇인가 : 뉴욕이나 런던에 있는 예술 학교에 진학하기

장래에 나는 패션 디자이너가 되고 싶다. 나는 아주 어릴 때부터 패션에 관심이 있었다. 나는 패션 디자인이 나 자신을 표현하는 또 다른 방법이라고 생각한다. 나는 또한 드레스를 스케치하는 것을 정말 좋아한다. 나는 세계적으로 유명한 패션 회사에서 일할 기회를 얻기 위해 뉴욕이나 런던에 있는 예술 학교에 진학할 계획이다.

▶ 주어진 내용을 포함하여 장래 희망에 대한 글을 완성한다.

Check Your Writing	Yes	No
주어진 정보가 빠짐없이 글쓰기에 들어갔나요?		
다양한 형태의 문장을 사용했나요?		
어법에 맞게 문장을 완성했나요?		

Chapter 18 | 가정법

Unit 53 > 가정법 과거/과거완료

UNIT TEST
p. 183

A **1** had studied **2** knew **3** had had **4** were

B **1** didn't try, couldn't **2** didn't have, couldn't go **3** weren't(wasn't), could do **4** isn't, cannot (can't)

C **1** had been **2** knew, would, do **3** were(was) not, couldn't **4** had, could

A 1. 내가 좀 더 열심히 공부했다면, 시험에 합격할 수 있었을 텐데.

▶ could have passed로 보아 가정법 과거완료이므로 if절에는 「had+과거분사」가 온다.

2. 내가 그의 전화번호를 안다면, 그에게 당장 전화할 텐데.

▶ could call로 보아 가정법 과거이므로, if절에는 동사의 과거형이 온다.

3. 네가 돈이 조금 있었다면, 너는 먹을 것을 먹을 수 있었을 텐데.

▶ could have had로 보아 가정법 과거완료임을 알 수 있다.

4. 네가 나의 입장이라면, 너는 무엇을 먼저 하겠니?

▶ 가정법 과거이므로 동사의 과거형이 쓰이며, be동사일 경우는 were를 쓰는 것이 원칙이다.

B 1. 만일 그들이 최선을 다했더라면, 그들은 면접에서 성공했을 텐데.
▶ 가정법 과거완료이므로 직설법은 과거시제가 되며, 긍정과 부정을 반대로 나타낸다.

2. 만일 우리에게 충분한 음식이 있었다면, 우리는 그날 캠핑하러 갈 수 있었을 텐데.
▶ had had에서 have 동사를 과거시제의 부정으로 바꾸어 직설법으로 나타낸다.

3. 나는 게으른 사람이기 때문에, 해야 할 일을 할 수 없다.
▶ 직설법이 현재시제이므로 가정법 과거를 써야 하므로, am은 weren't(wasn't)와 같이 과거시제의 부정형으로, can't do 는 could do와 같이 긍정형으로 바뀌게 된다.

4. 그가 여기에 나와 함께 있다면, 나는 매우 행복할 텐데.
▶ 가정법 과거 긍정문이므로 직설법 현재 부정문으로 바꿀 수 있다.

C 1. 문장의 내용상 과거 사실의 반대를 가정하는 것이므로, 가정법 과거완료인 「If+주어+had+과거분사 ~, 주어+조동사의 과거형 +have+과거분사 …」 형태를 사용한다.

2. 문장의 내용상 현재 사실에 대한 가정이므로, 가정법 과거인 「If+주어+동사의 과거형 ~, 주어+조동사의 과거형+동사원형 …」 형태를 사용한다. 주절이 의문문일 경우 주어와 조동사의 어순이 도치된다.

3. 문장의 내용상 현재 사실에 대한 가정이므로 가정법 과거를 사용한다.

4. 문장의 내용상 현재 사실에 대한 가정이므로 가정법 과거를 사용한다.

Unit 54 > if의 생략, if절 이외의 가정법

UNIT TEST   p. 185

A 1 Were it   2 Had you   3 Were I
B 1 b   2 a   3 d   4 c
C 1 it had not been for your support   2 it were not for his kind advice   3 If it were not for music
D 1 It is time   2 Had you   3 Were I

A 1. 너의 도움이 없다면, 나는 곧 실패할 텐데.
▶ If it were not for에서 If를 생략하면 were와 it이 도치된다.

2. 네가 서둘렀더라면, 너는 그 연극 시간에 맞게 도착할 수 있었을 텐데.
▶ If you had hurried에서 If를 생략하면, had와 you가 도치된다.

3. 내가 너의 입장이라면, 나는 그것을 받아들이는 것을 선택할 텐데.
▶ If I were에서 If를 생략하면 were와 I가 도치된다.

B ▶ 가정법 문장에서 if가 생략된 형태의 문장이다.
1. 그가 건강하면, 밖에서 놀 텐데.
2. 내가 너라면, 그녀에게 데이트 신청을 할 텐데.
3. 내가 좀 더 열심히 일했더라면, 성공했을 텐데.
4. 네가 정직했다면, 그녀가 너를 고용했을 텐데.

C 1. 너의 지지가 없었다면, 나는 선거에서 이길 수 없었을 것이다.
▶ but for나 without은 if it were not for와 if it had not been for를 모두 대신할 수 있는데, 주절의 형태를 보고 결정한다. 주절이 가정법 과거완료이므로, if절에는 「had+과거분사」의 형태가 필요하다. 따라서 But for가 If it had not been for 를 대신함을 알 수 있다.

2. 그의 친절한 충고가 없다면, 나는 지금 무엇을 해야 할지 모를 것이다.
▶ 주절이 가정법 과거이므로, But for가 If it were not for를 대신한다.

3. 음악이 없다면, 내 삶은 매우 지루할 것이다.
▶ 주절이 가정법 과거이므로 Without은 If it were not for를 대신한다.

D 1. It is time (that)+주어+동사의 과거형: ~할 때이다
2. 문장의 내용상 과거 사실의 반대를 가정하는 가정법 과거완료이므로, If you had come to the meeting이 사용되어야 한다. If가 생략되면 Had you come to the meeting과 같이 도치된 형태가 된다.

3. 문장의 내용상 현재 사실의 반대를 가정하는 가정법 과거이므로, If I were you가 되어야 한다. If가 생략되면 Were I you와 같이 도치된 형태가 된다.

Unit 55 > I wish+가정법, as if+가정법

UNIT TEST   p. 187

A 1 were   2 had seen   3 had read   4 had been
B 1 don't have   2 isn't here   3 didn't fight   4 was not (wasn't)
C 1 studies → studied (had studied)   2 met → had met   3 listened → had listened   4 is → were (was)
D 1 had kept   2 were   3 had dreamed

A 1. 내가 지금보다 키가 좀 더 크다면 좋을 텐데.
▶ 현재에 이룰 수 없는 소망을 나타낼 때에는 「I wish+가정법 과거」를 사용한다.

2. 어젯밤에 내가 너와 함께 영화를 보았더라면 좋았을 텐데.
- ▶ 과거에 이루지 못한 소망을 나타낼 때에는 「I wish+가정법 과거완료」를 사용한다.
3. 그는 마치 도서관의 모든 책을 읽은 것처럼 말한다.
- ▶ 문장의 내용상 말하는 것은 현재이며 읽은 것은 과거이므로, 시제의 차이를 나타내는 가정법 과거완료(had+과거분사)를 as if 다음에 사용한다.
4. 너는 마치 지난 며칠간 바빴던 것처럼 보인다.
- ▶ 문장의 내용상 지난 며칠간 바쁜 것은 과거이므로, as if 다음에 가정법 과거완료로 과거에 반대되는 일을 가정하여 나타낸다.

B
1. 내가 지금 충분한 시간이 있다면 좋을 텐데.
- ▶ 「I wish+가정법 과거」는 직설법으로 바꾸어 쓸 때, I'm sorry 다음에 현재시제로 쓴다. 단, 반대를 가정하는 것이므로 긍정은 부정, 부정은 긍정의 형태가 된다.
2. 엄마가 지금 여기 우리와 함께 계시다면 좋을 텐데.
- ▶ I'm sorry 다음에 현재시제를 쓴다. 또 가정법의 내용이 긍정이므로 직설법에서는 부정의 형태가 된다.
3. 그들은 마치 방금 전에 서로 싸운 것처럼 보인다.
- ▶ 「as if+가정법 과거완료」는 과거와 반대되는 사실을 가정하는 것이므로, 사실 이들은 과거에 싸우지 않았다.
4. 그는 마치 그녀와 친한 듯이 말했다.
- ▶ 「as if+가정법 과거」로, 주절과 as if절의 시제가 같다. 따라서 주절의 동사의 시제와 같은 시제의 반대되는 일을 가정한다. 여기서 주절이 talked 과거형이므로 직설법으로 바꿀 때 과거형을 사용한다.

C
1. 내 딸이 당신 딸만큼 열심히 공부하면(공부했다면) 좋을 텐데.
- ▶ 현재의 이루지 못하는 소망을 나타낼 때에는 「I wish+주어+동사의 과거형」을 쓴다.
2. 너는 마치 그 유명한 가수를 만났던 것처럼 말한다.
- ▶ 문장의 의미상 그 가수를 과거에 만났던 것처럼 말하는 것이므로, 과거 사실의 반대를 가정하는 「as if+주어+had+과거분사」로 나타낸다.
3. 내가 그때 너의 충고를 들었다면 좋을 텐데.
- ▶ 과거의 이루지 못한 소망을 나타낼 때에는 「I wish+주어+had+과거분사」를 쓴다.
4. 그는 지금 건강이 좋지 않은 것처럼 보인다.
- ▶ 현재의 반대 사실을 가정할 때에는 「as if+주어+동사의 과거형(were)」을 사용한다. be동사는 가정법 과거에서 주어의 인칭에 관계없이 were를 쓰지만, 구어에서는 1, 3인칭 단수일 때는 was를 쓰기도 한다.

D
1. '약속을 지키다'는 keep one's promise로, 과거 사실의 반대를 나타내는 가정법 과거완료 형태로 만들어 I wish 다음에 쓴다.
2. 현재에 이룰 수 없는 소망은 「I wish+주어+동사의 과거형」으로 나타낸다.
3. 과거 사실의 반대를 가정할 때에는 「as if+주어+had+과거분사」로 나타낸다.

R EVIEW TEST   pp. 188~190

1 ③ **2** ③ **3** ③ **4** ④ **5** ③ **6** ③ **7** ① **8** as if he is
→ as if he were (was) **9** ②, ④ **10** ② **11** Had we
found him earlier, we could have **12** ④ **13** ② **14** ⑤
15 had known, could have sent **16** it had not been
for **17** it is time, had **18** ⑤

Grammar for NEAT
Step 1 (1) Without, could (2) knew (3) were (was),
would (4) had taken
Step 2 예시 답 (1) have to take care of, would be left at
home
(2) can't afford, hadn't spent all of my allowance
(3) I could, Dad's birthday, help Mom prepare

1
A: 정말 멋진 자전거구나! 이건 너의 것이니?
B: 응, 그래.
A: 내가 돈이 많다면, 그런 자전거를 살 텐데.
- ▶ 빈칸에는 주절의 형태와 어울리는 가정법 과거 형태가 필요하다.

2
나는 파티에 정각에 오지 않아서 유감이다.
= 내가 파티에 정각에 왔다면 좋을 텐데.
- ▶ 「I'm sorry+과거시제」이므로, 「I wish+주어+had+과거분사」의 가정법 과거완료 형태와 같은 의미의 문장이 된다.

3
내가 프랑스 어를 말할 수 없어 유감이다.
= 내가 프랑스 어를 말할 수 있다면 좋을 텐데.
- ▶ 「I'm sorry+현재시제」이므로, 현재의 이루지 못하는 소망을 나타내는 「I wish+주어+동사의 과거형」으로 나타낸다.

4
그녀는 아주 바쁘다. 만약 그녀가 시간이 있다면 나와 함께 외출할 텐데.
- ▶ 현재 사실의 반대를 가정하므로 가정법 과거인 「If+주어+동사의 과거형 ~, 주어+조동사의 과거형+동사원형 …」의 형태가 되어야 한다.

5
① 나는 날 수 없어 유감이다. = 내가 날 수 있다면 좋을 텐데.
② 나는 스페인어를 배우지 않았던 것이 유감이다.
= 내가 스페인어를 배웠더라면 좋을 텐데.
③ 나는 그의 주소를 모르기 때문에 그에게 편지를 쓸 수 없다.

= 그의 주소를 알았다면 그에게 편지를 썼을 텐데.

▶ As I don't know his address, I can't write to him.은 현재시제이므로, 가정법 과거형이 되어 If I knew his address, I could write to him.과 같은 의미가 된다.

④ 나는 너무 아프기 때문에, 그것을 할 수 없다.

= 내가 아프지 않다면, 그것을 할 수 있을 텐데.

⑤ 그가 지금 여기 없기 때문에, 나는 그를 도울 수 없다.

= 그가 지금 여기에 있다면, 내가 그를 도울 수 있을 텐데.

6 문장의 의미상 과거 사실의 반대를 나타내는 가정법 과거완료이므로, 「If+주어+had+과거분사 ~, 주어+조동사의 과거형+have+과거분사 …」의 형태가 되어야 한다.

7 만일 내가 어제 일찍 일어나지 않았더라면, 그 버스를 놓쳤을 것이다.

▶ 가정법은 반대 사실을 가정하는 것이므로, 실제로는 어제 일찍 일어나서 버스를 놓치지 않았다는 의미이다.

8 그는 20살이므로, 제발 그를 어린아이처럼 대하지 말아 주세요.

▶ 현재 사실과 반대의 상황을 가정하는 것이므로 as if 뒤에 가정법 과거 형태가 와야 한다. 따라서 as if he is에서 is를 were나 was로 바꾸어야 한다.

9 ① 내가 지금 영화 배우라면 좋을 텐데.

▶ 「I wish+가정법 과거」의 문장이 되어야 하므로 am → were (was)

② 그가 그것에 대해 알았더라면, 뭐라고 말했을까?

▶ 가정법 과거완료

③ 만일 내가 그때 열심히 공부했더라면, 시험에 실패하지 않았을 것이다. ▶ 가정법 과거완료가 되어야 하므로 studied → had studied

④ 만일 그가 그 영화를 보았더라면, 그는 만족했을 것이다.

▶ 가정법 과거완료에서 if가 생략되어서 he와 had가 도치된 형태이다.

⑤ 마치 대단한 무엇인가가 너에게 일어나고 있는 것처럼 보인다.

▶ 현재 사실을 가정하고 있으므로 as if 다음에 가정법 과거가 온다. is → were (was)

10 • 내가 더 잘생겼으면 좋을 텐데.

• 그는 무릎 부상이 아니었으면 뛸 수 있었을 것이다.

• 그는 마치 아무 일도 없었던 것처럼 행동했다.

▶ 현재와 반대 상황을 바라는 I wish가 와야 한다. I wish 뒤에는 가정법 과거가 온다.

• '~이 없었다면'의 의미를 나타내는 but for가 와야 한다. would have played로 미루어 보아, 과거 사실의 반대를 가정하는 가정법 과거완료임을 알 수 있다.

• '마치 ~인 것처럼'이란 의미를 나타내는 as if가 와야 한다.

11 ▶ 과거 사실의 반대 상황을 가정하는 가정법 과거완료 문장이다. 이때

if절에서 if가 생략되면 주어와 동사가 도치되므로 Had we found ~가 되어야 한다. 가정법 과거완료이므로 주절에 「could have+과거분사」 형태가 사용된다.

12 ① 이제 너는 정규직을 찾아야 할 때이다.

② 보수가 너무 낮지만 않다면 나는 그 일을 선택할 것이다.

③ 나는 속이 좋지 않다. 그렇게 많은 케이크를 먹지 않았더라면 좋을 텐데.

④ 내가 다섯 살이라면 전혀 걱정이 없을 것이다.

▶ 가정법 과거 문장으로 주절에는 「조동사의 과거형+동사원형」인 would have가 와야 한다.

⑤ 내가 그렇게 피곤하지만 않았다면, 무슨 일이 벌어지고 있는지 알아차렸을 텐데.

13 태양으로부터의 복사열이 없다면, 지구는 얼어붙은 천체가 될 것이다.

▶ if it were not for ~(~이 없다면)는 without이나 but for로 바꾸어 쓸 수 있다.

14 만일 비가 오지 않는다면, 나는 외출할 텐데. 하지만 폭우가 쏟아지고 있다.

▶ 주절의 형태로 보아 현재 시제를 가정하는 가정법 과거임을 알 수 있다. 따라서 「If+주어+동사의 과거형」이 되어야 하며, 의미상 부정문이 되어야 한다.

15 너의 생일을 몰랐기 때문에, 나는 너에게 선물을 보낼 수 없었다.

▶ 과거 사실의 반대는 가정법 과거완료로 나타낸다.

16 너의 모닝콜이 없었더라면, 나는 그렇게 일찍 일어날 수 없었을 것이다.

▶ 주절의 시제로 보아 가정법 과거완료임을 알 수 있다. without이 가정법 과거완료에 쓰이면 if it had not been for를 대신한다.

17 ▶ 「It is time+가정법 과거」는 '~ 할 때이다'라는 의미이다.

18 TV는 가장 중요한 발명품 중 하나이다. 만약 텔레비전이 없다면 좋을까 아니면 나쁠까? 나는 나쁠 거라고 생각한다. TV는 많은 유익한 일을 하고 있다. 우리는 TV를 통해 전 세계의 소식과 많은 유용한 정보를 얻을 수 있다. TV는 코미디와 드라마부터 연주회나 영화까지의 오락거리를 우리에게 제공한다. 아이들을 위한 좋은 교육 TV 프로그램이 많이 있다. 우리는 운동 경기를 볼 수 있는데, 심지어 세계 다른 곳에서 벌어지고 있을지도 모르는 생중계 경기도 볼 수 있다.

▶⑤ 선행사가 있으므로 what이 아닌 주격 관계대명사 that이나 which가 되어야 한다. ②는 현재 사실의 반대를 가정하는 가정법 과거로 맞는 표현이다.

Grammar for NEAT

Step 1 (1) 가정법 과거: Without(But for) ~ , 주어+조동사의 과거형+동사원형

(2) 현재에 이룰 수 없는 소망이므로 「I wish+가정법 과거」가 와야 한다.

(3) 현재 사실을 가정하므로 가정법 과거가 와야 한다. 이 때 if절에 be동사

가 오면 were가 원칙이지만 was도 사용할 수 있다.

(4) 과거에 이루지 못한 소망이므로 「I wish+가정법 과거완료」가 와야 한다.

Step 2 (1) 미안해, 하지만 나는 내 여동생을 돌봐야 해. 내가 없으면, 그 애는 집에 혼자 있게될 거야.

(2) 나도 그러고 싶지만 그럴 경제적 여유가 없어. 새 옷을 사느라 내 용돈을 다 써버리지 않았더라면 좋을 텐데.

▶ afford: (~을 살 금전적·시간적) 여유가 되다, allowance: 용돈

(3) 나도 그러고 싶지만, 이번 토요일은 아빠 생신이야. 엄마가 파티를 준비하시는 걸 도와야 해.

▶ 주어진 단어가 어구를 활용하여 그림의 상황에 맞는 문장을 완성한다.

Check Your Writing	Yes	No
주어진 단어나 어구를 적절히 활용하였나요?		
그림에 알맞은 상황을 표현했나요?		
어법에 맞게 문장을 완성했나요?		

Chapter 19 | 일치와 화법

Unit 56 > 주어와 동사의 일치

UNIT TEST   p. 193

A **1** was **2** are **3** likes **4** is
B **1** have → has **2** are → am **3** is → are **4** are → am
C **1** are **2** is **3** likes **4** is
D **1** 교사이자 시인인 한 사람이 파티에 왔다. / 교사 한 사람과 시인 한 사람이 파티에 왔다. **2** 너뿐만 아니라 나도 그 동호회에 가입했다. / 나뿐만 아니라 너도 그 동호회에 가입했다.

A 1. 나는 몇 년 전에 보이 스카우트의 대원이었다.

▶ 주어가 I인 과거형 문장

2. 너와 나는 급우이다.

▶ You and I → 주어가 두 사람이므로 복수 주어

3. 이 마을의 모든 소녀가 그를 좋아한다.

▶ every는 단수 주어

4. 햄에그는 내가 제일 좋아하는 아침 식사이다.

▶ ham and eggs는 ham과 eggs가 하나로 어우러진 샌드위치를 말한다. → 단수 취급

B 1. 너나 그녀 중 한 사람이 그 일을 해야 한다.

▶ either you or she → she에 일치

2. 그도 나도 여행을 가지 않을 것이다.

▶ neither he nor I → I에 일치

3. Jane뿐만 아니라 너도 그 계획을 책임지고 있다.

▶ not only Jane but also you → you에 일치

4. 너뿐만 아니라 나도 그 문제에 관해 걱정한다.

▶ I as well as you → I에 일치

C 1. You와 I 두 사람 → 복수 취급

2. 주어를 한 단위로 취급 → 단수 취급

3. every → 단수 취급

4. 작품 이름 → 단수 취급

D 1. 동일인과 별개의 인물

2. not only A but also B
= B as well as A (A뿐만 아니라 B도)

Unit 57 > 시제의 일치

UNIT TEST   p. 195

A **1** he was sick **2** the player would win the prize **3** he had been smart in his childhood
B **1** is → was **2** was → is **3** can → could
C **1** learned, broke **2** told, gets **3** said, is **4** knew, rises
D is

A ▶ 현재시제의 주절의 동사가 현재에서 과거로 바뀌었으므로 종속절의 동사도 바뀌어야 하는데, 종속절이 현재였으면 과거로, 과거였으면 과거완료가 된다.

1. 나는 그가 아프다는 것을 안다. → 나는 그가 아팠다는 것을 알았다.

2. 우리는 그 선수가 그 상을 받기를 바란다. → 우리는 그 선수가 그 상을 받기를 바랐다.

3. 그는 자기가 어린 시절에 영리했다고 생각한다. → 그는 자기가 어린 시절에 영리했었다고 생각했다.

B 1. 나는 그가 친절하다고 생각했다.

▶ 주절이 과거이면 종속절도 과거

2. 사람들은 지구가 둥글다고 말한다.

▶ 불변의 진리는 항상 현재

3. 그는 나에게 그가 나와 함께 거기에 갈 수 있다고 말했다.

▶ 주절이 과거이면 종속절도 과거

C 1. 역사적 사실 → 과거

　　2. 현재의 습관 → 현재

　　3. 격언, 속담 → 현재

　　4. 불변의 진리 → 현재

D A: 엄마, 나 배고파 죽겠어요. 먹을 것 좀 주세요.

　　B: 지금 금방 버섯 수프를 만들었어. 먹어 볼래?

　　A: 물론이죠. 지금 뭐든 다 먹을 수 있어요.

　　B: 하지만 너는 버섯 수프를 좋아하지 않잖니.

　　A: 할아버지께서 시장이 반찬이라고 말씀하셨어요.

　　▶ '시장이 반찬' 이라는 속담이다. → 항상 현재시제

Unit 58 > 화법 전환

UNIT TEST　　　　　　　　　　　　p. 197

A **1** how I was old → how old I was　　**2** ago →
before　　　**3** to not smoke → not to smoke
4 where was he from → where he was from

B **1** then　　**2** asked, to give　　**3** we (should)

C **1** told me (that) he was very tired　　**2** asked her
where she lived　　**3** told me to stand up　　**4** asked
him if (whether) he liked music

D **1** "I am sad now."　　**2** "Can you play basketball?"

A 1. 그녀는 나에게 몇 살인지 물었다.

　　▶ how old는 하나의 의문사로 취급한다.

　　2. 나는 그에게 일주일 전에 그 영화를 보았다고 말했다.

　　▶ ago는 과거시제에, before는 그 이전의 시간(과거완료)을 나타
낼 때 쓰인다.

　　3. 그는 나에게 거기에서 담배를 피우지 말라고 말했다.

　　▶ 부정명령문의 간접화법은 「not+to부정사」 구문을 사용한다.

　　4. 그녀는 그에게 어디 출신이냐고 물었다.

　　▶ 의문문이 간접화법이 되었을 때에는 「의문사+주어+동사」의 어순
이 된다.

B 1. 그는 그때 행복하다고 말했다.

　　▶ 부사의 일치 now → then

　　2. 그 사람은 나에게 사탕을 좀 달라고 말했다.

　　▶ 피전달문에 please가 있으면 전달동사는 ask(요청하다)가 된
다. 명령문이므로 to부정사로 연결한다.

　　3. 그는 우리에게 같이 저녁 먹자고 제안했다.

▶ 피전달문이 Let's ~로 시작하는 경우 suggested that we
should ~로 바뀐다. 구어에서는 should를 생략하고 동사원
형만 쓰기도 한다.

C 1. 그는 나에게 매우 피곤하다고 말했다.

　　▶ 평서문의 간접화법으로 접속사 that을 사용한다.

　　2. 나는 그녀에게 어디에 사는지 물었다.

　　▶ 의문문의 간접화법에서 의문사가 있는 경우로 의문사를 사용한다.

　　3. 선생님은 나에게 일어서라고 말씀하셨다.

　　▶ 명령문의 간접화법은 to부정사로 쓴다.

　　4. 그녀는 그에게 음악을 좋아하는지 물었다.

　　▶ 의문문의 간접화법에서 의문사가 없는 경우에는 if (whether)를
사용한다.

D 1. 그녀는 "나 지금 슬퍼."라고 말했다.

　　▶ 평서문의 직접화법

　　2. 그는 나에게 "너 농구할 수 있니?"라고 말했다.

　　▶ 의문사 없는 의문문의 직접화법

REVIEW TEST　　　　　　　　　pp. 198~200

1 ② 　**2** ① 　**3** ③ 　**4** ② 　**5** boy, likes 　**6** ③ 　**7** are →
is 　**8** how many books he would buy 　**9** ③ 　**10** ①
11 was 　**12** had been 　**13** ④ 　**14** ② 　**15** if (whether) I
liked Brian 　**16** ② 　**17** asked, I wanted 　**18** told, not
to 　**19** suggested (proposed), should 　**20** ④

Grammar for NEAT

Step 1 (1) what time I would leave for London
(2) (that) she was too tired to go
(3) him that the rumor wasn't true
Step 2 예시 답 how he improved his English listening
skills, he kept a listening diary, what a listening
diary was, that it was a record of his listening, what
he had learned from it, to give it a try

1 너와 나는 중학생이다.

　　▶ 주어는 You와 I 두 사람이므로 복수 취급하고, 빈칸은 be동사가 들
어갈 위치이므로 are가 알맞다.

2 너 또는 그 중 한 사람이 집에 남아야 한다.

　　▶ 「either A or B」에서는 B에 동사를 일치시킨다. 따라서 he에 알
맞은 has to(~해야만 한다)가 알맞다.

3 ① 10마일은 먼 거리이다.

② '로미오와 줄리엣'은 셰익스피어에 의해 쓰여졌다.

③ 시인이자 선생님인 한 분이 파티에 초대되었다.

▶ a poet and teacher는 시인이자 선생님인 한 분 → 단수 취급

were → was

④ 검은 개와 흰 개가 저쪽에서 달리고 있다.

⑤ 그가 떠난 지 3년이 지났다.

4 ① 너뿐만 아니라 그도 옳다.

② 너도 그녀도 부자가 아니다.

▶ 「neither A nor B」에서는 동사를 B에 일치시킨다. are → is

③ Tony와 나는 좋은 친구이다.

④ 학생 각자는 자신의 사물함이 있다.

⑤ Jim뿐만 아니라 Sam도 한국말을 잘한다.

5 every는 의미는 복수이지만 단수 취급 한다.

6 ・그는 내가 몇 시에 출발할지 물었다.

・Jane은 프랑스 혁명이 1789년에 일어났다는 것을 배웠다.

・그의 쌍둥이 자매들과 이야기하는 것은 아주 재미있다.

▶ ・주절의 시제가 과거(asked)이므로 의문사 what이 이끄는 종속
절의 시제도 과거(would)로 일치시켜 준다.

・역사적 사실은 항상 과거시제로 쓴다.

・주어가 Talking이 이끄는 동명사구이므로 3인칭 단수형인 is가
와야 한다.

7 그가 그 제안들을 받아들일지는 중요하지 않다.

▶ 의문사 whether가 이끄는 명사절(Whether ~ the offers)이
주어이므로 동사는 3인칭 단수형인 is가 되어야 한다.

8 나는 그가 몇 권의 책을 살 것인지 물었다.

▶ 의문문이 동사의 목적어로 사용될 때에는 간접의문문의 어순(의문사
+주어+동사)이 되어야 한다. 「how many+복수명사」는 하나의 의
미 덩어리로 취급하므로 함께 묶어서 사용된다.

9 ① 나는 그가 똑똑하다고 생각한다.

② 그는 피곤하다고 말했다.

③ 그녀는 자기가 옳다고 믿었다.

▶ 주절의 동사가 과거이면 종속절은 과거 혹은 과거완료가 되어야
한다. is → was(had been)

④ 그들은 그때 행복하다고 말했다.

⑤ 우리는 그 소녀가 그 편지를 썼다는 것을 안다.

10 ① 그는 네가 아직 준비가 되지 않았다고 말했다.

② 너는 그것에 대해 의사에게 말을 해 본 적이 있니?

③ 선생님은 아이들에게 앉으라고 말씀하셨다.

④ Alex는 나에게 그가 런던에서 아주 행복하다고 말했다.

⑤ Mary는 그녀의 어머니에게 사무실에 갈 거라고 말했다.

▶ 간접화법에서 '~에게'에 해당하는 간접목적어가 뒤에 올 때에는
tell을, 전달하는 내용이 바로 올 때에는 say를 사용한다. 따라서 ①

에는 said가 들어가야 한다.

11 나는 그가 운이 좋다고 생각한다.

▶ 주절의 시제가 현재에서 과거로 바뀌면, 종속절의 현재시제는 과거시
제가 된다.

12 그녀는 화가 났었다고 말한다.

▶ 주절의 시제가 현재에서 과거로 바뀌면, 종속절의 과거시제는 과거완
료가 된다.

13 그녀는 나에게 "나는 영어 선생님이야."라고 말했다.

▶ 평서문의 화법 전환이다. say to는 tell로 바꾸고 접속사 that을
사용하고 인칭과 시제를 맞춘다.

14 나는 그에게 "휴대 전화가 있습니까?"라고 말했다.

▶ 의문사가 없는 의문문의 화법 전환이다. 전달동사를 asked로 바꾸
고, 접속사는 if(whether)를 사용하여 「주어+동사」의 어순을 취
한다.

15 ▶ '~인지 아닌지'를 나타내는 의문사는 if(whether)이고, 이 뒤에
「주어(I)+동사(liked)」가 와야 한다. 주절의 시제가 과거(asked)이므
로, 의문사절의 시제도 과거(liked)로 일치시켜 준다.

16 ① 선생님은 지구가 둥글다고 말씀하셨다.

② Linda는 Stuart에게 식사에 대해 불평하지 말라고 말했다.

▶ '~에게 …하지 말라고 말하다'의 의미일 때에는 「tell+목적어
+not+to부정사」로 나타낸다.

③ 우리에게 가장 필요한 것은 너의 도움이다.

④ 내일 그가 돌아오면 나는 그에게 모든 것을 말할 것이다.

⑤ 그녀의 친구들뿐만 아니라 Jane도 파티에 초대받았다.

17 그는 나에게 "너는 어디서 살고 싶니?"라고 물었다.

▶ 의문사가 있는 의문문의 간접화법이다. 전달동사는 ask, 종속절의
어순은 「의문사+주어+동사」이다.

18 나는 그에게 "컴퓨터 게임을 밤새도록 하지 마라."라고 말했다.

▶ 부정 명령문의 간접화법에서는 「not+to부정사」 구문을 사용한다.

19 그는 "우리 산책하러 가자."라고 말했다.

▶ Let's ~로 시작하는 청유문이다. 간접화법에서 전달동사는
suggest(propose)로 바꾸고 주절은 we(should) ~ 구문으
로 표현한다.

20 상사가 나에게 중요한 고객과의 점심에 동행해 달라고 부탁했을 때 나
는 기뻤다. 한 좋은 식당에서 우리 테이블로 안내받은 직후, 한 잘 차려
입은 남자가 우리 테이블로 와서 상사와 따뜻한 인사를 나누었다. 나는
일어서서 내 자신을 소개하고 그에게 그와 함께 일하기를 기대한다고
말하며 내 명함을 그에게 주었다. 그는 약간 당황한 듯 보였지만 미소를
지었고, 메뉴판을 가지고 곧 돌아오겠다고 말했다.

▶ ④가 포함된 문장은 전달동사 tell을 사용한 간접화법 문장이다.
telling이 분사구문이지만 원래 시제는 문장 전체 시제와 동일한 과
거시제이므로 I 이하 부분도 시제를 일치시켜 ④는 과거시제인 was

로 고쳐야 한다.

Grammar for NEAT

Step 1 (1) 의문문의 간접화법으로 종속절은 「의문사+주어+동사」의 어순으로 한다.

(2) · (3) 평서문의 간접화법으로 접속사 that을 사용한다.

Step 2

> 지훈: 너는 어떻게 영어 듣기 능력을 향상시켰니?
>
> 세진: 난 듣기 일기를 써.
>
> 지훈: 듣기 일기가 뭐야?
>
> 세진: 그건 듣기 기록인데, 자료의 종류, 나의 듣기 전략, 그리고 내가 그것으로부터 배운 것들이 포함돼.
>
> 지훈: 나도 그렇게 해 봐야 할 것 같다.
>
> 세진: 그래, 한번 해 봐.

9월 25일 화요일

오늘 나는 세진이에게 어떻게 듣기 능력을 향상시켰는지 물었다. 그는 듣기 일기를 쓴다고 말했다. 나는 듣기 일기가 무엇인지 물었다. 그는 나에게 그것은 듣기 기록인데, 자료의 종류, 그의 듣기 전략, 그리고 그가 그것으로부터 배운 것들이 포함된다고 말했다. 나는 나도 그것을 해 봐야겠다고 생각했다. 세진이 역시 나에게 한번 해 보라고 말했다.

▶ 대화의 내용을 파악하여 일기를 완성한다.

Check Your Writing	Yes	No
대화의 내용이 빠짐없이 글쓰기에 들어갔나요?		
다양한 형태의 문장을 사용했나요?		
어법에 맞게 문장을 완성했나요?		

Chapter 20 | 특수구문

Unit 59 > 도치, 강조

UNIT TEST
p. 203

A **1** I did → did I **2** likes → like **3** a lamp burned → burned a lamp **4** the bus comes → comes the bus

B **1** I do believe that he will pass the entrance exam. **2** It was last night that (when) I met her in the subway station. **3** The machine did not help us do the work at all (in the least). **4** What on earth (in the world) are you talking about now?

C **1** So are you **2** Neither (Nor) can John

D **1** Into the hole jumped **2** have, seen **3** that (where)

A 1. 나는 다시는 그를 보지 못했다.
   ▶ 부정어 never를 강조하여 문두에 두면 주어와 동사가 도치되는데 일반동사의 경우 do/does/did를 이용한다.
2. 내 여동생은 개를 정말 좋아한다.
   ▶ 강조의 do 뒤에는 동사원형
3. 내 옆 테이블 위에 램프가 타올랐다.
   ▶ 부사구가 문두에 오면 「동사+주어」의 어순
4. 버스가 온다.
   ▶ there, here가 문두에 오면 주어와 동사가 도치

B 1. 나는 그가 입학 시험에 합격하리라고 믿는다.
   ▶ 동사를 강조할 때에는 강조의 do를 시제와 인칭에 맞게 쓴 후 동사원형을 쓴다.
2. 나는 그녀를 어젯밤에 지하철역에서 만났다.
   ▶ last night과 같은 부사구를 강조할 때에는 「It is (was) ~ that」 사이에 강조하는 부분을 쓰고, 나머지 문장을 that 이하에 놓는다. 때를 나타내는 부사구가 강조될 때에는 that을 when으로 바꾸어 쓸 수 있다.
3. 그 기계는 우리들이 일하는 것을 돕지 못했다.
   ▶ not과 같은 부정어를 강조할 때에는 at all이나 in the least를 문장의 끝에 놓는다.
4. 너는 지금 무엇에 대해 말하고 있니?
   ▶ what과 같은 의문사를 강조할 때에는 on earth나 in the world를 의문사 바로 다음에 놓는다.

C 1. Nancy는 친절하다. 너도 그러하다.
   ▶ '~도 역시 그렇다' 라는 의미를 나타낼 때 긍정문에서는 「So+동사+주어」의 형태를 사용하며, 동사는 앞 문장의 동사와 같은 종류를 사용한다.
2. 나는 바이올린을 연주하지 못한다. John도 못한다.
   ▶ 부정문에서는 「Neither (Nor)+동사+주어」의 형태를 사용하며, 조동사가 있을 때에는 조동사를 그대로 사용한다.

D 1. Into the hole이라는 장소 부사구가 문두에 놓인 경우로 주어와 동사가 도치된다. 부사구 도치의 경우 일반동사도 그대로 위치가 도치된다.
2. 현재까지의 경험을 나타내므로, 「have+과거분사」의 현재완료 형태를 사용한다. 이 문장에서는 부정어인 never를 강조하는 문장이므로, 다음에는 「have+주어+과거분사」의 어순이 된다.
3. on this playground가 강조되는 문장이므로, 「It was ~ that 강조구문」을 사용했음을 알 수 있다. that 다음에는 「주어+동사」의 어순이 된다.

Unit 60 > 부정, 생략, 삽입, 동격

A   **1** I was   **2** come   **3** speak English   **4** which was
B   **1** Both   **2** either   **3** all
C   **1** 그가 유죄라는 데에는 의심의 여지가 없다.   **2** 미국의 과학자인 Graham Bell은 전화를 발명했다.   **3** 우리는 그가 Harvard에 입학했다는 소식을 들었다.
D   **1** a beautiful girl   **2** that he comes (is)   **3** While in

A   1. 어렸을 때, 나는 록 밴드를 좋아했다.
  ▶ 부사절에서 「주어+be동사」 생략 가능

    2. 나는 단지 오고 싶어서 온 것이다.
  ▶ to부정사에서 동사가 앞에 언급된 것이면, to만으로 to부정사의 내용을 대신할 수 있다.

    3. 그는 너만큼 영어를 유창하게 말한다.
  ▶ 비교구문에서 as, than 다음에는 중복되는 동사를 생략할 수 있으며, 주어만으로도 그 의미를 대신할 수 있다.

    4. 이것은 유명한 작가에 의해 쓰여진 책이다.
  ▶ 주격 관계대명사는 be동사와 함께 생략될 수 있으며, 뒤의 과거분사가 앞의 명사인 선행사(the book)를 수식하는 형태로 쓰일 수 있다.

B   1. 그의 부모님 두 분 다 살아 계시지 않다.
  ▶ 전체부정: '그의 부모님 두 분 다 돌아가셨다.'라는 의미

    2. 나는 그들 둘 다 좋아하지 않는다.
  ▶ 전체부정

    3. 그들 모두가 참석한 것은 아니다.
  ▶ 부분부정

C   1. doubt와 his being guilty가 of로 연결되어 서로 동격 관계에 있다.

    2. Graham Bell과 an American scientist는 콤마로 연결되어 서로 동격 관계에 있다.

    3. that 이하에 the news의 내용이 설명되어 있으며, 이때의 that은 동격절을 이끄는 접속사이다.

D   1. 「What+a(n)+형용사+명사+주어+동사!」의 감탄문에서 주어와 동사는 생략이 가능하다. 여기서는 she is가 생략되어 있다.

    2. 동격절을 이끄는 The fact that ~ 구문이다.

    3. 부사절에서 「주어+be동사」는 생략이 가능하다. while과 in 사이에 he was가 생략되어 있다.

REVIEW TEST

1 ①   **2** ⑤   **3** None   **4** One   **5** I do want to take a trip around the world   **6** ④   **7** ⑤   **8** ①   **9** the teacher made → did the teacher make   **10** until she is spoken to   **11** ②   **12** ⑤   **13** ⑤   **14** ④   **15** So am   **16** Neither(Nor) does   **17** ④   **18** (1) Into the classroom walked Emma. (2) Never will I do that again.   **19** ②

Grammar for NEAT
Step 1 (1) It was wine that we ordered.
(2) did I understand the problem
(3) The weather was so nice that we went out for a walk.
Step 2 예시 답 got up late in the morning, she arrived at the bus stop, that (which) they were looking at, did she realize she was wearing slippers, so embarrassed

1   ① 저기에 그들이 있다. (→ There they are.)
   ② 저기에 버스가 간다.
   ③ 여기에 기차가 온다.
   ④ 많은 소녀들이 있다.
   ⑤ 여기에 선생님이 오신다.
  ▶ here, there가 문두에 오면 다음에는 「동사+주어」의 어순이 되지만, 주어가 대명사일 경우에는 「주어+동사」의 어순이 된다.

2   〈보기〉 나는 그 소식을 정말 알고 있다. ▶ 강조의 do
   ① 너는 일요일마다 보통 무엇을 하니? ▶ 일반동사 do
   ② 너는 매일 아침 산책하니? ▶ 조동사 do
   ③ 그는 그 일을 끝내기 위해 최선을 다한다. ▶ 일반동사 do
   ④ 너는 나보다 영어를 더 잘 말한다. ▶ 대동사 do
   ⑤ 너의 건강에 대해 정말 조심해라. ▶ 강조의 do

3   그들 모두가 결석했다. ▶ 전체부정

4   그녀의 부모님 두 분이 다 살아 계신 것은 아니다.
   = 그녀의 부모님 중 한 분은 돌아가셨다.
  ▶ 부분부정

5   ▶ 동사 want를 강조하는 do가 사용된 문장이다.

6   ① 정말 아름다운 날이구나!
   ② 그는 너보다 훨씬 더 크다.
   ③ 그는 소년이었을 때, 매우 똑똑했다.
   ④ 저 여자는 어제 나를 도와준 소녀이다.
  ▶ 주격 관계대명사는 단독으로 생략할 수 없으며, be동사와 함께 생략할 수 있다.

⑤ 너는 저기에서 노래하고 있는 남자를 아니?

7 ① 가능하다면 나와 함께 가라.

② 이 사람은 내가 공원에서 만난 남자이다.

③ 그녀는 어렸을 때, 그곳에 가곤 했다.

④ 바다로 둘러싸여 있기 때문에, 영국은 날씨가 온화하다.

⑤ 나는 그를 모르고, 알고 싶지도 않다.

▶ to는 대부정사이므로 생략할 수 없다.

8 • 나는 아침에 음악을 듣는 습관이 있다.

• 우리는 흡연이 건강에 위험하다는 사실을 기억해야 한다.

▶ • habit과 listening to music ~ 이하가 동격으로 동격의 of가 온다.

• the fact가 smoking 이하의 내용으로 동격의 that이 온다. 이하 절이 완벽하므로 관계대명사는 올 수 없다.

9 상황을 이해하고 나서야 선생님은 논평을 하셨다.

▶ Only로 시작하는 부사구가 문장 앞에 올 경우 주어와 동사가 도치된다. 이때 동사가 일반동사일 경우는 do/does/did를 이용한다.

10 그녀는 대개 말을 걸 때까지 말을 하지 않는다.

▶ 시간이나 조건을 나타내는 부사절에서 주절의 주어가 부사절의 주어와 일치할 때, 「주어+be동사」를 생략할 수 있다. until spoken to에서는 문장의 주어인 she와 be동사인 is가 생략되었다.

11 • 내가 여기에 있는 건 너 때문이다.

• 그는 그의 팀이 이겼다는 소식을 들었다.

▶ • 「It is ~ that」의 강조 구문

• news와 동격인 절을 이끄는 that

12 부정어 never가 문두로 가면 주어와 동사가 도치되는데, 일반동사의 경우 do/does/did를 이용한다.

13 ① 저녁 식사 종이 울린다!

② 우리는 필요하다면 내일 다시 만날 수 있다.

③ 너는 그렇게 좋은 아파트를 거의 찾을 수 없다.

④ 이 사람이 네가 진실하다고 믿는 사람이니?

⑤ 그는 멀리 가버려서 밤낮으로 떨어져 지냈다.

▶ away와 같은 부사가 문장 앞으로 오면 「동사+주어」의 순서로 도치되지만, 주어가 대명사일 경우는 도치되지 않고, 「주어+동사」의 순서로 쓴다. → Away he went

14 ▶ '말하자면, 즉, 다시 말해'라는 뜻으로는 so to speak를 쓴다.

① 사실상 ② 그 결과 ③ 요약하면 ⑤ 예를 들어

15 그는 매우 바쁘다. 나도 그렇다.

▶ 「So+동사+주어」의 형식에서 동사는 앞 문장의 be동사로 I에 알맞은 am을 쓴다.

16 나는 의사가 되고 싶지 않다. 그도 그러하다.

▶ 「Neither(Nor)+동사+주어」의 형식에서 동사는 앞 문장이 일반동사 현재이므로, 3인칭 단수형인 does를 쓴다.

17 ① Betty와 함께 사는 사람은 Ann이었다.

② 내가 어제 만난 사람은 Tom이었다.

③ 우리가 호랑이를 볼 수 있는 것은 동물원이다.

④ 그가 곧 돌아올 것이라는 것은 확실하다.

⑤ Dorothy가 공원에서 본 것은 원숭이였다.

▶ ①, ②, ③, ⑤: 「It is ~ that」 강조구문 ④ 가주어(It), 진주어 (that)절 구문

18 (1) Emma는 교실 안으로 걸어 갔다.

▶ 장소·방향의 부사구가 문두로 가면 주어와 동사가 도치된다.

(2) 나는 다시는 그런 일을 하지 않을 것이다.

▶ 부정어 never가 문두로 가면 주어와 동사가 도치되는데, 조동사가 있는 경우는 조동사와 주어가 도치된다.

19 학업을 마친 후에, Hans는 여러 해를 여행하면서 보냈다. 그는 서른 살이 되어서야 동화를 썼다. Hans는 그의 삶의 여러 부분을 이야기 속에 넣었다. 그의 볼품없는 외모는 '미운 오리새끼'의 바탕이 되었는데, 그 이야기는 당신을 외롭게 하거나 다르게 느끼게 하는 자질들이 때로는 당신을 특별하게 만들어 줄 수 있는 바로 그 자질들임을 말하고 있다. 고난과 외로움의 시절을 보내고 나서, 그는 전 세계적으로 존경을 받게 되었다.

▶ ② 부정어구인 Not until ~이 문장 앞에 왔으므로 주어와 동사가 도치되어야 하는데, 일반동사가 쓰였으므로 조동사 do를 이용해야 한다. (→ did he write)

Grammar for NEAT

Step 1 (1) 「It is(was) ~ that」 강조구문

(2) Only로 시작하는 부사구가 문장 앞에 올 경우는 주어와 동사가 도치된다. 이때 동사가 일반동사일 경우는 do/does/did를 이용한다.

(3) so ~ that: 너무 ~해서 …하다

Step 2 Megan은 아침에 늦게 일어났다. 그래서 급하게 출근 준비를 했다. 그녀가 버스 정류장에 도착했을 때, 버스를 기다리고 있던 사람들이 웃기 시작했다. 그들이 보고 있던 것은 그녀의 신발이었다. 그제서야 그녀는 자신이 정장 구두가 아닌 슬리퍼를 신고 있다는 것을 깨달았다. 그녀는 너무 당황스러워서 숨고 싶었다.

▶ 그림의 상황을 잘 파악하여 글을 완성한다.

Check Your Writing	Yes	No
일어난 사건을 논리적으로 이해하여 추론했나요?		
그림의 상황에 알맞은 표현을 사용했나요?		
어법에 맞게 문장을 완성했나요?		

뜻을 담은 철자 이미지로

빠르게 외우고
오래 기억한다!

중학 영단어 철자 이미지 연상법

3초 보카

➡ 중학교 교과서 & 학교시험 영단어

➡ 단어 & 숙어 1,200개 / 50일 완성

➡ 단어 & 예문 듣기 / 발음기호 동영상 강의 / 어휘테스트 출제프로그램
　（홈페이지 & 모바일 QR코드 무료 제공）

Hello Grammar 4.0 완성

정답과 해설

Bye!

세상을 아름답게 만드는 것은
따뜻한 진심입니다

작은 나눔이 누군가에겐 인생을 바꾸는 기적이 될 수도 있습니다.
몸이 아파 학교에 갈 수 없는 아이들을 위해
병원으로 직접 찾아가는 천재교육의 학습 봉사단.
함께하는 것만으로도 세상은 더 좋아진다는 믿음이 있기에
오늘도 열심히 발로 뛰고 아이들과 눈을 맞추려 합니다.

이 세상 모든 아이들의 꿈,
천재교육이 응원하겠습니다.

🔍 〈꿈이 자라는 천재 수학교실〉이 환아들의 꿈을 응원합니다.

가톨릭중앙의료원 산하 서울성모병원 어린이학교에서
주 1회 〈꿈이 자라는 천재 수학교실〉 수업 진행

🔍 착한 기업으로 가기 위한 동행, 천재교육이 함께하겠습니다.

· 저소득층 자녀를 위한 학습교재 지원
· 장학금 후원
· 시각장애인을 위한 점자책 데이터 지원
· 고도 약시를 위한 교과서 및 학습교재 개발